생각하는 힘
되게 하는 힘
사무력

생각하는 힘
되게 하는 힘
사무력

초판 1쇄 인쇄 2019년 7월 19일
초판 2쇄 발행 2019년 10월 1일

지은이 김선일
펴낸이 최익성
편집 임주성
마케팅 임동건, 김선영, 홍국주, 황예지, 신원기
경영지원 이순미, 신현아

펴낸곳 플랜비디자인
디자인 올컨텐츠그룹

출판등록 제2016-000001호
주소 경기도 화성시 동탄반석로 277
전화 031-8050-0508
팩스 02-2179-8994
이메일 planbdesigncompany@gmail.com
ISBN 979-11-89580-11-7 03320

생각하는 힘
되게 하는 힘
사무력

김선일 지음

PlanB DESIGN 플랜비디자인

사무(事務)가 아닌 사무(思務)

학창 시절 나는 장래희망에 '사무원'(事務員)이라는 세 글자를 썼다. 사무원(事務員)은 꿈이라고 하기에는 너무나 흔하고 시시해 보이는 직업이다. 대학을 졸업하면 그냥 나를 원하는 회사를 정해 월급을 받으며 다니는 것 외에 다른 직업을 염두에 두지 않았다. 베이지색 서류봉투를 들고 넥타이를 매고 건물로 출퇴근을 하는 그런 보통 사람의 모습을 꿈꾸었고 또 그런 일상을 살아왔다.

사무원(Office Worker) 즉 화이트칼라는 공장근로자(Factory Worker)인 블루칼라에 대응하는 단어다. 공장근로자가 압도적으로 많던 굴뚝산업 시대의 용어인 셈이다.

사무직이라는 직업은 사람들이 선망하는 매력적인 직업은 아니다. 이유는 많은 사람이 하고 있는 평범한 일이기도 하지만 용어도 한몫을 한다. 사람들은 사무 하면 책상에 앉아 문서를 만드는 것을 제일 먼저 떠올릴 것이다. 사무자동화란 곧 문서의 작성과 복사 등을 효율적으로 하게 하여 주는 일이다. 이처럼 사무(事務)라는 용어는 사무실에서 서류 행위 등과 연상을 짓는다. 분명 서류 행위 등은 새로운 가치 창조와는 거리가 먼 중요하지 않은 일이다. 하지만 실상은 다르다. 조직에서 가장 생산적이고 창조적인 일은 대부분 사무실에서 태어난다. 새로운 사업기획, 전략의 수립, 신상품 계획, 제도의 수립, 중요한 의사결정, 혁신 활동, 정책의 전환 등이 일어나는 곳은 공장이 아닌 사무실이다. 사무원은 이러한 일을 주도하는 사람들이다. 이런 이유로 나는 사무원(事務員)이라는 이 표현이 의미상으로 적절치 않다고 생각해 왔다.

그러던 어느 날 지인과의 대화 중에 흥미로운 얘기를 들었다. 동원그룹의 창업자인 김재철 회장은 사무실을 일 사(事)자가 아닌 생각 사(思)자로 대체하여 思務室이라고 부르게 한다는 것이었다. 또 실제 회장의 집무실에도 생각 사(思)자로 대체한 '思務室'이러고 쓰여있는 액자가 걸려있다고 한다.

생각이 사라진 사무실(事務室), 곧 사무실(思無室)을 상상해 보라. 얼마나 어울리지 않는가? 분명 생각을 앞에 세운 사무실(思務室)이 일을 앞에 세운 사무실(事務室)보다는 의미상으로 더 적절하다. 사무실은 생각을 기반으로 일하는 사람들의 현장이다. 이 얘기를 전해 들은 후에서야 나는 내가 꿈꿔 왔던 일은 사무(事務)가 아닌 사무(思務)였음을 알게 되었다. 또 내가 해온 일도 사무(事務)가 아닌 사무(思務)였음을 자부하게 되었다.

사(思)가 생각을 하는 일이라면 무(務)는 생각한 것을 현실로 만드는 일이다. 따라서 사무원은 생각을 하고(思務) 또 어떤 생각을 되게 하는(務實力行)을 하는 일을 하는 사람이다. 나는 직장에서 20년이 넘는 시간을 사무(思務) 하는 일에 보냈고 이후 10년간 사무(思務) 하는 법을 중심으로 강의를 해왔다. 세상에 없는 용어지만 사무(思務) 전문가라 말할 수 있다.

많은 사람들이 생각을 기반으로 하는 일을 하며 살고 있다. 빌딩이든 공장이든 생각이 중요하지 않은 단순한 노동의 시대는 점차 사라지고 있다. 근육의 힘을 필요로 하는 일에 국한하여 노동이라는 용어를 사용한다면 이 땅에 노동자는 점차 사라지고 있다. 있더라도 점차 외국인 노동자나 자동화된 기계로 대체되고 있다. 정해진 알고리즘에 따라 반복되는 일에 관한한 인간은 기계를 이기기 어렵다. 또 굳이 기계와 겨루어 이길 필요성도 없다.

손이 아닌 머리를 기반으로 일하는 사람의 시대를 예언하고 그 개념을 정리한 사람은 경영학자 피터 드러커(Peter Drucker)다. 그는 이들을 통칭하여 지식근로자(Knowledge Worker)라는 용어를 사용했다. 그가 지식근로자라는 용어를 처음 사용한 것은 1959년 내일의 이정표(The Landmarks of Tomorrow)라는 저서이다. 그의 생각대로 지식근로자는 점차 늘어났고 한때 지식경영이라는 용어가 유행처럼 번졌다. 그러나 노동과 마찬가지로 지식 또한 과거와는 다른 양상을 맞고 있다. 1960년대의 지식과 지금의 지식은 생산과 유통 그리고 축적 모든 면에서 혁신적인 변화가 일어났다. 과거에 사람의 머리와 책 속에 있던 지식은 지금 컴퓨터 속에 과거와 비교할 수 없는 규모로 저장되어 언제든지 쉽게 찾아볼 수 있다.

아는 것이 힘인 시대는 분명하게 저물어 가고 있다. 산업화가 엔진과 기계로 인간의 근육을 필요로 하는 일을 저물게 한 것과 마찬가지로 정보화는 지식의 개념을 송두리째 바꾸어 놓고 있다. 지금의 기계는 이제 기계적으로 작동하지 않는다. 기계(machine)라는 단어에 전혀 어울리지 않는 학습(learning)이라는 단어가 결합되어 머신 러닝(machine learning)이라는 용어가 일반화된 시대를 살고 있다.

이러한 시대의 사람의 경쟁력이란 결국 인간만이 할 수 있는 고유한 영역에서 찾아야 한다. 그것은 생각을 하고 생각 한 바를 그대로 실현하게 만드는 것이다.

지금의 시대는 지식을 기반으로 일하는 사람보다는 생각을 기반으로 일하는 사무인(思務人)을 훨씬 필요로 한다. 사무인(思務人)은 특징은 꿈꾸는 것을 현실로 바꾸는 혁신가들이라는 점이다.

진짜 사무인(思務人)이 되려면 먼저 꿈을 꾸어야 한다. 그들이 꿈꾸는 것은 단순하다. 지금보다 더 탁월해지는 것이다. 늘 지금보다 더 나은 현실을 만들 수 있다고 믿는다. 한걸음 더 나아가려는 것을 체념하는 순간 더 이상 사무인이 아니다. 체념은 곧 생각이 멈추는 것이기 때문이다.

사무인(思務人)은 엉덩이로 일하지 않는다. 그들은 머리를 써서 일하는 창조자이며 혁신가들이다. 새로운 생각과 끊임없는 아이디어 속에서 더 좋은 나만의 방식을 찾는다. 아인슈타인의 명언처럼 매번 똑같은 행동을 반복하면서 다른 결과를 기대하는 것은 미친 짓(Insanity: doing the same thing over and over again and expecting different results)임을 잘 알고 있다. 때문에 늘 변화하고 혁신을 주도한다. 그리고 사무인(思務人)은 실질을 받드는 사람들이다. 탁상에 앉아 펜대를 굴리는 몽상가와는 근본적인 DNA가 다르다. 행동하지 않는 결심과 실현되지 않는 아이디어를 경계한다. 실사구시(實事求是)의 정신을 가슴에 품고 살아가는 사람들이다.

더 탁월한 상태로 이르게 할 새로운 방법을 찾고 그것을 실현하게 하여 한 걸음 더 나아가게 하는 사람들이다. 그 일이 무엇이든 각자의 분야에서 스스로 주인이 되어 일하는 수많은 사무인(思務人)이 만들어 내는 한 걸음 한 걸음의 진전이 모여 지금의 경쟁력을 갖추었다고 나는 믿는다. 또 앞으로의 세상도 그럴 것이다.

사무인의 지탱하는 힘은 사무력(思務力)이다. 사무력(思務力)은 곧 사력(思力)과 무력(務力)이 합쳐진 조어다. 사력이 '생각하는 힘'이라면 무력은 '되게 하는 힘'이다. 두 손이 부딪혀야 박수가 되듯 이 두 힘을 합쳐야 무언가가 이루어진다. 더 좋은 생각은 되게 하는 가능성을 높여주고, 되게 하는 힘은 부족한 생각을 보완해 준다. 이 두 힘은 아무리 넘쳐도 탈이 나지 않는 힘이다.

누구에게나 언제나 부족한 힘일 뿐이다. 또 이 두 힘은 타고 나는 재능이라기 보다 몸의 근육처럼 지속적으로 사용해야 강화되는 힘이기도 하다. 아무리 잘 만들어진 근육이라도 사용을 멈추면 줄어드는 것처럼 생각하는 힘과 되게 하는 힘도 마찬가지다. 쓰면 쓸수록 두 힘은 강화된다. 또 절대 하루아침에 이루어지지 않는다. 나무의 성장처럼 시간을 필요로 한다. 따라서 쉽게 카피(copy)되지 않는다. 쉽게 카피할 수 없다는 것은 참 매력적인 경쟁우위다.

사무(思務)하는 힘이 더욱 필요한 시대인 지금 사무(事務)에 대한 회의가 번지고 있다. 그리고 생각하는 힘이 더욱 필요한 시기에 아무 생각 없이 일하는 직원들이 많아졌다고 우려하고 있다. 또 되게 하는 힘이 절실한 지금 되게 하려는 힘이 떨어지고 있다고 걱정을 하고 있다.

혁신적이어야 하는 조직은 점차 관료화되고 사무(思務)하는 일이 아닌 사무(事務)하는 일에 지쳐 있다. 또 미래를 준비해야 하는 사람들은 치열한 고민이 필요한 일을 멀리하려 한다. 그리고 일이 되는 방향으로 모아져야 하는 힘은 여러 방향으로 갈려 실행의 동력은 약해져 버렸다. 이러한 세 가지의 역수행이 지금 여러분이 속한 조직의 모습이라면 내일에 대한 전망은 어둡다.

연구개발, 경영지원, 생산관리, 영업, 마케팅 등 대부분의 일의 본질은 사무(思務)다. 필자는 사무(思務)가 바로 서야 회사가 바로 선다고 믿는 사람이다. 하지만 사무(思務)라는 본질적인 업무와 거리가 먼 일들로 가득한 사무(事務)의 현장을 수없이 목격해 왔다. 그 속에서 이미 생각하는 일을 귀찮아 하는 풍조가 병처럼 번지고 있다. 하지만 이러한 속에서 늘 승자는 나타나게 마련이다. 위기 속에는 언제나 기회가 있기 때문이다. 승자와 패자를 가르게 만드는 것은 생각하는 힘과 되게 하는 힘이 될 것이라고 믿는다.

이 책은 사무인(思務人)으로의 성장에 대한 생각을 담았다. 공개하기에는 설익고 부끄러운 수준이기에 나의 생각을 세상에 보이기는 것을 멈추고 싶은 마음이 계속되었다. 그럼에도 불구하고 용기를 내어 출간하기 이르게 되었다. 그 힘은 나를 5미터 이내에서 바라본 사람들의 응원이다. 그들은 모두 나의 스승이다. 평소 전하지 못한 고마운 마음을 글을 통해 전한다.

특히 끊임없이 생각하고 생각한 것을 되게 하려 애쓰는 재미없고 피곤한 나의 삶의 버팀목이 되어 준 아내와 그렇게 사는 것이 중요하다는 것을 행동으로 보여주신 부모님께 감사드린다.

자신이 선택한 업을 지속적으로 혁신해 가는 진정한 사무인들이 흥(興)하는 세상을 꿈꾸며…

2019. 07

차례

Part 1
앤드의 시대

Part 2
생각하는 힘, 사력思力

우리는 무엇이 더 중요한지를 비교하여

더 중요한 한 가지를 선택하고 다른 것은 잠시 뒤로 하고 빠르게 달려 왔다.

이제는 택일이 아닌 둘 다 필요한 겸비의 시대다.

Part 1
앤드의 시대

01

택일(擇一)A or B에서
겸비(兼備)A and B의 시대로

思務力

2019년, 'SKY캐슬'이라는 드라마 열풍이 불었다. 드라마 속의 주인공들이 바라보는 것은 한 가지다. '명문대 입학'이다. 이 단 하나의 목표에 올인하는, 가진 사람들의 삶의 모습을 그렸다. 이 드라마의 시청소감이다.

'A singular focus, 한 가지만 본다.' ⋯ 아직도

'한 가지만 본다'는 10년 전 외국인 강사가 내게 건네 준 뉴욕 타임즈(The New York Times)에 실린 한국 관련 기사의 제목이었다. 당시 필자는 중앙일보사 계열의 교육 법인 대표이사로 일하고 있었다. 미국 대학 입학을 돕는 사(私)교육 회사였다. 사교육이라는 업은

'더 높은 점수를 만들어 더 나은 진학(進學)을 하도록 도와주는 업'
이다. '더 높은 점수'가 더 낳은 삶을 사는 가장 확실한 방법이라 굳
게 믿었다.

그런데 '더 높은 점수'를 올리는 데 선봉에 서야 할 외국인 강사들
의 생각은 달랐다. 따라서 그들의 생각을 바꾸는 것은 내게 중요한
일이라고 여겼다. 틈틈이 '우리가 교육을 얼마나 중시하는지' '왜 더
좋은 학교로의 진학이 중요한지' 등을 설득하려 애썼다. 그들은 나
의 생각을 이해했지만 결코 동의하지는 않았다.

그러던 어느 날 한 외국인 강사가 찾아왔다. 하루가 지난 뉴욕 타
임즈를 내게 주며 읽어보라 했다. 신문에는 경기 용인의 어느 기
숙 학원에 대한 특집기사가 실려 있었다. 제목은 '한 가지만 바라보
는 한국형 기숙 학원, At South Korean cram school, a singular
focus'이었다.

"이곳에는 핸드폰도 패션 잡지도 TV도 인터넷도 게임기도 없다.
이 나이 때 누구나 하고 싶어 하는 이성친구 사귀기, 공연 관람, 귀
걸이도 하면 안 된다. 매니큐어조차 바를 수 없다." 기사의 일부이
다. 공부밖에는 할 것이 없는 환경을 만들어 놓고 아침 6시 30분에
서 밤 12시 30분까지 꽉 짜여진 하루 18시간 일과를 견뎌내는 기숙
학원 속의 재수생들의 일상이 담겨 있었다.

"내가 본 한국은 선택한 한 가지에 올인해. 내겐 그 몰빵이 집착
같아서 짠해." 한국을 떠나기 앞서 그가 남긴 말이다. '한 가지만 본

다'는 뉴욕타임즈의 기사와 그가 남긴 말은 그동안 경주마처럼 앞만 보고 달려온 것은 아닌지 돌아보는 계기가 되었다. 둘 다 중요한 시대(이하 앤드(and)의 시대라 함)를 택일(擇一)의 프레임으로 산 것은 아닌지 멈추어 생각하게 만들었다.

더 중요한 것 한 가지를 정해 모든 것을 쏟아부어 한 가지를 확실하게 얻는 것이 더 현명하다고 믿어 왔다. 오히려 두 마리 토끼를 잡으려 하는 것은 욕심으로 여겼다. 말 그대로 '선택과 집중'을 해야 한다. 우리에게 익숙한 이러한 '선택과 집중'을 외국인들은 왜 이상한 나라의 짠한 모습으로 생각하는 것일까?

'감수하시겠습니까?'

스카이 캐슬에 등장한 코디는 선택할 것인지를 이렇게 묻는다. '이대로 할까요?'라고 묻지 않고 '감수하시겠습니까?'라고 묻는다. 선택으로 얻게 되는 것이 아닌, 잃게 되는 것을 중심에 둔 질문이다. 선택과 집중은 참 멋진 표현이다. 하지만 이 말속에는 선택하지 않은 것의 감수 또는 포기가 내포되어 있다. 더 중요한 한 가지를 택하고 나머지는 모두 버리는 것이다.

그런 면에서 양자택일의 구도 하의 선택과 집중은 최선의 길이라 말할 수 없다. 분명 최선의 길을 포기한 차선의 길이다. 때로는 차선의 길이 더 현명한 선택일 수 있다. 하지만 최선의 길이 있음을 알면서 더 쉽다는 이유로 차선의 길을 가려고 하는 것은 분명 문제가 있다.

─ 시대의 변화 양자택일(兩者擇一)에서 양자택이(兩者擇二)로 ─

사람들은 무언가를 선택할 때 다음과 같은 것들을 기준으로 삼는다.

- 첫째는 경중(輕重) 무엇이 더 중요한가?
- 둘째는 완급(緩急) 무엇이 더 시급한가?
- 셋째는 이해(利害) 무엇이 더 이로운가?
- 넷째는 시비(是非) 무엇이 더 옳은가?이다

이중 경중(輕重)이 대표격이다. 중요하다는 것은 시급함과 이로움 그리고 옳음을 함축하기 때문이다. 그동안 우리는 무엇이 더 중요한가를 비교하여 더 중요한 한쪽을 선택하고 다른 것은 잠시 뒤로 한 채 빠르게 달려왔다. 분배보다는 성장이 더 중요했다. 따라서 '성장'을 앞에 두고 분배는 뒤에 두었다. '일과 삶' 중 '일'이 더 중요하면 '삶'은 나중으로 미루어 두고 살아왔다. 어느덧 이러한 이분법적 양자택일(兩者擇一) 선택에 익숙해져 있다.

A와 B, 둘 중 무엇이 중요한지 선택해 보자. A 인가? 아니면 B 인가?

〈당신의 선택은? A or B〉

질문	A	B
1 어떤 나라를 꿈꾸는가?	노력한 사람이 잘 사는 나라	더불어 잘 사는 나라
2 무엇이 더 중요한가?	일(Work)	삶(Life)
3 물건을 살 때 무엇을 더 따지는가?	모양새 (디자인)	쓰임새 (기능)
4 어떤 가치가 더 우선인가?	유지/안정	변화/혁신
5 어떤 식당이 더 좋은가?	맛집	가성비 좋은 집
6 어디에 더 방점을 두는가?	지금을 즐기기	내일을 준비하기
7 평가에서 무엇을 중시해야 하는가?	결과 (무엇을 달성했나?)	과정(어떻게 달성했나?)
8 어떤 감독이 훌륭한 감독인가?	자율에 맡기는 감독	철저히 관리하는 감독
9 인생에서 무엇이 더 중요한가?	재미	의미
10 어떤 회사에 입사하고 싶은가?	내실 있는 회사	성장하는 회사

이런 양자택일을 묻는 질문은 택일의 프레임을 갖게 하는 질문이다.

'엄마가 좋아 아빠가 좋아?'하고 물으면 아이는 잠시 고민에 빠진다. 비교해 보아야 하기 때문이다. 그런데 질문을 바꾸어 '둘 다'를 선택할 수 있게 하면 답도 바뀐다. 대부분 '둘 다'를 선택한다.

다른 질문도 마찬가지다. 일과 삶 중 무엇이 더 중요한지 택일을 강요하는 질문과 둘 다를 포함한 질문은 답이 다르다. 일도 삶도 다 중요하다. 소비자에게 품질과 가격 중 무엇을 중시하는지 묻는 것도 마찬가지다. 소비자는 둘 다 원한다. 이것도 저것도 모두 없는 상황에서는 하나라도 제대로 갖추기를 바란다. 하지만 이것은 모든 것이 부족한 결핍의 시대에서만 통한다. 그 단계를 넘은 성숙한 사회에서는 A뿐 아니라 B도 갖춰야 한다.

흑과 백으로 나누고 어디에 속할지를 선택하게 하는 질문의 프레임에 갇힌 것은 아닐까?

이미 우리는 둘 다(and)를 원하는 시대에 살고 있다. 고위 공직자 청문회를 보라. 품성부터 들춘다. 과거에는 일만 잘하면 통했다. 경찰, 친절해야 한다. 과거에는 위엄만 있으면 되었다. 기업의 리더, 즐겁게 일하는 직장을 만들어야 한다. 과거에는 성과만 내면 되었다. 일하는 시간, 52시간/주 안에 끝내야 한다. 과거에는 야근하면 되었다. 이처럼 하나의 요구에 새로운 요구가 더해졌다.

선택과 집중이라는 말을 '둘 중 하나를 택한다'로 사용하는 것은 위험한 발상이다. 중요한 조건 중 한 가지를 배제하면 답은 쉬워진다. 그러나 이차 방정식으로 풀어야 할 문제를 일차방정식으로 풀려는 격이다.

선택과 집중은 하나를 남기고 나머지를 버린다는 의미는 아니다. '감수하겠습니까?'라는 선택지가 되어서는 곤란하다. '둘 다를 만족하는 방법을 선택하여 그것에 집중하라는 뜻이다. 이미 시대는 그런 요구를 하고 있다. 양자택일(兩者擇一)이 양자택이(兩者擇二)의 구도 하에서 선택을 해야 한다. 물론 아직도 양자택일이 통하는 세계도 있다. 변화에 늦은 닫힌 세계일 뿐이다.

무언가 하나를 감수한다는 것은 최선의 길을 포기하는 것이다. 분명하게 둘 다 갖추는 길이 있음을 알면서 최선을 버리고 차선에 쏟아 붓는 것은 분명 반성해야 한다.

─────── 앤드(AND)의 영역에 위치하는 것의 어려움 ───────

컨설턴트는 2×2 매트릭스로 먹고사는 사람들이라는 비아냥이 있다. 그만큼 유용하고 자주 활용되는 도구다. 가장 중요한 두 가지 기준을 설정하여 4개의 영역으로 나누어 분석한다.

예를 들어 사회생활을 잘 하는 데 가장 중요한 두 가지를 '실력'과 '품성'이라고 해보자. 그러면 유형은 넷으로 나누어진다. 둘 다 갖춘 사람, 실력만 갖춘 사람, 품성만 갖춘 사람, 둘 다 못 갖춘 사람이다. 우리가 누군가에 대해 '그 사람 참 일은 잘해!'라고 말하거나 '그 선배 참 사람은 좋아.'라는 표현이 칭찬으로 들리는가? '그 사람 참 일은 잘해!'라는 표현은 인간미가 없다는 지적이고 또 '그 선배 참 사람은 좋아.'라는 표현은 '실력은 없다'는 아쉬움을 드러내는 표현인 것이다.

중요한 기준 A와 B를 정해 네 영역으로 나누어 분석하는 2×2 매트릭스의 본질은 앤드(AND)의 영역을 최선의 영역으로 A 또는 B 둘 중의 하나를 갖춘 영역을 차선의 영역으로 둘 다 갖추지 못한 노어(NOR)의 영역을 최악의 영역으로 구분하는 것이다.

물론 모든 것을 A와 B라는 두 가지 구조로 나누어 생각할 수는 없다. 하지만 이 도구는 무엇이 가장 중요한 두 가지가 무엇인지 압축하게 만들고 또 앤드의 영역에 위치한다는 것이 결코 쉬운 일이 아님을 깨닫게 한다.

이 책은 나 자신의 성장과 내가 속한 조직의 성장에 가장 중요한 두 가지가 무엇이고 이 두 가지를 모두 갖춘 겸비(앤드 AND)의 상한에 위치하는 것의 중요성에 대한 생각을 정리한 것이다.

복잡한 세상사를 단지 두 개의 기준만으로 설명하는 데는 분명 한계가 있을 것이다. 하지만 가장 중요한 두 가지를 모두 갖추는 것이 결코 쉽지 않음을 생각하면 우리의 다음 목표는 겸비의 영역인 AND의 상한에 위치하는 것을 목표로 해야 한다.

〈2 x 2 매트릭스 분석의 기본 구조〉

골프와 야구 럭비의 공통점이 있다. 한때 삼성그룹에서는 이 셋을 3대 스포츠라 하여 장려하였다. 이건희 회장이 이 세 종목의 스포츠를 강조한 이유는 이 스포츠에서 경영의 본질을 배워야 한다고 생각했기 때문이다.

골프는 심판 없이 진행하는 선수가 곧 심판인 유일한 스포츠이다. 심판은 없지만 규칙은 무척 엄격하고 복잡하다. 다만 그 규칙은 심판 없이 선수가 알아서 경기를 할 뿐이다. 스스로 판단하기 어려운 상황에서만 경기위원을 부른다. 성적을 기록하는 사람도 자기 자신이다. 스스로 작성한 기록을 제출해야 한다. 골프의 경기에서 배워야 하는 것은 자율과 규율이 공존하는 조직을 만들어야 한다는 것이다.

럭비는 공을 가진 사람은 뒤로 갈수 없는 경기다. 무조건 앞으로 나아가야 한다. 앞으로 나아가려 하는 욕망이 기업과 닮아 있다. 그런데 똑같은 목적을 가진 상대편이 같은 목적으로 이를 저지한다. 이 속에서 성장을 해야만 한다. 또 상대의 성장을 저지하려면 수비가 강력해야 한다. 이미 확보한 것은 지키면서 끊임없이 나아가려고 한다. 럭비에서 공격은 기업에 비유하면 성장이고 수비는 내실이다. 따라서 럭비에는 성장과 내실이 모두 중요한 경기다. 이 두 가지 조건을 앤드로 갖춘 팀이 강팀이 된다.

야구는 경쟁과 협력 속에서 경기를 한다. 개인의 기록은 무척 중요하지만 팀의 승리를 위해 협력하고 때로는 희생해야 한다. 주전의 자리는 오직 실력으로 판가름 된다. 그 자리를 차지하기 위해 수많은 선수들이 경쟁한다. 주전으로 살아남기 위해서는 개인 성적을 올려야 하지만 동시에 팀의 승리를 위해 희생도 해야 한다. 경쟁이 이기(利己)라면 희생은 이타(利他)다. 이 둘이 공존하는 경기가 야구다. 팀의 탁월함을 위해 개인이 탁월해져야 한다. 하지만 탁월한 개인이 많다고 팀이 승리하는 것은 아니다. 경쟁하되 협력하는 구조 속에서 최고의 야구팀이 태어난다.

자율 그리고 규율,
경쟁 그리고 협력,
성장 그리고 내실

3대 스포츠를 강조한 이유에는 이 세 가지 앤드(AND)를 모두 갖춘 조직이 되어야 한다는 것이다. 결코 쉬운 일이 아니다. 자율을 내세우면 규율이 반대로 규율을 강조하면 자율이 영향을 받는다. 경쟁을 강조하면 협력하지 않고 협력을 강조하면 최선을 다하지 않는다. 성장 중심의 정책 속에 각종 부실이 생겨나고 내실 중심의 문화는 시장의 새로운 기회를 놓치게 된다.

두 가지를 다 갖추는 일이 두 마리의 토끼를 동시에 잡는 일처럼 어려운 일이기에 쫓아야 하는 한 마리만 분명히 해달라고 항변을 한다. 하지만 그 말은 곧 최선을 버리겠다는 뜻이 된다. 물론 이것도 저것도 다 갖추는 것은 어려운 일이다. 그러나 어려운 길이기에 버리고 반쪽짜리에 머무르려는 생각은 문제가 있다. 이제는 부족한 다른 쪽을 갖춰 균형 잡힌 선진의 위치로 나아가야 한다.

점검해 보아야 하는 A AND B

샘 번스 (Sam Berns, 1996~2014)는 17세의 나이에 TED에서 강연을 했다. 그는 빨리 늙는 희귀 병인 조로병(Progeria)을 안고 살았고 강의를 한 다음 해에 사망했다. 강연의 제목은 행복한 삶 이었고 그의 강의는 3천만 번 이상의 조회를 기록했다.

그가 이 강의에서 전한 행복한 삶이란 전진하는 삶(keep moving forward)이었다. 비록 치료하기 어려운 병을 안고 살았지만 끊임없이 앞을 나아가려 하였고 그렇게 살았기에 행복했다는 말에 많은 사람들이 감동했다. 지금보다는 한 걸음이라도 더 나은 방향으로 나아가야 하는 것 그것이 성장이고 삶의 본질 아닐까?

여기에서 성장이란 더 커지는 양적인 확장을 말하는 것이 아니다. 더 좋아진다의 질적인 개념에 가깝다. 우리는 어떻게 더 좋은 세상으로의 진전을 이룰까? 이를 위해 꼭 필요한 것이 무엇일까? 적어도 다음의 여섯 가지의 관점에서 점검해 볼 필요가 있다.

먼저 인(人)의 성장 '그리고' 업(業)의 성장이라는 관점이다. 조직의 발전은 사람의 성장에 달려 있다. 그러나 사람은 또 조직이 발전해야 성장하기도 한다. 회사만 성장하거나 조직에 속한 개인만 성

장하는 회사는 한계가 있음은 당연하다

그 다음은 공정한 경기장 '그리고' 최선을 다하는 선수에 대한 얘기다. 기울어진 경기장에서 하는 경기는 힘든 쪽에서 뛰는 선수들의 분노를 부른다. 최소한 경기장은 공평해야 함은 상식이다. 경기장이 평평해야 선수들은 진정한 실력을 키우는 선의의 경쟁을 하게 되고 그 속에 진전이 생겨난다. 경기장과 관련된 사람은 공정함에 대한 신뢰를 얻어야 하고 경기에 나서는 선수는 스포츠맨십으로 무장해야 한다.

세 번째는 결과의 탁월함과 과정의 완벽함에 대한 생각이다. 지나치게 결과만 따지면 과정은 무시된다. 그러나 과정을 중시하면 결과는 상관없다는 무책임함이 뿌리를 내린다. 따라서 결과는 탁월해야 하고 과정은 완벽함과 정당함을 갖추어야 한다.

네 번째는 키잡이와 노잡이의 균형에 대한 것이다. 조직의 운영은 항해하는 배와 같다. 열심히 노 젓는 역할과 제대로 방향을 설정하는 키잡이의 역할 모두 다 중요하다. 조직을 이끄는 리더, 즉 키잡이의 노련함과 왕성한 힘으로 힘껏 노를 젓는 직원들의 공헌 속에 앞으로 나아가게 된다.

다섯 번째 앤드의 관점은 중요한 일을 제대로라는 관점이다. 분명 엉덩이로 일하는 시대는 저물고 있다. 효과적으로 그리고 효율적으로 일하지 않으면 경쟁력을 잃게 된다. 중요한 일에 집중해야 효과성이 생기고 제대로 된 방식으로 일을 해야 효율성이 생긴다. 효과와 효율은 택일이 아닌 앤드의 조건이다.

마지막으로 생각하는 힘과 되게 하는 힘의 문제다. 생각이 부족하면 일이 될 가능성이 떨어지고 되게 하는 힘이 부족하면 좋은 생각도 결실을 맺지 못한다. 우리가 하는 일 중 중요한 일들은 좋은 생각과 강한 실행력이 받침이 될 때 가능해진다.

택일이 아닌 겸비의 관점으로 6가지의 측면에서 자신과 조직을 돌아보아야 한다. 모두를 갖추었다고 생각하면 당신과 낭신이 속한 조직은 초일류의 조직이다.

1. 인(人)의 성장 '그리고' 업(業)의 성장

2. 공정한 경기장 '그리고' 최선을 다하는 선수

3. 결과의 탁월함 '그리고' 과정의 완벽함

4. 노련한 키잡이 '그리고' 왕성한 노잡이

5. 더 중요한 일 '그리고' 더 효율적인 방식

6. 생각하는 힘 '그리고' 되게 하는 힘

구체적인 내용은 이후의 장에서 하나씩 살펴보고자 한다.

02

인(人)의 성장 그리고
업(業)의 성장

思務力

내가 오랜 기간 지속해 온 업(業)은 '교육'이다. 나를 아는 사람들
이 나와 연상하여 가장 많이 떠올리는 단어도 교육이다. 회사의 교
육담당자로, 교육사업가로 그리고 강사로 다양한 교육 관련한 일을
할 수 있는 기회가 내게 주어졌다. 좀 더 정확하게 말하면 HRD(인
적자원개발, Human Resources Development)전문가다. 하지만 나는 이
표현을 좋아하지 않는다. 먼저 자원이라는 생뚱맞은 단어가 걸린다.
자원은 사람과 잘 어울리지 않는 단어다. 또 인간을 개발한다는 표
현도 적절하지 않다. 기업교육이라는 말도 많이 사용하는데 이 또
한 거슬리기는 마찬가지다. '교육'이라는 용어에 들어 있는 '가르치
고 기른다'는 뜻이 적절하지 못하다. 교육이라는 단어는 학습자가
아닌 교사에 초점에 있다. 따라서 성인학습이 더 낫다. 하지만 성인

학습의 성인(成人)은 이미 다 이루어진(成) 사람(人)이라는 의미가 마음에 들지 않는다. 이미 다 이루어진 사람은 새로운 것을 담으려 하지 않는다. 따라서 성인이라는 단어는 학습과 어울리지 않는다.

HRD, 기업교육과 성인학습이라는 모두 다 마뜩하지 않다. 진부한 표현이지만 갈고닦는다는 뜻이 들어 있는 연수(研修)라는 단어를 더 선호한다. 학교의 교육의 중심에 '학(學)'이 있고 학생(學生)이 있다면 연수원에는 '업(業)'과 직원이 있다. 회사에서 교육을 담당하는 사람들은 결국 '업의 전문가로 성장을 돕는 일'을 하는 사람들이다. '학(學)'은 박사학위가 있지만 '업(業)'은 자격도 학위도 없다. '업의 전문가로의 성장'은 지식으로 이루어지지 않는다. 직접 해보고, 고민하고, 깨닫고, 연습하고, 고치고, 바꾸고, 배우고 또 가르치는 과정을 통해 조금씩 성장하는 것이다. 말 그대로 끊임없는 연수(研修)를 통해 이루어지는 과정인 셈이다.

사람의 성장은 학교교육과 졸업 이후에 자신이 선택한 업의 현장에서 이루어지는 영역으로 나누어 볼 수 있다. 전자를 교육학에서 다룬다면 후자는 교육공학이라는 학문에서 다룬다. 필자가 말하는 인의 성장이란 어떤 업의 진정한 전문가로의 성장을 말한다. 그 앞의 기본이 학교에서 이루어진다면 그 완성은 일의 현장에서 이루어진다고 할 수 있다. 따라서 두 교육은 크게 보면 같지만 접근 방식에는 커다란 차이가 있다.

먼저 학교교육을 보자. 나의 학교에 대한 기억은 국민교육헌장과 연결되어 있다. 69년의 국민학교 입학식 날 나는 바로 직전 연도 말에 발표된 국민교육헌장을 모두 암송할 수 있었다. 어쩌다 이 소문이 퍼져 입학식 날 나는 교장선생님이 훈화를 하는 단상 위로 불려 갔다. 유달리 수줍음이 많았던 내게 단상은 공포 그 자체였다. 암송은커녕 울음이 터져 입학식이 끝날 때까지 그치질 않았다. 그렇게 나는 전교생, 학부모 그리고 선생님들에게 울보라는 인상을 강하게 새기며 학교교육이 시작되었다. 방학을 맞아 외가를 찾아 한글을 가르쳐준 사촌 형의 도움으로 국민교육헌장을 쓰고 외울 수 있었지만 그 뜻은 잘 몰랐다. 국민교육헌장은 헌장, 중흥, 사명, 숭상, 경애, 융성 같은 취학 연령의 아이가 이해하기 어려운 용어가 가득하다.

지나서 돌아보니 이 헌장에 들어 있는 기본 생각은 '나라의 융성이 나의 발전의 근본임을 깨달아~'라는 문구에 드러난다. 분명 나라의 융성이 먼저다. 나의 발전은 나라의 융성의 산물인 것이다. 그를 위해 근면하고 슬기롭고 협력하는 국민이 되어야 한다는 것이 요지다. 입학식, 졸업식, 조회시간 등 학교에서 하는 모든 행사 시간마다 국민교육헌장을 낭독했다. 우리 세대는 귀에 못이 박히도록 이 헌장을 들었다. 나라의 발전을 위해 국민으로서 책임과 의무를 중시한 것이다.

학교를 졸업하고 자신이 선택한 직업을 시작하면 공통으로 깨닫게 되는 것이 있다면 배울 것이 한두 가지가 아니라는 것이다. 학교교육에서 다루는 내용 중 바로 업의 현장에 써먹을 수 있는 것은 그

다지 많지 않다. 어떤 업을 잘하는 데 필요한 진정한 학습은 사실 자신의 업을 선택한 이후에 비로소 시작된다.

──────── 나의 발전을 앞에 두는 연수원 ────────

지향하는 것은 다르겠지만 교육의 중요성을 강조하는 것은 기업의 연수원도 다르지 않다. 그 속에 굳건하게 자리 잡고 있는 믿음은 사람의 성장의 중요성일 것이다.

　나의 지금 직업은 조직의 임직원을 대상으로 강의하는 일이다. 학교보다는 연수원과 친한 삶을 살고 있다. 그곳에서 일을 했고, 그곳에서 일하는 사람들을 알고 지내고 또 그곳으로 일을 하러 간다. 학교 또는 학원의 교육과 연수원의 결정적인 차이는 교육비의 부담 주체에 있다. 대학은 돈을 내고 공부를 한다면 연수원에서는 월급을 받으며 학습을 한다. 따라서 돈으로만 따지면 연수원은 수지가 맞지 않는 대표적인 곳이다. 이윤을 추구하는 집단이 이처럼 수지가 맞지 않는 연수원을 만들고 이미 졸업을 한 사람을 돈을 주며 교육을 하는 이유는 간단하다. 인의 성장이 업의 성장에 절대적인 상관관계를 가지고 있기 때문이다. 그만큼 좋은 터에 자리를 잡고 정성스럽게 짓는다.

　연수원은 국민교육헌장과는 반대의 관점을 가지고 있다. 소속한 집단의 융성이 나의 발전의 근본이라고 말하지 않는다. 반대로 너의 발전이 곧 회사의 발전이라고 말한다. 사람의 성장을 회사의 융성 앞에 두는 것이다. 업의 성장을 위한 인의 성장 개념이 아니다. 인의 성장을 통한 업의 성장의 개념이다. 이러한 생각은 정주영 회장이 말한 '우리가 잘 되는 것이 나라가 잘 되는 것이다.'라는 말 속에 잘 나타나 있다. 현대가 잘 되는 것이 대한민국이 잘 되는 것이라는 어찌 보면 불경스러운 말속에 창업자의 진심이 있다. 대한민국의 1세대 사업가의 머릿속에는 이러한 사업보국(事業報國)이라는 생각이 강하게 자리잡고 있었다. 그리고 사업이 잘 되려면 직원이 성장해야 한다고 굳게 믿고 있었다. 대부분의 사람들은 집단이 잘 되는 것보다 자신이 잘 되는 것을 우선한다. 그것이 발전의 원동력이다.

삼성그룹의 연수원마다 창업자인 이병철 회장 기념우표가 걸려 있다. 그 우표 안에 쓰여 있는 글은 '기업은 사람이다.'라는 말이다. 그리고 우표의 오른쪽에는 "기업은 사람이다. 나는 내 일생을 통해서 한 80%는 인재를 모으고 기르고 육성시키는데 시간을 보냈다. 삼성이 영원한 것도 유능한 인재를 많이 기용한 결과인 것이다."라고 적혀 있다. 1980년 전경련 강의에서 한 말이라고 씌어 있다.

이는 사람이 곧 회사라는 뜻의 '인내사(人乃社)'라는 구호를 내걸은 SK그룹의 최종현 회장의 생각과 일치한다.

'사람이 미래다'라는 카피로 회사 광고를 한 두산그룹도 마찬가지다. 두산 크레도(신조 Credo)의 시작 문구는 인재에 대한 얘기다. "인재는 우리의 꿈을 실현하기 위한 최대 자산이다. 인재는 성과를 만들어 내는 주체이며, 우리의 차별적이고 지속 가능한 성과는 인재와 인재의 성장을 통해서만 가능하다.”라고 표현하고 있다. 공통적으로 인의 성장이 업의 성장의 필수임을 말하고 있다. 모두가 인의 성장을 업의 성장의 원천으로 보는 것은 마찬가지다.

교육담당자 시절 상사에게 결재를 받을 때마다 대답하기 쉽지 않은 난감한 질문이 있었다. 나의 최종 결재자가 버릇처럼 던지던 질문이다. ‘이거 왜 하려고 하는데?’ 라는 물음이다. 때로는 바꾸어서 ‘이거 하면 뭐가 좋아지는데?’ 라고 묻기도 하고 ‘안 하면 어떤 문제가 생기는데?’라고 묻기도 하였다. 교육을 통해 달성하고자 하는 목표를 기술하는 것은 지금 내게도 어려운 일이다.

사람들이 교육하면 연상하는 단어를 보자. 학습, 발전, 성장, 성숙, 배움, 수업 등의 단어들을 연상한다. 기업교육의 목적은 인의 성장을 통해 업의 성장을 이끄는 데 있다고 할 수 있다. 그러면 사람의 성장은 무엇으로 이루어지는지를 살펴보아야 한다.

업의 전문가는 어떻게 성장하는가?

업의 전문가로 성장을 이끄는 1번 요인은 교육(education)이 아니다. 경험(experience)이다. 어떤 일을 배우는 가장 빠른 방법은 직접 해보고 깨달음을 얻는 시행착오법이다. 그 다음은 일을 하는 타인을 통해 배우는 것(exposure)이다. 그 일을 잘하는 사람을 어깨너머로 배우거나 경험 많은 사수(멘토(mentor))에게 지도를 받는 것을 말한다. 그리고 그 다음 순위가 교육이다. 70:20:10 학습 모델(70:20:10 Model for Learning and Development)이란 이의 중요성을 숫자로 말하고 있다. 즉 사람의 성장의 70%는 경험에 있다는 것이다. 그리고 20%는 타인을 통해 배우고, 나머지 10%는 교육으로 이루어진다는 것이다.

어떤 일의 전문가로 성장하는 제1요인은 경험임은 분명하다. 그런데 경험이라는 것이 이끄는 성장에는 한계가 있다. 처음과 초기의 경험은 강력한 깨달음을 준다. 하지만 경험의 횟수만큼 실력이 증가하는 것은 아니다.

최근에 겪은 몇 가지 사례는 같은 것을 말하고 있다. 최근 작은 자동차 접촉사고로 사고를 냈다. 30년 경력의 운전자인 내가 그동안 쌓아온 자동차 운전시간은 최소 일만 시간이다. 꾸준한 일만 시간은 그 분야의 전문가가 된다는 말콤 글래드웰(Malcolm Gladwell)의 1만 시간 법칙(10,000-Hour Rule)으로는 나는 자동차 운전 전문가인 셈이다. 그런데 어처구니없는 접촉사고를 냈다. 이 작은 사고는 내게 경험이 완벽함을 만들지 않는다는 것을 다시 한번 일깨워 주었다. 운전은 일만 시간 이상 하였지만 나의 운전 실력은 일천 시간의 운전자보다 뛰어나다고 할 수 없다.

입사 30년을 기념하는 입사 동기들의 모임을 다녀왔다. 일의 경험이 30년이 넘었다는 뜻이다. 나는 입사 초기부터 컴퓨터를 사용해 왔으므로 컴퓨터도 30년 이상을 다뤄온 셈이다. 하지만 나의 타이핑은 아직도 손가락 4개만 의존한다. 화면이 아닌 자판을 보며 타이핑을 한다. 당연히 타자의 속도는 빠르지 못하다. 여기서 30년간 컴퓨터를 다루어 온 경력은 중요하지 않다.

하나 더 고백하자면 10년 차 강사다. 그렇지만 지난달 한 강의에서 실패를 경험했다. 믿고 쓰는 강사라는 명성에 흠집이 생겼다.

위의 세 가지 고백은 같은 것을 말하고 있다. 아무 생각 없는 반복은 단지 경력만 늘일 뿐이라는 것이다. 경력이 많을수록 요령은 늘겠지만 진짜 실력을 키워 주지는 않는다. 이것이 1만 시간의 법칙의 원조인 안데르스 에릭슨(Anders Ericsson) 교수가 강조한 점이다. 그는 1만 시간이라는 노력의 양보다는 노력의 질이 중요하다고 강조했다. 생각 없는 반복(Naive Practice)이 아닌 고민이 따르는 갈고 닦음(硏修, Deliberate Practice)이 전문가를 만든다는 것이다. 경력 시간은 숫자에 불과하다. 얼마나 치열하게 고민하고 배운 것을 흡수하는가에 따라 진짜 실력이 생긴다.

고민이 따르는 연수(硏修, Deliberate Practice)란 곧 시행착오를 통한 성장이다. 시행착오는 세상에서 가장 빠른 학습법이다. 직접 해 보고 복기하고 배운 것을 보완하는 자신을 업그레이드하는 절차다. 인간 누구나 시행착오를 통해 성장하지만 이를 통해 배우는 질은 서로 다르다. 행이불사(行而不思) 즉, 배움이 더해지지 않는 경험의 반복은 사람을 성장시키지 않는다. 사람은 교육(敎育)이 아닌 학습(學習)과 연수(硏修)를 통해 성장한다고 나는 믿는다.

업의 세계는 넓고 다양하다. 한국표준산업분류에 따르면 1,196개로 세분화하고 있지만 업의 수는 헤아리기 어렵다. 생기고 커지고 줄어들고 없어지기도 한다. 같은 소매업이지만 건어물을 파는 업과 생선을 파는 업은 전혀 다르다. 영업은 같은 업이지만 무엇을 파는가에 따라 다른 업이 되어 버린다. 이렇게 세상의 업을 나누다 보면 세상의 업은 셀 수 없게 된다. 이 다양한 업에 필요한 전문가를 학교가 대신하여 길러 줄 수는 없다. 학교가 대응하는 속도가 업이 변하는 속도보다 빠를 수 없기 때문이다. 따라서 업의 전문가로의 성장은 그 업을 영위하는 집단의 몫이다. 또 이 성장은 일의 반복으로는 절대 이루어지지 않는다. 30년 운전자인 내가 운전전문가가 아닌 것처럼 경험이 그 업의 전문성을 키워주지 않는다.

학자가 지식과 이론을 다룬다면 전문가는 현장에서 실질적인 일을 한다. 따라서 둘의 성장은 전혀 다른 영역이다. 업의 전문가는 경험과 복기를 통해 학습하고 성장한다. 하지만 경험만으로 전문가는 만들어지지 않는다. 그 업에서 먹은 밥그릇의 숫자가 전문성을 말하지 않는다. 업의 전문가로의 성장은 학습력이 더해져야 한다. 모든 업의 전문가들은 그렇게 성장한다. 한 가지 요인을 더한다면 그 업에 필요한 재능이다. 사람의 성장의 핵심은 재능과 경험 그리고 앞서 설명한 연수력(研修力, Deliberate Practice)에 달려 있다고 믿는다. 이를 수학의 공식으로 만든다면 재능과 경험을 밑(base)으로 연수력을 지수(指數, exponent)로 표현할 수 있다.

〈수학에서 말하는 Power〉　　　　　〈전문가로의 성장의 공식〉

$$Power = x^y$$
└ 거듭제곱　└ 밑
지수

$$성장의 공식 = (재능+경험)^{연수력}$$
(人의 power)

　재능은 사람의 성장의 속도에 타고난 재능은 큰 영향을 준다. 운동능력을 타고난 사람을 아닌 사람이 학습력으로 극복하는 데에는 한계가 있다. 2의 삼승($2^3=8$) 보다 3의 2승($3^2=9$)이 더 크다. 하지만 오의 자승($5^2=25$)은 삼의 삼승($3^3=27$)을 이기지 못한다. 밑이 작아도 지수가 크면 극복할 수 있게 마련이다. 짧게 보면 늘 재능을 타고난 사람이 이기는 것 같지만 길게 보면 늘 성장하는 사람이 이긴다. 오랜 기간 조직에서 사람의 성장을 지켜보며 이것만은 분명하게 말할 수 있다. 영업사원도 초기에는 말 잘하는 사원이 두각을 나타내지만 판매왕은 결국 꾸준한 사람에게 내주게 된다.

　재능과 경험 그리고 연수력 중 마음먹기에 따라 달라질 수 있는 것은 연수력 즉 학습력뿐이다. 재능은 학습력으로 강화하는 데 한계가 있고 경험은 업을 지속한 기간 즉 시간과 관련이 있다. 경험이 지속하고 반복하는 것과 관련이 있다면 학습력은 더 좋은 방법을 찾아보고 이를 적용해 보는 것과 관련이 있다. 교육의 목적은 사람의 성장에 있다. 그리고 성장의 본질은 자신을 바꾸는 것이다. 윈스턴 처칠의 유명한 표현처럼 바꾸지 않으면 향상되지 않는다. 최고가 되려면 많이 바꾸어 보아야 한다. (To improve is to change. To be perfect to change often) 업의 성장은 사람에 있고, 사람이 성장하려면 끊임없이 배우고 스스로를 바꾸어야 한다는 것이다.

한 분야의 대가로 성장한다는 것은 절대로 하루아침에 이루어지지 않는다. 교육의 필요성을 콩나물 물 주기에 비유하는 것에 나는 동의하지 않는다. 뿌려준 물은 금방 내려가지만 콩나물은 어느 틈에 쑥 크게 된다는 비유 말이다. 사람은 그렇게 쉽게 크지 않는다. 업의 전문가 콩나물 자라듯 쉽게 큰다면 인재는 사업의 경쟁우위가 될 수 없다. 쉽게 키울 수 없기에 사람이 경쟁력이 되는 것이다.

인(人)의 성장의 위기

사람의 성장이 업의 성장의 근본이라는 믿음에 대해 말했다. 또 인의 성장의 핵심은 자신이 선택한 업에 대한 학습이고 학습의 본질은 기존의 방식보다 더 좋은 답을 찾아 바꾸는 과정이다. 그리고 그 성장은 다양한 경험과 지속적인 고민과 깨달음을 통해 천천히 이루어진다. 어느 순간 갑자기 깨달음이 발견되지는 않는다.

어떤 업을 이끄는 인의 성장은 최소한 10년 길게는 30년이 걸리는 지난한 학습의 과정이다. 그런데 업의 성장의 열쇠인 사람의 성장에 몇 가지 적신호가 켜져 있음을 발견하게 된다. 첫 번째는 학습이 즐거움의 원천이 아니라 피곤함의 대상이 되어버렸다는 점을 살펴보아야 한다.

누구에게서 시작되었는지 출처는 분명하지 않지만 오래도록 교육 분야에 전해지는 일화가 있다. 김옥균의 선물이라는 스토리다. 간략하게 소개하자면 이렇다.

1960년대 초 저승에서 김옥균은 옥황상제와 내기 바둑에서 이겼다. 김옥균은 아이작 뉴턴, 알베르트 아인슈타인, 토머스 에디슨, 퀴리 부인, 갈릴레오 갈릴레이 등 천재 다섯 명을 한국에서 태어나게 해달라고 청하였다. 옥황상제는 죽어서도 조국의 발전을 생각하는 그가 가상하여 스티브 호킹 박사를 더해 6명의 천재급 인재가 동시에 한국에 태어나게 되었다. 그리고 30년이 지나 이들의 활약상이 궁금해져 세상을 내려다보고 깜짝 놀랐다.

아이작 뉴턴은 초등학교 교사를 아인슈타인은 중국음식을 배달하고 있었다. 뉴턴은 교수에게 찍혀 학문의 길을 포기했고 수학 과학만 잘하는 아인슈타인은 대학입시에 낙방을 거듭했기 때문이었다. 에디슨은 특허 신청을 하다가 열을 받아 법을 공부하는 고시생이 되었고, 퀴리 부인은 봉제공장에서 곰 인형을 만들고 있었다. 얼굴이 못생겨 취업을 못한 까닭이다. '주체사상은 틀렸다'고 비판한

갈릴레오는 아오지 탄광에서 석탄을 캐고 있었고, 장애의 서러움을 이기지 못한 스티븐 호킹은 이미 이 세상 사람이 아니었다.

참으로 웃기지만 슬픈 얘기다.

30여 년간 교육의 언저리의 일에 종사하면서 가장 부끄럽게 생각하는 질문은 '왜 교육은 발전이 없어요?'라는 질문이다. 앨빈 토플러가 부의 미래에서 지적한 대로 비즈니스의 세계가 시속 100마일의 주행속도로 달리는 버스라면 학교와 교육은 시속 10마일의 속도로 달리고 있다. 학교에서 배운 것 중에서 업에 바로 써먹을 수 있는 것은 별로 없다. 청년들은 취업을 위해 국가가 직무능력의 표준이라고 정한 NCS를 공부한다. NCS는 일을 잘 하는 데 필요한 직무능력이다. 이것이 가능하단 말인가? 어떤 업을 잘하는 데 필요한 능력을 국가 차원에서 표준화한다는 발상부터가 위험천만한 것이다.

영국의 사우스 차이나 모닝 포스트의 '평생공부의 덫에 빠진 한국(Why South Koreans are trapped in a lifetime of study)' 제목의 기사를 실었다. 한국은 불필요한 공부를 너무하게 만든다는 지적이다. 입사를 위해 갖춰야 하는 것이 너무나 많다. 학업 성적도 좋아야 하고, 어학 성적도 있어야 하고, 다양한 스펙도 쌓아야 하고, 자격도 취득해야 한다. 적어도 우리 세대는 그렇지 않았다. 오죽하면 '먹고 대학생'이라는 말이 생겼을까? 실컷 놀다가 입사를 하여 자기 업이 정해지면 그때부터 업의 공부는 치열하게 하면 되었다. 반면 지금의 입사자는 입사를 위한 학습에 거의 탈진한 상태로 입사를 한다. 그들에게 학습은 즐거움이 아닌 괴로움이다. 불필요한 교육에 지친 후유증은 모든 업의 발전에 짐이 되고 있다.

업의 시작은 단지 시작일 뿐이다. 프로듀사라는 드라마는 예능 제작업이라는 세계에 입문한 주인공 김수현의 일에 대한 이야기다. 16부작의 1편의 부제는 '시작, 반이 아니다 시작일 뿐이다'이다. 주인공은 프로듀서라는 일을 시작하면서 학교에서 배운 것이 예능 제작업을 하는 데 아무 소용이 없다는 것을 깨닫는다. 모든 업이 마찬가지다. 취업은 단지 시작일 뿐이다. 업의 전문가로의 성장이라는 여정은 4년 만에 졸업하는 대학과 달리 수십년이 걸리는 긴 여정이다. 그런데 입시와 경쟁에 이어 입사 경쟁에 이미 지쳐버린 젊은 세대들에게 학습은 즐거움의 대상이 아니다. 사람의 성장에 가장 큰 적신호이다.

또 조직에서 만나게 되는 선배들의 수준도 문제다. 맹자의 어머니가 아들의 교육을 위해 사는 곳을 세 번이나 옮긴 이유는 분명하다. 주변 사람은 사람의 성장에 결정적인 영향을 주기 때문이다. 이를 동료효과(peer effects)라고 한다. 이에 대한 다양한 연구결과가 있다. 체중, 룸메이트의 학업성적, 봉투 접기 작업 속도, 팔굽혀 펴기 횟수, 저축 금액, 흡연, 기업의 부채비율, 시험 부정행위(컨닝), 뮤추얼 펀드 선택, 대학 진학, 생산현장의 작업 속도, 급여 만족도에 이르기까지 동료의 영향을 받는다고 논문이 입증하고 있다.

주변의 사람들이 어떻게 생각하고 말하고 행동하는지는 곧 나의 생각과 말과 행동에 영향을 준다. 동료효과에 대한 연구에 따르면 자신이 직접 본 가장 우수한 동료의 수준이 구성원의 표준이 되어 버린다는 것이다. 자신이 속한 리그의 수준이 곧 눈높이의 수준으로 자리 잡는다는 것이다.

선생의 품격은 결국 실력에서 온다. 직장에서 만난 선배의 실력이 출중하면 후배들은 그 수준까지 성장하려고 애쓴다. 선(善)한 방향으로 동료효과가 작용한다. 그런데 선배의 수준이 높지 못하면 선한 학습효과는 사라진다.

우리는 교육 강국이다. 그러나 인재는 강국이 아니다. 일본보다 더 높은 초고층 건물을 지을 수 있는 실력을 갖추었지만 건축의 노벨상 격인 프리츠커 상 수상자를 비교하면 7:0이다. 일본이 7이고 우리는 아직 아무도 없다. 그 만큼 업의 깊이가 깊지 않다. 빠른 성장을 이루다 보니 실무에서 빨리 손을 떼고 관리자의 대열로 갈아탄 결과이기도 하다.

업(業)의 성장의 위기

조직에서 일하는 사람들의 어깨에 걸머진 것은 업의 성장이라는 숙제다. 업의 성장은 인(人)의 성장을 통해 이룰 수 있다. 또 반대로 업이 성장하면 사람도 성장한다. 지금의 산업화를 이끈 세대는 성장의 시대를 살아왔다. 66년 1억 불 수출을 달성했다는 소식에 박정희 전 대통령은 눈물을 글썽였다는 JP의 증언을 인터넷으로 보았다. 2018년 우리의 수출액은 6천억 불이 넘는다. 무려 6천 배 규모의 성장을 짧은 기간에 이루어 냈다.

성장의 시대에는 기회가 많은 법이다. 업의 규모가 커질수록 새로운 기회와 경험이 주어진다. 이를 통해 자연스럽게 성장할 수 있었다. 1990년 현대차의 생산대수는 백만 대를 돌파했고 2014년도에는 800만 대를 넘었다. 인의 성장이 업의 성장을 견인한다고 하지만 어쩌면 업의 성장이 인의 성장을 견인하기도 한다. 그런 압축성장의 시대를 살면서 개인의 삶은 과거보다 더 좋은 삶으로 바꿀 수 있는 기회가 주어졌다. 배워야 할 선배가 없는 속에서 자기주도적으로 성장을 해 왔다.

하지만 지금은 저성장의 시대이다. 시대의 변화와 함께 성장하는 업도 있지만 대부분의 업은 정체되고 있다. 시티은행은 126개 지점을 25개로 줄였다. 조선, 철강, 중공업, 자동차, 전기 전자, 금융 등 수많은 업이 성장하던 과거를 그리워하고 있다. 이러한 구조에서 인력은 정체된다. 더 크고 높은 자리로 승진하여야 할 사람들은 갈 곳을 잃은 채 있던 자리에 머물러 있다. 선배들이 버티고 있으니 당연 후배들에게 새로운 기회와 경험을 부여할 찬스는 줄어들고 이러한 이유로 인의 성장은 정체를 맞는다.

성장의 정체기가 되면 거품이 드러나게 마련이다. 압축성장이라는 순풍을 타고 쉽게 성장하는 시대는 끝났다. 이제 저성장이라는 역풍을 안고 성장해야 하는 시대다.

이와 같이 인의 성장을 위협하는 적신호가 가득하다. 탈진의 문제, 실력없는 선생의 문제, 거기에 저성장의 문제까지 더해져 답을 찾기는 더욱 어려워졌다.

──────── 학(學) 습(習) 평(評)이라는 삼박자 ────────

학습의 3요소를 학(學), 습(習), 평(評) 이라고 한다. 학(學)이 머리로 이해하는 것이라면, 습(習)은 배운 것을 실천할 줄 아는 것이다. 학보다 습이 어려운 것은 습은 꾸준한 실천으로 몸에 배야 비로소 할 수 있게 된다. 운동을 배우면서 '몸에 힘을 빼라'는 것은 쉽게 배울 수 있지만 실제로 몸에서 힘을 빼는 것은 참으로 어려운 일이다. 따라서 학습은 학보다 습에 더 중점을 두어야 한다. 몰라서 하지 못하는 것이 아니라 알면서 실천 못하는 것이 더 많기 때문이다.

그런데 학습이 시작되려면 평(評)이 있어야 한다. 평(評)이란 자신의 지금의 수준을 직시하게 하는 것을 말한다. 자신을 고수라고 착각하는 사람은 학습을 게을리하게 마련이다. 반면 자신의 수준을 진정한 고수와 비교하여 아직 격차가 크다고 느낄 때 학습은 계속된다. 자신을 좋은 플레이어 또는 좋은 리더라고 여기는 사람들은 자신을 개선하려 하지 않는다.

평(評)의 핵심은 객관성이다. 동의할 수밖에 없는 제대로 된 평가가 중요하다는 말이다. 그런데 사람들은 자신을 스스로 평가할 때 보다 유리한 쪽으로 해석하는 자기중심성이 있다. 평가한 타인의 관점에서 자신의 모습을 객관적으로 보는 것이다. 다른 사람들이 나를 어떻게 보고 무엇을 개선해야 하는지 끊임없이 점검해야 한다.

나의 경력 30년을 삼등분해본다면 일을 하는 실무자로 10년, 일을 하게 하는 리더로의 10년을 그리고 강사로 10년이라고 나눌 수 있다. 운이 좋아 좋은 회사에서 좋은 동료들과 함께 일하는 기회를 얻어 많은 것을 배웠다. 하지만 조직에서 일한 앞의 20년보다 강사로 일한 뒤의 10년을 통해 훨씬 많은 것을 배웠다.

직장생활과 강사 두 직업의 결정적인 차이는 고객에게 직접 평가를 받게 된다는 것이다. 회사에서도 상사에게 인사평가를 받지만 회사의 평가 주기는 많아야 일 년에 두 번 정도이다. 그런데 강사는 매번 평가를 받는다. 담당자가 느낀 평가도 받지만 학습자 개인도 강의 내용에 대한 평가를 한다. 강의의 내용이 얼마나 좋았는지 좋았다면 무엇이 좋았는지 나빴다면 무엇이 나빴는지 학습자 모두 각자의 관점에서 피드백을 한다. 매번 강의를 할 때마다 성적이 나오고 성패가 드러난다.

매번 평가를 받는 일에 종사한다는 것은 참으로 피곤한 일이다.

하지만 이 평가가 결국 고민이 따르는 연습(Deliberate Practice)을 멈추지 못하게 만든다. 학습자에게 받게 되는 냉정한 피드백은 늘 내가 무엇을 개선해야 하는지를 분명하게 하여 준다. 그것이 드러나면 기존의 것은 버리고 새로운 접근으로 바꾸어야 한다. 요구와 학습목표를 파악하고, 적절한 방법을 계획하고, 전달하고, 평가받고, 개선하고 연습하는 절차의 무한 반복과정이다. 이것이 앞서 설명한 고민이 따르는 연습(deliberate practice)의 과정이다. 그러한 치열한 10년의 삶을 통해 이전의 느슨한 평가 속의 20년을 돌아보게 된다.

돌이켜 생각하니 강의장에서 가장 많은 것을 배워가는 사람은 단연 학습자가 아닌 강사다. 경기도 시흥시에 위치한 대교 연수원에는 교학상장(敎學相長)이라는 사자성어가 돌에 새겨져 있다. 중국 예기의 학기편에 있는 글이라고 한다. '먹어보지 않고 그 맛을 알 수는 없다. 마찬가지로 진리도 배우지 않으면 왜 좋은지를 알 수 없다. 따라서 배워본 이후에 자신의 부족함을 알 수 있으며 가르친 후에나 비로소 어려움을 알게 된다. 그러므로 가르치고 배우면서 서로 성장하게 된다.' 라는 문구에서 따온 말이다. 대교그룹의 강영중 회장의 교육철학이기도 하다. 이 말은 누군가를 가르쳐 봐야 제대로 배우게 된다는 뜻이기도 하다. 하나 더 고백하자면 지난 10년간 나는 그 주제의 진정한 전문가라기 보다 얼치기 전문가였다. 물론 지금도 마찬가지다. 그러나 늘 나 자신의 미숙함을 의식하고 있다. 잊으려 해도 고객의 냉정한 평가는 늘 그것을 일깨워 준다.

부족함을 알게 하는 평(評)이라는 전제 속에서 사람의 성장을 가속된다. 학습의 곡선은 점근선이라는 말이 있다. 점근선은 점차 목표인 선에 근접해 가지만 결코 선에 도달할 수는 없는 곡선을 말한다. 자신의 업의 마스터[名人]들은 자신을 최고라고 생각하지 않는다. 사람은 성장할수록 부족함을 느끼게 되기 때문이다.

03

결과의 탁월함 그리고
과정의 완벽함

思務力

"아무도 배우려 하지 않지만 입사하여 꼭 배워야 하는 것이 있다. 그 것은 아주 기초적인 기술로서 생각을 정리하여 말이나 글로 표현하 는 것이다." 경영학자 피터 드러커가 남긴 말이다.

나는 이 말을 자주 인용했다. 이 말속에 들어 있는 여러 가지 메시지 에 공감하기 때문이다.

아무도 배우려 하지 않는 이유는 누구나 할 수 있다고 여기기 때 문이다. 그런데 꼭 배워야 하는 것은 누구도 제대로 할 수 없다는 뜻 이다. 분명 조직에서 말과 글로 이루어지는 업무적 소통이 그렇다. 그 런데 업무적 소통만 그런 것은 아니다. '일 잘하는 법'도 마찬가지다.

누구나 저마다 주어진 일을 한다. 그러나 모두가 일을 잘하는 것 은 아니다. 하지만 대부분은 자신이 일을 잘 한다고 여긴다. '자신의 업무능력은 평균 이하다'라는 질문을 던지면 수치적으로는 절반이 손을 들어야 하지만 대다수는 인정하지 않는다. 일을 잘 한다고 여기기에 '일 잘하는 법'은 아무도 배우려 하지 않는다. 또 누구도 제대로 알려 줄 수 없는 주제이기도 하다. '직업학'이라는 학문이 있기는 하지만 이 주제를 다루기에는 세상의 업이 너무나 다양하다. 이러한 이유로 누구도 이 주제를 파고들지 않는다.

한 분야에서 같은 일을 지속해온 프로라면 적어도 자신이 하는 업과 관련한 질문에 대한 생각을 정리하여 자신만의 용어로 표현할 수 있어야 한다. 요리를 하든 만화를 그리든 짜장면을 배달하든 그 일이 무엇이든 자신이 하는 일에 대해 자신의 용어로 일관되게 답을 할 수 있다면 그 사람은 그 분야의 전문가이다. 자신의 답이 곧 업에 대한 철학이다. 그 질문이 무엇이든 자신만의 답을 말한다는 것은 결코 쉽지 않다. 남이 내린 답을 인용하는 것과 자신만의 답을 갖는다는 것은 차원이 다른 문제다.

일을 하는 누구나 어떤 답을 찾고자 하는 큰 질문이 머릿속에 있을 것이다. 이러한 질문의 답은 정답도 오답도 없다. 하지만 좋은 답이 되려면 자신만의 좋은 생각과 받침이 되는 근거가 설득력이 있어야 한다. 그래야 같은 고민을 한 사람들로부터 공감을 얻을 수 있다. 방송이나 책 강연 등을 통해 만나는 어떤 업을 대표하는 사람들의 답에는 공통점이 있다. 그 사람들은 타인의 답을 전하지 않는다는 것이다. 자신이 생각하는 답을 말하고 그 답에 청중은 공감한다.

공감이 가는 말은 기억하고 인용하게 된다. 모든 분야의 업의 전문가들은 마찬가지이다. 내가 일을 해오면서 내 머리를 지배해 온 질문들을 열거하자면 다음과 같은 의문들이었다.

질문 1. 내게 일의 의미는 무엇인가?

질문 2. 전문가란 어떤 사람인가?

질문 3. 일을 잘 한다는 것은 무엇인가?

질문 4. 내가 하는 이 일을 가장 효과적으로 하는 방법은 무엇인가?

질문 5. 어떻게 하면 일을 즐겁게 할 수 있나?

질문 6. 어떤 일을 먼저 해야 하는가? 또는 중요한 일은 어떤 일인가?

질문 7. 우리가 하는 업의 성과의 공식은 무엇인가?

질문 8. 어떻게 하면 우리가 하는 업이 더 성장할까?

질문 9. 지금보다 더 효율적인 방식은 없을까?

질문 10. 문제를 해결하는 가장 효과적인 방법은 무엇인가?

질문 11. 무엇을 어떻게 하면 내가 원하는 그곳에 서 있을 수 있을까?

질문 12. 어떻게 목표를 정하고 관리해야 하는가?

질문 13. 어떻게 일을 관리해야 하는가?

질문 14. 어떻게 직원들을 움직이게 하는가?

질문 15. 누구를 승진시키고 보상해야 하는가?

질문 16. 무엇을 어떻게 보고해야 하는가?

질문 17. 어떻게 문서를 만들면 한 번에 결재를 얻을 수 있는가?

질문 18. 지시는 어떻게 하는 것이 효과적인가?

질문 19. 효과적으로 설득하려면 어떻게 말해야 하는가?

질문 20. 어떻게 원하는 결과를 상대에게 끌어낼 수 있을까?

질문 21. 어떻게 하면 나쁜 결정을 줄일 수 있나?

질문 22. 어떻게 변화를 이끌어야 하는가?

등등등…

나의 경력과 관련된 첫째 단어가 교육이라면 그 다음은 '일'이다. 일이라는 주제는 적어도 30년을 치열하게 고민해 온 주제이다.

직장생활을 시작하며 '생각하며 일하는 사원이 되겠다.'는 다짐으로 일을 시작했다. 선배들이 알려준 방식을 열심히 배웠지만 그 방식이 최선인지는 끊임없이 의심했다. 그리고 더 좋은 방식이 생각나면 나의 방식대로 해보고 바꾸어 나갔다. 이는 신입사원부터 내 몸에 밴 방식이다. 일을 하는 과정에서 만나게 되는 수많은 질문들에 대해 나의 답을 찾아보고 찾은 답이 좋은 답인지 확인하고 더 좋은 답으로 나름 고쳐왔다.

정답이 없는 문제의 답은 어찌 보면 쉬워 보인다. 어떤 답도 오답은 아니기 때문이다. 무엇이든 그럴 듯하게 포장하면 된다. 그런데 어설픈 답들은 결국 도전을 받는다. 삐딱한 시각으로 허점이 무엇인지 의심의 눈으로 따져보는 사람들에게 공감을 얻으려면 대답 안에 설득력이 있어야 한다. 이러한 답은 어느 순간에 영감처럼 떠오르지 않는다. 그 어설픈 답을 조금씩 고쳐 쓰는 과정을 통해 완벽에 가까워진다. 또 자신의 답을 내려면 최소한 타인이 낸 답에 대해서 충분한 고찰이 선행되어야 한다. 먼저 모방자가 되어야 자신의 것을 만들 수 있는 법이다. 김윤환 시인의 난독증을 읽으며 같은 생각을 했다.

난독증(難讀症) 김윤환

박씨는 정의를 자유라고 읽었다

김씨는 정의를 민족이라고 읽었다

부씨는 정의를 힘이라고 읽었다

오씨는 정의를 질서라고 읽었다

노씨는 정의를 평화라고 읽었다

이씨는 정의를 시장이라고 읽었다

붓다는 정의를 무욕이라고 읽었다

예수는 정의를 사랑이라고 읽었다

애비는 정의를 민주주의라고 읽었다

아들은 정의를 취업이라고 읽었다

시인은 정의를 괴물로 읽는다

사람들은

저마다 괴물 하나씩 키우며

그것을 정의라고 읽는다

정의라고 믿는다.

나는 이 시의 1연은 사람들이 정의를 어떻게 읽고 있는지에 대한 열거다. 그리고 결론부는 자신은 정의(正義)를 어떻게 정의(定義)하는지를 말하고 있다. 그리고 자기에게 유리한 대로 섣부르게 내리는 정의(定義)의 위험성을 말하고 있다.

정답이 없는 질문에 어떤 답을 쓴다는 것은 참으로 부담되는 일이다. 남이 쓴 답의 흠집을 찾아내는 힘이 내 답을 쓰는 힘보다 훨씬 크기 때문이다.

하지만 적어도 위에서 던진 세 가지 질문에 대한 나의 답은 제시하고자 한다. 첫 번째 질문은 일의 의미에 대한 질문이고 다음은 전문가에 대한 정의 그리고 세 번째는 일을 잘한다는 것은 무엇인지에 대한 나의 생각이다. 김윤환 시인의 난독증이라는 시의 형식을 빌려 제시하고자 한다.

일의 의미

박씨는 일의 의미를 생계의 원천이라고 읽었다

김씨는 일의 의미를 삶의 활력이라고 읽었다

부씨는 일의 의미를 세상과의 연결이라고 읽었다

오씨는 일의 의미를 역할과 존재감이라고 읽었다

노씨는 일의 의미를 즐거움의 원천이라고 읽었다

이씨는 일의 의미를 의미의 발견이라고 읽었다

상사는 일의 의미를 자기 실현의 도구라고 읽었다

직원은 일의 의미를 건강한 일상이라고 읽었다

나는 일의 의미를 행복의 보험이라고 읽는다

사람들은

저마다 중요하다고 생각하는 일을 통해

좋은 사람을 만나고,

하는 일을 즐기고,

자신이 주인이 되는 삶을 얻는다고 믿는다

전문가

박씨는 전문가를 기본에 충실한 프로라고 읽었다

김씨는 전문가를 대체불가능한 사람이라고 읽었다

부씨는 전문가를 직무를 통해 감동을 주는 사람이라고 읽었다

오씨는 전문가를 어려운 문제의 해결사라고 읽었다

노씨는 전문가를 돈을 받고 일하는 사람이라고 읽었다

이씨는 전문가를 올바른 솔루션을 제시하는 것이라고 읽었다

상사는 전문가를 전문가들이 인정하는 사람이라고 읽었다

직원은 전문가를 난감한 상황에서 찾게 되는 사람이라고 읽었다

나는 전문가를 남다른 결과를 만드는 사람으로 읽는다

사람들은

저마다 자기 업을 하나씩 쌓으며

자신이 그 업의 전문가라고 믿는다

일을 잘 한다는 것

박씨는 일 잘하는 것을 못하지 않는 것이라고 읽었다

김씨는 일 잘하는 것을 찾아서 일하는 것이라고 읽었다

부씨는 일 잘하는 것을 필요한 일을 효율적으로 하는 것이라고 읽었다

오씨는 일 잘하는 것을 적게 들여 많이 얻는 것이라고 읽었다

노씨는 일 잘하는 것을 제때에 빨리 처리하는 것이라고 읽었다

이씨는 일 잘하는 것을 의도한 결과를 만들어 내는 것이라고 읽었다

상사는 일 잘하는 것을 알아서 일하는 것이라고 읽었다

직원은 일 잘하는 것을 시킨 사람을 만족하게 하는 것이라고 읽었다

나는 일 잘하는 것을 탁월한 결과를 완벽한 과정으로 하는 것이라고

읽는다

사람들은

저마다 자기에게 주어진 일을 처리하며

자신이 그 일을 잘 한다고 믿는다

결과는 탁월하게, 남다른 결과를

조직경영과 자주 비교되는 스포츠는 단연 야구다. 야구는 가장 자본주의적인 스포츠다. 머니 볼(money ball)이라고 하지 않는가?

모든 야구팀은 최고의 자리에 오르기 위해 최선을 다한다. '탁월함의 추구'가 야구의 본질이다. 그 탁월함은 승률로 가려진다. 따라서 경기의 목적은 이겨서 승률을 높이는 것이다. 이기기 위해서는 먼저 득점을 올려야 한다. 동시에 실점을 줄여야 한다. 탁월한 팀이란 더 많이 이기는 팀이고, 이기기 위해 득점을 해야 하고, 득점을 하려면 먼저 출루를 해야 한다. 득점하지 못한 출루는 승리에 아무런 기여가 되지 않는다. 점수로 쌓이지 않는다. 따라서 출루는 목적이 되지 않는다. 출루의 목적은 득점(Run)에 있고 득점의 목적은 승리에 있고 승리의 목적은 더 탁월한 승률을 기록하는 데 있다.

더 탁월한 성적을 내라고 응원하고 탁월한 결과를 만든 선수와 팀에게는 상응하는 명예와 돈이 따른다. 앞서 나는 전문가란 일의 결과가 남다른 사람들이라고 하였다. 탁월하고 남다른 결과를 요구하는 것은 모든 전문가들의 숙명과도 같은 것이다. 적어도 그 일 또 그 업의 프로라면 남다른 결과를 만들 줄 알아야 한다.

피터 드러커(Peter Drucker)의 말을 빌려보자.

"일 때문에 일을 하는 것이 아니고 성과를 위해 일을 하는 것이다. 모든 활동의 목적은 성과다. 따라서 노력이 아닌 성과를 보여주지 않으면 안 된다." 그가 말하는 성과가 곧 결과이다.

그런데 그 결과가 탁월한지에 대한 판단은 내가 하는 것이 아니다 고객이 하는 것이다. '아무리 잘해도 (팬들이) 그 이상을 기대했다면 잘한 것이 아니다.' LA다저스의 목소리라고 불리는 빈 스컬리(Vincent Edward Scully)가 남긴 명언이다. 고객의 기대가 탁월한 결과의 기준이 되기에 고객이 어떤 수준의 결과를 원하는지 분명하게 파악하여야 한다.

상사가 요청한 보고서를 정해진 시간에 제출하였다고 이 일을 탁월하게 한 것은 아니다. 보고서의 내용에 상사가 흡족해 할 수도 있고, 반대로 화가 날 수도 있다. 일의 결과는 고객에 의해 판단되는 것이다. 따라서 일의 시작은 고객이 기대하는 수준을 명확하게 아는 것에서 출발해야 한다. 고객이 원한 기준과 내가 생각하는 해석은 늘 다르기 마련이다. 그 기준이 어디인지를 알고 그 이상의 결과를 제공했을 때 고객의 마음을 얻는다. 야구도 일도 마찬가지다.

그러나 고객이 기대한 수준을 제공한다고 하더라도 고객은 감동하지 않는다. 그저 당연하다고 생각한다. 기대란 어찌 보면 당연 품질이다. 적어도 이 정도는 되어야 한다는 최소한의 요구인 경우가 많다. 그런 최소한의 요구는 갖추어도 만족으로 이어지지 않는다. 당연히 그래야 하는 것일 뿐이다. 결과의 수준은 의뢰인의 요구수준이 기준이지만 이를 맞춘다고 하여 탁월한 결과는 아니라는 말이다.

그러면 탁월한 결과란 어떤 수준으로 판단해야 하는가 라는 의문이 남는다. 이는 야구의 지표로 설명할 수 있다. 야구에서 탁월한 선수를 평가하는 방법을 살펴보자. 타자를 예를 들어보자. 어떤 타자가 최고의 타자인가? 타율이 높으면 탁월한 타자인가? 이것만으로 알 수 없다. 정확한 타자인지는 알 수 있지만 힘 있는 타자 인지는 알 수가 없다. 그러면 장타율은 어떤가? 장타율은 타자의 선구안 등은 드러나지 않는다. 그러면 출루율이 높으면 좋은 타자인가? 이것도 한계는 있다. 출루율을 야구에서 중요한 점수를 만드는 능력을 포함하지 않는다. 이렇듯 결과치들이 가지고 있는 한계 때문에 어떤 선수가 진짜 탁월한 선수인지를 가려 내기 위해 수많은 지표를 만들어 왔다.

야구의 지표 중에 가장 혁신적인 선수를 평가하는 지표는 WAR(대체선수대비승수, Wins Above Replacement Player)이다. 이것은 이 선수를 다른 선수로 바꾸면 팀이 어느 정도의 손해인지를 따져 보는 것이다. 이것이 높을 때 바꾸면 팀이 손해라는 뜻이 되고 반대로 낮을 때 바꾸면 팀 승수가 높아진다는 의미다.

바꾸면 누가 손해인지를 따져보는 것이 탁월함의 기준이 된다. 무언가에 탁월하다는 뜻은 바꾸면 오히려 고객에게 해가 된다는 뜻이다.

일의 결과는 중요하다. 그래서 결과를 강조하다 보면 결과를 비정상적인 방법으로 이루게 된다. 결과가 아무리 중요해도 결과만 좋으면 다 된다는 뜻은 아니다. 온갖 무리와 편법 비윤리적 수단으로 이룬 달성은 결국 드러나고 이로 인해 더 큰 곤욕을 치르는 경우도 많다. 날성의 과정은 정당해야 한다. 또 무리가 따라서도 안된다. 죽을 둥 살 둥 모든 것을 포기하고 이룬 결과는 비정상적인 결과다. 지속하기 어렵기 때문이다. 힘 안 들이고, 무리 없이, 정당한 방법으로, 법의 테두리 안에서, 알려져도 부끄럽지 않은 방법으로, 효율적으로 달성해야만 하는 것이다.

일의 명수(名手)들은 꼼수를 취급하지 않는다. 탁월한 결과를 가장 완벽한 과정으로 만들어 낸다. 그 비결은 결과를 만들어 내는 프로세스의 완벽함에 있다.

같은 재료로 김치를 담갔는데 맛에 차이가 있다면 과정 즉 조리에 차이가 있는 것이다. 다시 말해 프로세스의 수준이 다른 것이다.

어떤 가치를 창출하는 경영활동의 과정은 음식을 만드는 과정과 다르지 않다. 재료(input)를 조리(process)하여 음식(output)을 만드는 것이다. 투입, 프로세스 그리고 산출물, 기업의 개선 활동은 이 세 영역에 집중하여 왔다. 어떻게 싸게(input/원가 줄이기)할 것인가? 어떻게 더 빠르게(process/프로세스 최적화하기) 할 것인가? 또 어떻게 더 좋게(output/품질 높이기) 할 것인가?의 세 가지라 할 수 있다.

원가와 품질 그리고 공정능력은 철저하게 측정되어 수준이 드러났고 지속적인 개선활동으로 과거와는 다른 수준으로 개선되고 발전하였다. 그런데 전략의 수립, 새로운 것의 기획, 문제의 해결 등의 업무는 크게 발전하였다고 할 수 없다. 이러한 사고(思考)를 기반으로 한 업무의 절차 또한 제품의 생산과정과 다르지 않다. 지식과 정보 등을 인풋으로 하여 분석과 판단이라는 프로세스로 결론이라는 아웃풋을 만드는 과정인 것이다.

이에 대한 문제 인식은 아주 오래된 인식이다. 기업의 비효율은 공장의 비효율보다 '생각의 비효율'이 더 문제라는 비판은 오래된 것이다. 대표적인 학자는 피터 드러커였다. 그는 "20세기 경영이 기여한 가장 의미 있는 것은 육체노동자의 생산성을 향상시킨 것이다. 21세기의 경영이 해야 할 가장 중요한 공헌은 지식근로자의 생산성을 높이는 것이다."라고 했다. 기업 생산성 향상은 점차 늘어나는 사고(思考)를 하는 지식근로자에 집중해야 한다는 것이다. 이는 1980년대에 만들어진 기업교육용 교재에도 자주 등장하는 내용이다. 아주 오래전부터 이는 기업의 비효율은 공장의 비효율보다 '생각의 비효율'이 더 문제라는 제기는 새로운 것이 아니다.

그럼에도 불구하고 사고의 업무가 전혀 개선되지 않은 채 계속 해결하기 힘든 과제로 뒤로 넘겨져왔다. 그 어려움은 첫째 그 비효율이 눈에 보이지 않으며, 둘째 표준화하기 어렵고, 셋째 쉽게 노하우를 전이할 수 없다는 점이다. 이러한 이유로 늘 제자리이던 사고 업무의 효율 문제는 일하는 시간의 단축이라는 제도의 변화와 함께 다시 수면으로 떠오르게 될 것이다. 인풋은 줄였는데 아웃풋을 유지하려면 무엇을 바꾸어야 하는가? 남아 있는 한 가지 생각의 프로세스를 효율화하는 것이다. 이제는 더 이상 선택의 여지가 없다.

6시그마의 전도사였던 GE의 잭 웰치 회장은 '6시그마는 제품을 고쳐서 완전하게 만드는 것으로부터 공정을 고쳐서 완전하거나, 그것에 가까워지도록 하는 패러다임 전환(Shift)을 의미한다.'는 말을 남겼다. 결국 프로세스의 수준이 완벽해야 최고의 결과가 나온다는 것이다.

결과는 탁월하게

그리고

과정은 완벽하게

일 잘하는 사람들은 두 가지 조건을 갖춘다.

04

思考力

진짜 일을 제대로

―――――――― **시간이라는 제약** ――――――――

중앙부처의 사무관 승진을 위한 시험과목에 보고서 작성이 있다. 다음과 같은 유형의 문제들이 주어진다.

'○○○라는 보고서가 발표되었습니다. 이 보고서의 주요 내용을 요약하여 달라는 지시를 받았습니다. 다음 보고서를 읽고 2쪽 분량으로 내용을 요약 작성해 주시기 바랍니다. (작성시간 140분)' 보고서를 작성하는 일에 많은 시간을 보낸 경력 20년 전후의 공무원들에게도 이 시험은 쉽지 않은 과목이다.

시간이라는 제약 때문에 그렇다. 짧은 시간 안에 내용을 이해해야 하고 생각을 정리한 후 문서를 만들어 제출하는 데 140분은 부족한 시간이다. 시간이라는 제약 속에서 작성되는 이 시험은 결국 작성자의 실력이 분명하게 드러나게 된다. 이러한 시험에 시간을 충분하게 주고 치른다면 결과는 달라진다. 좋은 답안을 쓰기 위해 많은 시간을 투입할 것이다. 공을 들인 만큼 결과도 좋아질 것이다.

시간이라는 제약이 있고 없고는 이처럼 결과에 큰 영향을 끼친다. 여기서 시간이란 결과를 만들기 위해 투입하는 자원이다. 그리고 그 투입의 결과로 만들어지는 것은 시험 점수이다. 점수라는 결과를 강조할수록 투입은 늘어나게 되어 있다.

그런데 투입할 수 있는 자원의 양에 제약을 주면 법칙은 달라진다. 얼마나 그 자원을 효율적으로 쓰는가에 따라 결과가 달라진다. 평소에 비교적 시간적인 여유를 가지고 문서를 작성하다가 갑자기 촉박한 시간속에서 문서를 작성하다 보면 당황하게 된다. 제출을 포기하는 사람들도 있다.

52시간법의 시행이 기업에 미치는 파장은 생각보다 크다. 이 법의 핵심은 일하는 시간에 제약을 둔 것이다. 이를 시험으로 비교하면 지금까지의 시험 성적이 밤을 새우든 주말을 반납하고 풀든 제약이 없는 개념이었다면 이제부터는 주 52시간이라는 제약 속에서 풀어야 하는 것이다. 게임의 개념이 바뀐 것이다. 따라서 일하는 방식은 전혀 다른 형식으로 바꾸어야 한다.

시간이 널널한 시험은 모든 문제를 다 풀고 남는 시간에 한 번 더 점검해 보고 제출해야 더 좋은 점수를 받는다. 반면에 시간이 절대적으로 부족한 상황에서의 시험에서 이기려면 시험문제를 푸는 방식이 바뀌어야 한다.

어떤 문제를 푸는데 집중할 것인지도 정해야 하고 시간의 낭비가 없도록 문제를 푸는 속도를 높여야만 한다. 엉덩이로 일하는 과거의 방식으로 좋은 성적을 기대할 수 없게 된다. 머리를 써서 일을 하는 것의 중요성이 더 높아졌다고 읽어야 한다. 따라서 이 법을 일하는 방식의 변화를 촉진하는 기회로 삼는 기업은 흥할 것이고 반대로 푸념만 하다가는 도태될 것이다.

그간 수없이 워크 스마트를 외치고 일하는 방식의 개선을 외쳐왔지만 우리가 하는 일의 방식은 바뀌지 않았다. 부족하면 더 오래 더 열심히 하게 하면 보완할 수 있었기 때문이다. 하지만 지금의 시대는 시간이라는 제약 속에서 더 좋은 성적을 내야 하는 시험의 구조로 변화된 것이다.

─────── **효과성(effectiveness) 그리고 효율성(efficiency)** ───────

관리(management)의 두 축은 효과성(effectiveness)과 효율성(efficiency)이라고 할 수 있다. 효과가 시험 성적이라면 효율은 그 성적을 위해 투입한 공부 한 양을 따진다. 과거의 시험 방식이 성적만 우수하면 되는 구조였다. 이 속에서 사람들은 공부에 더 많은 시간을 들여 좋은 성적표를 받아 왔다. 쉬지도, 잠도 자지 않고 달린 거북이가 토끼를 이기는 구조의 게임이었다. 하지만 이제는 거북이도 낮잠을 자야 한다고 규칙을 바꾼 것이다. 이러한 구조에서는 거북이의 느림은 한계를 드러나게 된다. 그동안의 우등생들도 낙제 점수를 받을 수 있다. 극단적인 비유이지만 이러한 개념으로 생각의 전환이 이루어져야 한다.

이제는 모든 문제를 푼다는 생각부터 버려야 한다. 배점이 높은 문제를 풀어야 한다. 또 문제를 푸는 방식을 보다 효율적으로 바꾸어야 한다. 이러한 전환에 가장 애를 먹는 사람들은 과거의 방식으로 시간을 많이 들여 좋은 성적을 받아왔던 엉덩이로 일하는 사람들이다. 몸에 밴 방식을 바꾸는 것은 정말 어려운 일이다.

새로운 방식에서 좋은 점수를 얻는 비결은 간단하다. 배점 높은 문제를 푸는 데 집중해야 한다. 또 문제를 효과적으로 풀어야 한다. 조직의 성과는 어떤 일을 어떻게 하는가에 따라 달라진다는 공식이 이제 작동하는 구조가 되었다. 이 공식은 과거에도 존재했다. 하지만 중요하지 않았던 이유는 과도한 투입을 통해 왜곡된 결과치를 만들어 낸 사람들이 많았기 때문이다. 이것이 52시간법이 주는 영향이다. 이 변화에 빨리 적응하는 조직만이 더욱 성장하게 된다.

시험에서의 성적 = 배점이 높은 문제를 푼다 × 효과적으로 푼다
⇕ ⇕ ⇕
조직에서의 성과 = What to do(중요한 일을) × How to do(제대로 한다)
performamce   right things   right way

업의 전문가로 성장을 돕는 강사라는 직업에 종사하면서 받는 질문 중 난감한 질문이 있다. 그 첫 번째는 '이런 교육 왜 해요?'라는 목적을 의심하는 질문이다. 그리고 그 다음이 '이게 최선인가요?'라는 방법을 의심하는 질문이다. 앞의 질문은 필요성을 뒤의 질문은 방식의 비효율성을 따지는 질문이다. 하나의 축에 '어떤 교육을 하는가?'라는 필요의 관점을 다른 축에 '제대로 하는가?'라는 효율에 관점을 두어 그린 매트릭스를 보여주고 묻곤 하였다. '지금까지 회사에서 받은 교육 중에 꼭 필요한 교육이 효율적으로 이루어진 명품교육은 어느 정도 됩니까?' 라는 질문이다. 어이없는 교육, 비효율적

〈우리는 필요한 교육을 제대로 하는가〉

인 방식으로 이루어지는 교육, 안 해도 되는 멍청한 교육을 제외한 명품교육의 비율을 물으면 그 성적은 생각보다 초라하다. 대략적으로 반은 불필요하다고 느끼고 또 그 절반은 방식이 잘못되었다고 냉정하게 평한다.

이것이 현실이다. 물론 모든 교육을 명품교육으로 채울 수 없다는 것을 나도 잘 알고 있다. 하지만 분명한 것은 그 성적표가 너무 초라하다는 것이다.

우리가 하는 일에 대해 나누는 오래된 기준이 있다. 바로 '필요한 일을 제대로 하는가? Do the Right Things Right'라는 잣대로 따져 보는 것이다. 한 축으로는 어떤 일을 하는가[What to do]를 두고 다른 축에 어떻게 하는지[How to do]를 기준으로 나눈다.

교육에 대한 성적표처럼 우리가 처리하고 있는 일도 중요한 일을 제대로 하고 있는가의 관점에서 성적표를 매긴다고 생각해 보자. 직원들이 매기는 성적표는 교육에 대한 성적표와 크게 다르지 않다. 하고 있는 일중에 불필요한 일로 가득하고 방식도 시대에 뒤떨어지거나 매력적이지 못한 방식으로 수행되고 있다고 말한다. 52시간법의 시행은 어떻게 멍청한 일을 버리고 비효율적인 방식을 개선하여 효율적으로 할 것인가와 직결되어 있다.

〈우리는 중요한 일을 제대로 하는가〉

불필요한 낭비성 업무가 판치는 현실

일의 현장에도 가짜 일이 판치고 있다. 조직 성과와 고객 가치의 향상과 무관한 낭비성 업무들에 고임금의 직원들이 시달리고 있다. 문서, 회의, 보고, 결재를 비롯해 행사성 소모성 가치 없는 일에 시간을 허비하고 있다고 하소연한다. 교육에 참석한 학습자에게 어떤 가짜 업무에 시달리고 있는지 열거해보게 하는 활동을 통해 확신하는 것이다. 회사의 규모, 업의 종류, 참석한 계층을 불문하고 언제나 결론은 거의 같다. 자주 언급되는 범주와 구체적인 내용을 정리해 보았다. 회의, 문서, 보고, 결재라는 비효율의 4인방은 여전히 굳건하다. 여기에 더해 각종 의전성, 행사성, 소모성 업무가 넘쳐난다.

분명 시대의 변화의 속도와 요구를 따라가지 못하고 있다.

〈자주 언급되는 낭비성 업무〉

문서	PPT 꾸미기, 문서보고하는 일, 과도한 Paper work, 과도한 문서양식 정형, 너무 많은 양의 보고서, 문서작성 시간, 문서표준양식의 잦은 변경, 보여주기식 Paper Work, 불필요한 문서 작성, 중복자료 작성
보고	과도한 보고자료작성, 눈속임 보고자료, 동일보고서 반복작성, 매일 하는 미결보고, 보고를 위한 보고서 작성, 보고자료 짜깁기, 상사들이 보고내용을 경청하지 않는 일, 상위 직급체계(보고라인), 이중 삼중 보고, 일일보고/주간업무보고
지시	즉흥적인 업무지시, 부서단위 카톡방 지시, 불명확한 업무지시, 왜가 의문이 드는 업무하달, 일방적 지시사항, 즉흥적 지시업무, 지시의 중복과 번복, 현업 담당자를 무시한 업무하달
결재	결재(승인)까지의 대기, 과도한 결재라인, 대기업적인 의사결정과정의 프로세스, 수기/전산 이중 결재, 전자결재와 수기결재 중복
회의	결론 없는 정기회의 多, 마라톤/깨는 회의, 불규칙 비정기 돌발적 회의, 빈번한 회의, 사장님 주재회의, 성과 없는 회의, 잦은 회의 소집, 저녁 먹고 회의하기, 일일/주간/월초/종일회의, 즉흥적인 회의 소집, 퇴근시간 이후 회의
행사성 업무	대내외 활동 참여강제, 다이나믹데이/컬쳐데이/도넛 데이, 보여주기식 위기극복 미팅, 쓸데없는 행사, 아침CS체조, 인력동원행사, 전시 행정업무, 주말행사/주말출근, 회사 행사 동원
소모적 업무	눈치성, 습관성 야근, 단순 데이터 집계, 무의미한 원가산출, 부가가치 없는 업무, 불필요한 출장, 수기산출, 수기취합, 전화 응대 시간, 출퇴근 체크, 영수증 풀칠하기
협업 비효율	급한 업무 진행, 부서 이기주의, 부서간 싸움, 불합리한 기한내 회신을 요청하는 협조요청, 작은 일까지 많은 절차와 합의를 구해야 함, 팀간 이기주의, 팀간 연락/공유 부족

———— 중요한 일 그리고 해야만 하는 일 ————

Burke Hedge의 파이프 라인의 우화라는 스토리가 있다. 물을 길어 먹어야 하는 마을에서 고용한 두 명의 물장수 파블로와 부르노의 이야기다. 두 사람에게 주어진 일은 멀리 떨어진 샘물에서 지게로 물을 길어 나르는 일이다. 두 사람은 모두 마을에서 기대한 지게질을 열심히 하였고 마을은 날아온 샘물의 양에 따라 약속한 돈을 지불했다. 그런데 파블로는 지게질이라는 이 수고스러운 일을 개선할 방법을 생각한다. 지대가 높은 샘에서 마을까지 파이프라인을 연결하는 새로운 방법을 구상한다. 그런데 이 일은 당장 성과가 나는 일이 아니다. 땅을 파고 파이프를 묻는 지게질보다 더 고된 과정이 수반되는 일이다. 평소에 하는 지게질은 지게질대로 하면서 자투리 시간을 이용하여 파이프를 연결하는 고된 일을 하는 파블로를 사람들에게는 어리석다 놀렸다. 그러나 시간이 지나 파이프라인이 완성된 후에는 상황이 반전된다. 파블로는 쉽게 돈을 벌게 되었지만 부르노는 일자리를 잃었다는 것이 줄거리다.

이 스토리에 등장하는 지게로 물을 나르는 일은 해야만 하는 일이라 할 수 있다. 당장 이 일을 하지 않으면 마을 사람들이 먹을 물이 바닥이 난다. 따라서 중단할 수 없는 일이다. 지금 조직의 운영과 관련된 일들이 그렇다. 또 법으로 규정된 일도 마찬가지다. 하지 않으면 불법이므로 해야만 한다. 반면 파이프 라인이 완공하는 일은 중요한 일이다. 지금보다는 미래와 관련이 있는 일이다. 조직의 미래에 영향을 주는 의사결정이 수반되는 업무들이다.

브렌트 피터슨(Brent D. Peterson)과 게일런 닐슨(Gaylan W. Nielson)이 쓴 책 'Fake Work'는 가짜 일에 대한 이야기다. 많은 기

업의 업무관행을 분석한 후, 우리가 하고 있는 일의 절반은 성과와 전략과 무관한 '가짜 일(Fake Work)'이라고 지적한다. '가짜 일(Fake Work)'을 버리고 '진짜 일(Real Work)'를 하라고 말한다.

필자가 생각하는 진짜 일이란 해야만 하는 일과 중요한 일 두 가지를 합친 개념이다. 나머지의 일은 가짜 일이다. 악화(惡貨)가 양화(良貨)를 구축하듯 일도 가짜 일이 진짜 일을 뒤로 몰아낸다. 가짜 일은 단지 조직의 성과에만 영향을 수는 것이 아니다. 쓸데없는 일은 직원들의 일에 대한 애정과 의욕에도 악영향을 준다. 진짜 일을 하게 하려면 가짜 일을 찾아내 버려야만 한다. 가짜 일에 허비된 시간을 없애야 진짜 일을 할 수 있다.

〈중요한 일, 해야만 하는 일, 가짜 일의 개념〉

# A 중요한(critical)일	# B 해야만 하는(basic)일	# C 가짜(fake)일
의사결정이 필요한 업무 : 조직의 미래에 영향을 줌	**업의 운영관련 기본업무** : 조직의 운영의 기반이 됨	**A도 B도 아닌 낭비성 업무** : 유지와 성장의 부담이 됨
예) 1. 전략과 관련된 일 2. 미래 먹거리 관련 일 3. 고객가치와 연계된 일 4. 당면한 문제의 해결 5. 변화와 혁신	예) 1. 제품생산 등 운영업무 2. 의무로 법에 명시된 일 3. 요금수납 등 연산적 일 4. 기능별 기본 업무	예) 1. 시무식 등 행사성 업무 2. 소모적인 일 3. 의전 등과 관련된 일 4. 관성으로 하는 일 5. 과거에나 통하던 일
사람의 경쟁력 ↑	전문화/시스템화/자동화	지속적인 폐기

〈중요한 일, 해야 할 일, 가짜 일〉

구분	중요한 일(A)	해야 하는 일(B)	가짜 일(not A nor B)
내용	발견형 업무: 조직의 미래에 영향을 주는 의사결정이 수반되는 업무	일상적 업무: 조직운영의 기반이 되는 계속업무, 필수업무	낭비성 업무: A나 B에 해당되진 않지만 실제 조직에서 하고 있는 나머지 일
특징	·발견과 판단에 따른다 ·결정이 수반된다 ·생각이 필요하다 ·방법은 하나가 아니다	·하지 않으면 안된다 ·반복되는 업무이므로 나름의 방법이 정해져 있다 ·실행과 관련되어 있다	·조직 성과와 관련이 적다 ·안 해도 문제되지 않는다
업무의 예	·방식을 개선하는 일 ·정책,제도를 수립하는 일 ·기획하는 일 ·문제를 해결하는 일 ·환경변화에 대응하는 일 ·위기를 극복하는 일 ·고객가치를 높이기 위한 일	·제품 생산 등 업의 운영에 필수적으로 수반되는 일 ·4대보험 처리, 회계처리 등 법으로 하도록 정해진 일 ·요금 수납 등 연산적으로 이루어지는 일 ·주어진 역할과 책임과 관련된 기본적인 일	·시무식 등 행사성 업무 ·회식 등 비 공식적인 일 ·일일업무보고 등 조직성과와 직결되지 않은 일 ·당초 의도한 효과가 퇴색된 채 관행처럼 굳어진 일
이 일을 효율적으로 하려면?	·생각의 질을 높인다 ·좋은 결정의 비율을 높인다 ·사고의 프로세스를 개선한다	·자동화 한다 ·시스템화 한다 ·외주업체에 맡긴다	·낭비성 업무이므로 버리고 줄여야 한다

이렇게 가짜 일이 넘치는 구조에서 진짜 중요한 일이 제대로 이루어질 수가 없다. 진짜 일과 가짜 일을 나누고 가짜 일을 몰아내야 진짜 일에 집중할 수 있는 것은 당연하다. 우리는 늘 시간의 부족 상태에서 일을 하기 때문이다. 진짜 일에 집중하려면 중요한 일이 무엇인지가 분명해야 한다. 중요한 일에 대한 생각들이 다르다면 효과적으로 집중할 수 없기 때문이다.

강의 현장에서 직원들이 생각하는 중요한 일은 무엇인지 여러 차수에 걸쳐 토론한 적이 있다. 이 과정에서 확실하게 깨달은 것은 어떤 일이 정말 중요한 일인지 생각의 정리가 되어 있지 않다는 것이었다. 가짜 일 즉 낭비성 업무에 대한 생각은 분명했다. 반면에 진짜 중요한 일에 대한 생각은 분분했다. 수정을 거듭하여 정리한 기능별 중요한 일은 다음과 같다. 이렇게 목록을 정리하는 과정은 나름의 의미

〈기능별 중요한 일, 제조업 기준〉

생산성 향상, 불량유형 분석과 개선
납기준수, 생산실적 저해요소 관리
품질문제의 신속한 대응과 예방활동
생산계획달성
라인문제점 파악과 개선
신공법 설비개발
협력업체관리
생산기술 선진화

경쟁력 있는 제품개발
설계, 개발 표준화·공용화
양산을 고려한 설계, 선행기술 개발
도면 및 SPEC 명확화
검증프로세스개선
개발프로세스체계화
개발 본연의 업무, 원가의식 강화
미래성장기술 개발

올바른 의사결정 지원
각종 프로세스 최적화
업무 간소화, 현장업무이해
신속하고 적절한 결정
명확한R&R수립, 노무관리 선진화
반복업무 시스템화, 명확한 전략 제시
관리가 아닌 지원
기업문화 선진화

고객의 유지·신규고객 확보
신규 시장 개척
원가 구조 이해·분석, 수익성확보
제품에 대한 이해도 증대, 경쟁사
수주가 분석, 고객별 경로별 전략
브랜드이미지 제고
제품 개발 방향파악
시장 트렌드 수집

생산　R&D
중요 업무
지원　마케팅

가 있었다. 우리가 어떤 일에 집중해야 하는지를 토의하고 정리하면서 조직 전체의 일을 바라보는 계기가 되었다.

일을 세 유형으로 나누어 보라. 중요한 일(A)과 해야만 하는 일(B) 그리고 가짜 일(Not A nor B)이다. 중요한 일이란 선택이 수반되는 발견형 업무들을 말한다. 지금의 운영보다는 조직의 미래와 직결된 일이다. 해야만 하는 일이란 조직의 운영과 관련된 일상 업무들이다. 가짜 일이란 중요한 일도 해야만 하는 일도 아니지만 실제 조직에서 하고 있는 나머지 일들을 말한다. 물론 일의 중심 업무는 중요한 일(A)이라기보다는 해야만 하는 일(B)이 위치해 있다. 해야만 하는 일을 하지 않고 조직은 돌아가지 않는다. 일하는 시간의 가장 많은 부분은 해야만 하는 일과 관련이 있다. 그러나 이 일은 업의 성장을 담보하지는 않는다. 조직의 미래는 해야 하는 일(B)을 하는 잘하는 것보다는 중요한 일(A) 업무를 잘하는 데 달려 있다.

그러면 어떻게 해야 진짜 일에 집중할 수 있을까? 첫째는 가짜 일을 몰아내서 시간을 확보하는 것이고 다음은 해야만 하는 일을 효율적으로 하는 방법을 찾아 시스템화하고 자동화하는 데 힘을 쏟아야 한다. 이를 통해 시간이 확보되어야 운영적인 일에서 벗어나 조직의 미래에 영향을 주는 의사결정이 수반되는 일에 집중할 수 있게 된다.

─────── 공통으로 중요한 일 Big 4 ───────

중요한 일이란 결국 조직의 존재 이유 즉 '업의 지속과 번영(또는 성

장)'과 관련 있는 일이다. 앞에서는 생산, 마케팅, R&D, 지원 등 조
직의 기능별 중요한 일에 대해 살펴보았다. 여기에 전사 공통으로
중요한 일을 더해야 한다. 조직 전체의 관점에서 중요한 일은 네 가
지 유형으로 정리할 수 있다.

첫 번째는 고객만족과 관련된 일이다. 고객만족은 고객이 요구하
는 기대를 뛰어넘는 가치를 제공했을 때 온다. 당연히 요구하는 기
본 품질만으로 고객은 만족하지 않는다, 여기에 차별화된 무언가가
더해져야 한다. 고객의 요구는 늘 변한다. 지금의 차별화된 무엇은
시간이 지나면 당연한 것으로 변한다. 시시각각 변하는 그들의 요
구를 파악하기 위해 끊임없이 고객과 소통하고 그들이 중시하는 것
을 제공해야 한다.

두 번째는 외부의 환경과 상황의 변화를 감지하고 대응하는 일이
다. 환경의 변화는 위협이기도 하고 또 동시에 기회를 제공한다. 환
율, 유가, 법률, 정책, 사회적인 요구, 시대 변화, 기술 변화 등 모든
것의 영향을 받는다. 이러한 빠른 변화의 속도를 민감하게 파악하
고 제대로 대응하는 기업은 늘 기회를 잡는다. 반면 둔감하고 엉뚱
한 대응을 하는 기업은 퇴조한다.

세 번째는 내부의 운영을 최적화하는 것이다. 세상에 문제와 약점
이 없는 조직은 없다. 또 조직은 저마다 나름의 탁월함과 강점이 있
다. 이를 알고 강한 것은 더욱 강하게 약한 것은 보완하는 것이 최적
화이다. 문제라는 형태로 나타나는 부족함을 찾아 끊임없이 해결해

야 한다. 또 스스로 기준을 높여 더 싸게 더 빨리 더 좋게 하는 방법을 찾아 보다 완벽한 상태로 끊임없이 진화하여야 한다.

　마지막은 각자에게 주어진 역할과 목표에 힘을 모아 달성하는 일이다. 저마다 주어진 본업이 있다. 크게 마케팅 생산 R&D 지원으로 나누어지는 각자의 기능에 주어진 역할과 책임이 있다. 이 본업에 충실하여 주어진 역할에 충실하고 계획한 목표 달성의 과정에서 만나게 되는 각종 장해와 난관을 극복해야 한다.

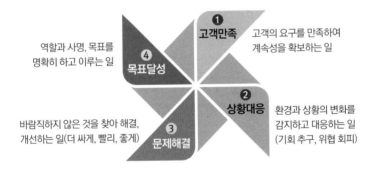

〈기업경영에서 중요한 4가지의 일〉

────────── 중요한 일을 제대로 한다는 것 ──────────

앞서서 진짜 일을 하라고 했다. 진짜 일은 해야만 하는 운영적인 일과 조직의 미래에 영향을 주는 의사결정이 수반되는 일을 합친 개념이다.

프레임을 좌우하는 것은 단어의 선택이다. 어떤 이름으로 불리는가는 매우 중요하다. '진짜' 일과 '가짜' 일이라는 용어도 마찬가지다. 누구나 진짜 일은 선(善)이고, 가짜 일은 악(惡)처럼 느껴질 것이다. 그러나 진짜 일과 가짜 일은 마치 뫼비우스 띠의 보이는 면과 그 이면(裏面)처럼 그 경계를 구분하기 어렵다. 진짜 일이 가짜 일이 되기도 하고, 가짜 일이 진짜 일로 둔갑하기도 한다. 진짜 일이라는 모습으로 가짜 일이 판치기도 한다. 이러한 조직은 아무리 지금의 성과가 뛰어날지라도 쇠퇴하게 된다.

야구 경기를 시청하다 보면 '잔루(殘壘)가 너무 많다'는 해설자의 지적을 자주 듣게 된다. 잔루란 무엇인가? 출루를 하고 득점에 이르지 못한 것이다. 야구의 잔루 개념을 일에 적용해 보자. 일에서의 잔루란 곧 '성과를 내지 못한 진짜 일들'이 된다. 득점을 위해 출루는 필수이지만 출루한다고 득점을 하는 것은 아니다. 시작은 하였지만 성과로 이어지지 않는 야구의 잔루 같은 일들이 수두룩하다.

타석에는 한 사람만 들어서지만 홈 플레이트를 밟지 못하게 만드는 수비수는 9명이나 된다. 그들은 반대의 목적을 가지고 타자의 진루를 저지한다. 마찬가지로 일의 성과를 내기까지 수많은 암초와 난관이 있다. 좋은 의도로 중요한 일을 시작했지만 의도한 결실을 맺지 못한 것은 때로 시작하지 않은 것에 비해 더 나쁜 결과를 초래한다. 일을 시작하는 것이 중요한 것이 아니라 결실을 맺을 일을 시작해야 한다.

이러한 일은 결국 가짜 일이 되어 후임자에게 짐이 되어 버린다.

시작할 때는 일하는 방식을 혁신하고자 도입한 어떤 제도가 일하는 방식은 바꾸지 못하면 일만 늘어나는 결과가 되어버린다. 그러나 현실은 반대다. 일의 시작은 너무 쉽게 벌이고 벌인 일을 제대로 마무리 하는 힘은 약하다. 이와 같이 성과로 연결되지 못하는 진짜 일은 대부분 가짜 일로 전락한다. 따라서 중요한 일은 제대로 하는 방식을 만나야 한다.

─────── 중요한 일을 = 사통결행(思通決行)형 업무 ───────

중요한(critical)일들은 발견형 업무다. 이 일의 출발이 발견에서 출발하기 때문이다. 또 처리 방법을 발견해야 하기 때문이기도 하다. 문제가 아닌 것을 문제라 인식하면 일이 되고, 진짜 심각한 문제를 문제인지 모르면 일거리가 되지 않는다. 해야만 하는 일과 다르게 중요한 일은 다음의 네 가지 속성이 내재되어 있다.

1. 중요한 일들은 생각을 기반으로 한다. 기계적으로 대응할 수 없기 때문이다.
2. 중요한 일은 결정이 수반된다. 길이 하나가 아닌 까닭이다.
3. 중요한 일은 실행이 따른다. 결정만으로 결과가 오는 것은 아니기 때문이다.

4. 중요한 일은 소통이 따른다. 조직의 일은 혼자 맘대로 할 수 없기에 그렇다.

중요한 일은 이 네 가지를 동반한다. 생각과 결정, 실행과 소통 어느 것 하나도 부족하면 일이 제대로 이루어지지 않는다. 이러한 이유로 중요한 일을 다른 용어로 표현하자면 사통결행[思通決行]형 업무라고 할 수 있다. 생각하고 그 생각에 대해 소통해 보고 결정하고 (또는 결재받고) 실행하는 과정을 거치게 된다. 이 네 가지 중 성격이 다른 것 한 가지는 소통이다. 생각과 결정 실행은 분명한 선후관계를 가지고 있지만 소통은 이 세 가지를 위한 필수 도구인 셈이다. 즉 일을 하는 과정은 생각하고 소통하고 결정하고[思通決], 결정하고 소통하고 실행하고[決通行], 실행하고 소통하고 생각하고[決通思] 다시 또 생각하고 소통하고 결정하고[思通決]과정을 반복하는 순환의 구조로 이루어진다.

〈중요한 일은 어떤 과정으로 이루어지는가?〉

	어떤 일이 중요한 일 인가?	어떤 과정으로 이루어지는가?
진짜 일	1. 문제의 해결 2. 위기의 극복 3. 변화의 추진 4. 새로운 기획과 시도 5. 고객가치의 향상 6. 업무의 개선 등	思 決 行 생각한다 ➡ 결정한다 ➡ 실행한다 ↘ ↓ ↗ 소통한다 通

중요한 일을 처리하는 프로세스

중요한 일의 출발점은 일의 발견이다. 또 방법과 실행 없이 해결에 이를 수 없다. 따라서 진짜 일을 처리하는 핵심 프로세스는 세 가지이다. 해야 할 일에 대한 바른 인식, 방법에 대한 좋은 결정, 결정을 결과로 바꾸는 실행이다.

열린 소통은 이 세 가지를 촉진하는 조금 성격이 다른 요인이다. 다음 그림은 이와 같은 생각을 바탕으로 만들어진 것이다. 앞에서 다룬 중요한 일을 하는 프로세스를 필자는 야구장에 비유하여 설명한다. 홈 플레이트와 세 개의 루(壘) 이루어진 야구장의 모습과 연결

〈중요한 일을 하는 과정〉

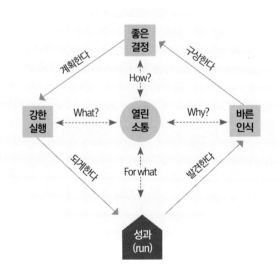

하면 진짜 일을 하는 과정을 효과적으로 이해할 수 있다.

그림에서 보는 것과 같이 일을 하는 목적은 성과(야구에서 득점 run)를 위한 것이다. 야구에서 홈 플레이트는 시작점이면서 동시에 도착점이기도 하다. 따라서 성과는 홈 플레이트에 해당한다. 득점을 위해서는 순서대로 돌아야 점수가 된다.

중요한 일이란 조직의 미래에 영향을 주는 어떤 결정이 필요한 일이다. 전략을 수립하는 일, 당면한 문제를 해결하는 일, 환경변화에 대응하는 일, 고객 가치를 높이는 일, 목표를 달성하는 일 등…

일의 성질은 달라도 이 모두는 방법에 대한 결정이 따른다. 따라서 중요한 일을 처리하는 중심에는 좋은 결정이 자리해야 한다. 그런데 좋은 결정을 하려면 그 전에 선행(先行)되어야 하는 일이 있다. 결정과 관련된 사실을 파악하고 필요한 정보를 찾아 분석하는 등 바로 인식과 관련된 일이다. 또 아무리 좋은 방법을 찾아도 실행없이 결과로 이어지지는 않는다. 그러므로 실행은 결정의 다음 공정이다. 여기에 열린 소통을 더해 도식화 하면 야구장의 모습과 흡사해진다. 야구의 주루에 순서가 있듯 중요한 일을 처리하는 프로세스도 마찬가지다. 유형별로 그 절차를 간략하게 그려보면 쉽게 이해 할 수 있다

〈중요한 일의 유형과 이 일을 처리하는 과정〉

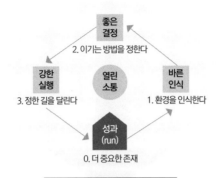

전략을 수립할 때

문제를 해결할 때

환경변화에 대응할 때

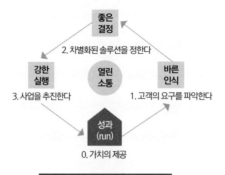

사업을 계획할 때

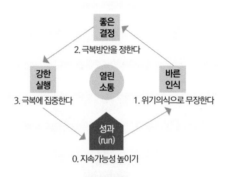

위기상황을 극복할 때

임무·목표를 달성할 때

바른 인식, 좋은 결정, 강한 실행, 열린 소통의
A and B

바른 인식

바른 인식이란 해야 하는 일이 무엇인지 명확히 알고(발견 A), 그 일이 왜 중요한 일인지 이해하는(확신 B) 것이다. 무엇을 해야 하는지 이해하는 것은 쉽다. 그러나 왜 이 일이 중요한지를 아는 것은 쉽지 않다. 스스로 발견한 일이라면 문제가 없다. 그러나 조직은 스스로 발견한 일만을 하는 곳이 아니다. 지시받은(Top-down) 업무는 상사가 발견한 일이고, 건의받은(bottom-up) 업무는 부하가 발견한 일이다. 이와 같이 발견의 주체가 스스로가 아닐 때 그 일의 필요성을 느끼는 정도는 달라진다. 지식근로자들은 왜를 이해하지 못하는 일에 몰입하지 못한다. 따라서 바른 인식에는 무엇을 해야 하는가와 왜 이 일이 중요한가를 동시에 알아야 한다.

〈바른 인식의 A and B〉

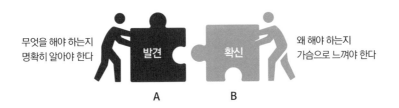

무엇을 해야 하는지
명확히 알아야 한다

발견

확신

왜 해야 하는지
가슴으로 느껴야 한다

A   B

좋은 결정

좋은 결정이란 좋은 방안(A)을 찾고 제때에 옳은 결정(B)을 내리는 것이다. 아무리 중요한 일이라도 찾은 방안이 좋지 않으면 실행 과정에서 허점이 드러난다. 또 아무리 좋은 방안이라 하더라도 제때에 결정이 이루어지지 않으면 차질이 빚어진다. 따라서 좋은 결정에는 좋은 방안과 적절한 시기라는 두 가지 조건이 중요하다.

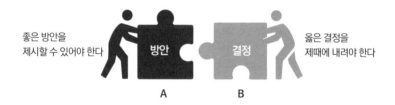

좋은 방안을
제시할 수 있어야 한다
방안 A 결정 B
옳은 결정을
제때에 내려야 한다

강한 실행

강한 실행이란 튼실한 계획을(A) 체계적으로 실행하여(B) 목표한 결과를 달성하는 것이다. 계획이 부실한 상태의 실행은 시행착오로 실행을 지연시킨다. 또 실행이란 수많은 이해관계자와의 이해조정과 실행 주체 간의 협업이 긴밀하게 이루어져야 원하는 결과를 얻을 수 있다. 강한 실행의 A와 B는 튼실한 계획과 체계적 실행에 있다.

결과에 이르는
설계도가 있어야 한다
계획 A 실행 B
실행, 점검, 조치로
결과를 만들어야 한다

열린 소통

열린 소통이란 다양한 이해관계자 협력적 관계를 형성(A)하고 효과적으로 소통(B)하는 것이다. 이는 진짜 일을 하는 과정에 약방의 감초(甘草) 같은 역할을 한다. 바른 인식을 촉진하고 좋은 결정의 비율을 높이며 체계적인 실행이 가능해지도록 만든다.

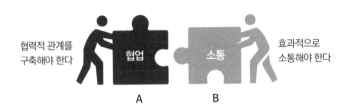

일은 중요한 일에 집중

그리고 방식은 제대로

잘 나가는 조직은 두 가지 모두 탁월하다.

제대로 일을 한다는 것은

바르게 인식하고

좋은 결정을 내리고

강하게 실행하는 것이다.

05

공정한 경기장
그리고 선수의 향상심

'기울어진 운동장'이 시대의 키워드가 되었다. 운동장은 누구를 위한 방향으로 기울어진 것일까? 적어도 나는 기울어진 경기장에서 플레이하는 좌절감을 가지고 살아오지는 않았다. 부모님은 평범한 농부이고, 끌어주고 밀어주는 인맥도 없었지만 지나온 여정에서 불공정함에 분노를 느낀 순간이 있었는지 돌아보니 그렇지 않다. 때로 상식이 통하지 않는 사람들을 만나 스트레스를 받기는 하였지만 이는 불공정과는 무관하다.

직장의 동료들을 돌아보면 열심히 일하거나 실력 있는 친구들이 결국 승진하고 성장한다고 느꼈다. 적어도 내가 경험한 조직은 그랬다. 친구들도 마찬가지다. 학창시절 친구들의 집을 동가숙 서가식(東家宿西家食) 하던 시절도 있었다. 그 시절 내 눈으로 직접 확인한 그들의 형편은 대부분 넉넉하지 않았다. 뿔뿔이 흩어져 저마다의 업을 가지고 저마다의 길을 걷다 이제는 정년퇴직을 앞둔 나이에 이른 친구들의 지금은 각자의 영역에서 나름의 성공적인 삶을 살았다. 적어도 불행을 느낄 정도로 삶이 궁하지는 않다. 공정한 경기장이 아니었다면 이를 설명하기는 어렵다. 때로 부모의 후광으로 승승장구하는 사람들도 보았지만 자신의 실력과 노력으로 만든 것이 아닌 것을 부러움의 대상을 삼고 싶은 마음 자체가 내게는 없다. 상속받은 지위와 재산을 당당하게 자신의 실력과 땀으로 만들어진 것과 비교하고 싶지도 않다.

이미 성인이 된 2000년생의 특징에 대한 분석 기사가 동아일보에 실렸다. '공정세대가 온다'가 기사의 제목이다. 공정을 중시하는 특히 자신과 연관된 불공정에 분노하는 것이 이 세대의 특징이라는 것이다. 이는 2000년대에 태어난 세대의 특징만은 아니다. 베이비부머의 자녀 세대인 에코세대부터 분노의 키워드는 불공정과 불합리였다.

'대한민국은 공정한 나라다.' 이 질문에 동의하는 정도를 100점 만점으로 평가한다고 해보자. 75점 이상을 주는 긍정적인 평가자의 비율이 몇 퍼센트 정도가 될까? 정확한 점수는 모르겠지만 나이가 젊을수록 이 점수가 낮다는 것은 알고 있다. 자신이 속한 회사도 마찬가지다. '우리 회사의 사람에 대한 평가는 공정하다고 생각한다.'라는 질문을 여러 번 던져 보았다. 답은 5점을 만점 1점을 최저점으로 응답하게 하였다. 강의장에서 확인한 탑 투(top two, 5점 또는 4점에 응답한 사람들)의 비율은 평균하여 30% 수준이다. 대부분이 공정하지 않다고 인식하고 있는 것이다.

우리 사회가 공정한지 아닌지에 대한 논란을 하자는 것이 아니다. 중요한 것은 공정하지 않다는 인식 자체에 있다. 아무리 불합리한 구조에서도 그것이 공정하다고 대다수가 인식하고 있다면 문제가 되지 않는다. 그러나 제도가 아무리 공정할지라도 구성원이 공정하지 않다고 인식한다면 문제가 된다.

2018년 맥킨지가 발표한 성과관리의 핵심(Harnessing the power of performance management)은 '공정하다는 인식을 갖게 하는 것'이라고 단언한다. 제도 자체의 공정함보다 인식을 어떻게 하고 있는지가 중요하다는 것이다. 나는 이 결론에 전적으로 동의한다.

과거보다 잘 살게 되었고, 과거보다 더 자유로운 세상이 되었고, 더 민주화가 되었고, 보다 더 법치국가에 가까워졌다고 생각되는데 왜 기울어진 운동장이 되었을까? 이 부분을 따져보아야 한다.

게임의 규칙이 공정하게 작동하지 않는 경기장에서 선수들은 불만이 쌓이고 좌절한다. 경기장은 평평해야 하고 규칙은 공정하게 적용되어야 한다는 것은 당위이고 상식이다. 이러한 전제가 무너진다면 실력도 없고 기본도 안된 선수들이 경기장을 판치며 온갖 불만으로 가득한 최악의 경기장이 되어버린다.

노력의 가치에 대한 보상

조직의 공정함은 단순하다. 국가로 보면 누가 잘 살고 누가 못 살게 되는가의 문제이고 조직으로 보면 누가 승진하고 누가 해고되는가의 문제다. 그 결과가 납득되고 승복이 되면 공정한 것이고 이해할 수 없으면 공정하지 않은 것이다. '누가 잘 사는 나라인가?'에 대한 젊은이의 시각이 곧 수저론이다. 금수저 은수저를 물고 태어나야 잘 사는 나라라는 것이다. 나의 선택권이라고는 전혀 없는 부모에 의해 삶이 정해지는 나라라니 이 얼마나 불공정한가? 우리가 부모의 신분에 의해 자식의 신분이 정해지던 전근대적 사회와는 달라야 한다. 자신의 결정권이 하나도 없는 요인들에 의해서 잘 사는 것이 결정되어서는 곤란하다. 타고남이 평생의 노력을 이기는 배반된 사회라면 누가 노력을 기울이겠는가?

랜디 포쉬(Randy Pauchy) 교수가 자신이 재직하던 카네기 멜론 대학의 학생들에게 마지막 강의를 시작하면서 인생을 포커 게임에 비교하였다. "인생은 카드게임과 같죠. 딜러에 의해 주어진 패는 바꿀 수 없죠. 단지 손안에 든 패로 어떻게 플레이를 할 것인지 결정하면 됩니다." 라는 비유다. 인생은 카드 패처럼 공정하지 않다. 누구에게는 좋은 패가 또 어떤 사람에게는 나쁜 패가 주어지게 마련이다.

그 패 자체를 공정하게 할 수는 없다. 그러나 어떻게 플레이를 하는가에 따라 나쁜 패로도 좋은 패를 이길 수 있는 구조는 만들어 주어야 한다. 적어도 한 분야에서 열심히 일한 사람이라면 중산층은 될 수 있는 구조를 만들어 주어야 한다. 그런 면에서 기울어진 운동장을 바로잡겠다는 구호는 매우 타당하다. 만약 경기장에 기울어진 상태에서 게임을 한다면 누가 열심히 하겠는가?

결과에 따른 차별화된 보상 (신상필벌)

잭 웰치 회장의 자서전에 등장한 조직의 활력곡선(vitality curve)이라는 것을 기업 경영과 관련된 사람이라면 알고 있을 것이다. 그가 자서전에 그려 놓은 것은 간단한 정규분포 모양의 그래프다. 그 그래프의 좌우에 우수한 20%와 부진한 10%의 가르는 선을 그려 놓고 활력곡선이라고 적었다. 중심에는 중추적 인력이 70%가 있다. 그리고 제목은 '차별화(Differentiation)'라고 대문자로 적었다. 세 그룹을 차별화하지 않으면 조직의 역동성은 확보되지 않는다는 것이 그의 사람에 대한 확고했던 경영 철학이다.

아무리 우수한 선수만 모아 놓아도 그들의 성적은 차이가 난다. 평균의 수준에는 많은 사람이 있고 또 우수한 사람도 부진한 사람도 생기게 마련이다. 선수 중의 선수 그 분야의 명인들이라 불릴 수 있는 엄선된 선수만을 모아도 마찬가지다. 최고의 골프 대회인 마스터스(Masters)를 보아도 그렇다. 이 대회는 골퍼 중에 정말 검증받은 명인(Masters)들만이 참가한다. 하지만 아무리 명인들만 모아도 그들이 겨루어 내는 스코어는 다르다. 그 성적에 따라 부진자는 예선 탈락 시키고 상위자는 차별화된 보상과 영광을 받는다. 모든 골프선수라면 이 대회에 출전할 영광을 얻고 싶어하고 또 참석한 선수라면 우승자에게 제공하는 그린자켓의 주인공이 되고 싶어 한다. 순위는 시시각각 변하고 선수는 최고의 집중을 보인다. 대회는 역동적이다. 이와 같은 조직이 되어야 한다는 것이 잭 웰치의 생각이었다. 그는 관리자에게 매년 해고해야 하는 10%의 인력과 보상해야 하는 20%의 인력을 적어내도록 요구했다.

잭 웰치의 활력곡선은 평생직장의 프레임에 익숙한 일본과 한국에서 유독 논란이 많았다. 그런데 그의 활력곡선의 철학을 사자성어로 말한다면 신상필벌(信賞必罰)인 셈이다. 인지상정(人之常情)을 중시하는 한국의 문화에서 신상필벌(信賞必罰)은 어딘지 가혹한 느낌이 든다. 신상(信賞)은 당연하게 여기며 필벌(必罰)은 피하고 싶은 온정 어린 마음이 분명 우리에게 있다.

차이에 대한 보상이 따르는 세계와 그렇지 않은 두 세계에 대해 살펴보자. 중국어의 표현에 있는 차부다(差不多)와 차득다(差得多)의 두 세계다.

─────── **차이를 인정하지 않는 차부다(差不多)의 세계** ───────

중국의 근대사상가 후스(胡適, 1891~1962)가 1919년에 발표한 차부다 선생전(差不多先生傳)에 등장하는 차부다 선생의 이야기는 흥미

롭다. 그는 큰 차이도 대수롭지 않게 여기는 대인배이다. 흑설탕이나 백설탕이나 마찬가지고, 열 십(十)이나 일천 천(千)이나 삐침 하나 차이니 그게 그거다. 기차 시간에 2분 늦게 도착한 그는 정시에 출발해 버린 기관사를 이해하지 못한다. 결국 의사와 별 차이 없는 수의사(獸醫師)에게 치료를 받다가 사는 거나 진배없는 죽음을 맞는다는 내용이다. 이 이야기의 마무리를 후스는 이렇게 썼다.

"그가 죽은 후 사람들은 차부다 선생이 모든 일에 달관한 군자라고 칭찬했다. 평생을 여유롭게 일일이 따지지 않는, 그야말로 덕 있는 사람이라는 것이다. 사람들은 그가 죽은 뒤에 법호도 지어 주었는데, 그를 일컬어 원통(圓通_眞如의 이치를 깨달은 상태라는 뜻)대사라고 불렀다. 시간이 갈수록 그의 명성은 먼 곳까지 전해졌다. 수많은 사람들이 그를 본보기로 삼아 배웠고, 그리하여 그들 모두 차부다 선생처럼 되었다. 그래서 중국은 게으른 나라가 되어 버렸다."

중국이 더 선진국이 되려면 차부다(差不多, 차부뚜어)의 문화를 벗어나야 한다는 일침은 이후 중국의 산업화 과정에 자주 인용하는 소재가 되었다.

차부다의 세계는 큰 차이도 무시되는 세계이다. 우리 말에도 도긴개긴, 오십보 백 보, 엎치나 메치나 마찬가지라는 표현을 자주 쓴다. 도와 개의 차이는 두 배다. 또 오십 보는 백보의 절반이다. 그런데 왜 두 배 차이를 별 차이 없다고 할까?

차부다의 세계는 차이를 보상하지 않는 공평한 세계다. 상품이든 하품이든 고생하여 만든 것은 마찬가지인데 차이를 두려는 것은 너무 야박한 것이다.

──── 차득다(差得多) 작은 차이가 천양지차인 세계 ────

미 남자 프로 골프 대회인 페덱스 컵의 주인공에는 우승상금 천만 달러(약 115억원, 2019년부터는 1500(?)만불이 지급됨)이라는 어마어마한 상금이 지급된다. 2018년 페덱스컵의 주인공은 저스틴 로즈(Justin Rose)였다. 준우승(2위)은 부상을 딛고 재기한 타이거 우즈다. 저스틴 로즈는 마지막 18번 홀에서 버디로 마무리를 하며 먼저 경기를 마친 타이거 우즈를 따돌리고 이 컵의 우승자가 되었다. 결국 저스틴 로즈의 2018년 PGA Tour Championship 대회 마지막 날 18번홀의 마지막 퍼트는 들어가면 천만 불, 안 들어 가면 삼백만 불을 가르는 퍼트였던 것이다. 2위인 타이거 우즈의 상금은 우승자의 30% 수준인 삼백만 불이었다.

우승자와 준우승자의 차이는 불과 한타였지만 상금은 세배 이상 차이로 이루어진다. 저스틴 로즈가 이 대회에서 기록한 타수는 274타였다. 만일 그가 이 대회에서 이보다 한타가 많은 275타를 기록했다면 115억 원의 우승상금은 타이거 우즈의 몫이 되었을 것이다. 274와 275의 차이는 1이지만 그 차이로 얻어지는 결과는 천양지차인 것이다.

이와 같이 작은 차이지만 결과의 차이는 천양지차인 세계가 차득다(差得多)의 세계이다. 승부의 세계에서 작은 차이는 엄청난 결과의 차이로 이어진다. 그 차이를 얼마의 가치로 판단하는 것이 공정한지는 논란이 많을 것이다. 컷 탈락도 우승상금도 차별화하는 것은 공평(equality)하지는 않다. 하지만 공정(equity)한 개념이 된다.

성장을 북돋우는 문화

개인적으로 경험한 교육 중 가장 인상 깊었던 교육은 삼성의 외국어 생활관 교육과정이었다. 약 3달간 합숙으로 이루어지는 이 교육은 삼성의 국제화 교육의 기반이 되는 언어를 익히는 교육과정이다. 이 과정은 단 한 가지 자기 생각을 말로 표현하는 능력에 집중한다. 문법이나 독해 작문 능력은 중요하지 않다. 자기 생각을 말로 소통하는 능력만을 평가의 기준으로 삼는다. 입과 할 때 두 명의 강사가 질문과 응답을 통해 평가한 결과에 따라 반을 나눈다. 따라서 소속된 반의 숫자만 보아도 들어올 때의 실력이 어느 정도인지 가늠이 된다. 일정한 수준의 성취도를 달성한 사람에 한하여 현지에서 이루어지는 특별 과정에 참여할 수 있는 권한을 준다. 누구나 이 기회를 얻기 위해 최선을 다한다. 등수는 따지지 않고 기준의 도달 여부만을 따지는 절대평가 방식이어서 서로가 서로를 격려하며 함께 공부한다.

물론 입과할 때부터 어학실력이 출중한 우등생(?)의 반은 기회를 잡기 용이한 편이다. 그러나 가장 낮은 반에 있다고 하더라도 가능성이 없는 것은 아니다. 향상의 정도가 높으면 된다. 시작할 때의 성적과 졸업할 때의 성적을 비교하여 향상 정도가 뛰어나면 기회를 잡을 수 있다. 이러한 성장을 북돋우는 문화 속에서 학습자 개개인은 최선을 다해 노력하고 그 결과를 받아들인다. 두 명의 원어민이 평가하는 시험의 결과는 매우 공정하여 아무도 그 결과에 이의를 제기하지 않는다. 원하는 성취를 못하였다 하더라도 자신의 노력보다 동료의 노력과 실력이 더 뛰어났음을 인정하고 더욱 분발하겠다는 결의 속에서 졸업을 하게 된다.

간략하게 소개한 이 외국어 생활관의 구조가 필자가 경험한 가장 서로의 성장을 북돋우는 분위기 속에서 건전한 경쟁이 작동되는 모습이었다. 조직의 모습이 이럴 때 개인은 자신의 성장을 위해 최선을 다한다.

2018년을 지배한 우리 사회의 사자성어는 각자도생(各自圖生)이다. 신문과 인터넷 등에 그만큼 자주 등장한다. 한자어 문화권인 중국인도 일본인도 잘 쓰지 않는 한국에서 만들어지고 우리만 유행하는 사자성어다. 각자도생(各自圖生)의 경쟁은 결국 나만 잘 살자는 경쟁이다. 각자도생의 세계에는 상대에 대한 배려도 규칙에 대한 존중도 없다. 오히려 나의 생존에 걸림돌이 된다.

야구선수에게 필요한 삼박자는 공(攻擊) 수(守備) 주(走壘)라 한다. 여기에 두 가지를 더하면 완벽한 선수, 5툴 플레이어가 된다. 힘, 스피드, 정교함, 수비, 어깨의 다섯 가지를 모두 갖춘 진짜 타고난 야구선수를 말한다. 야구선수의 5툴(Tool)처럼 일을 잘하는 데 무엇을 갖춰야 하는지 꼽아보자. 신영복 교수는 일을 발견하는 눈, 잘못된 것을 불편해 하는 마음, 함께 일할 때 늘 말단의 바닥 일을 골라 잡는 것을 일의 명인의 조건이라고 했다.

이지훈 저자는 혼창통(魂創通)을 제시했다. 오마에 겐이치는 선견력(先見力), 구상력(構想力), 적응력(適應力), 토론력(討論力)의 네 가지를 꼽았다. 공직자의 기준 신언서판(身言書判)이 아직도 유효하다 말하는 사람도 있다. 명석한 머리(Head, 智育), 충성스러운 마음(Heart, 德育), 부지런한 손(Hands, 勞育) 및 건강한 몸(Health, 體育)이 아직도 유효하다는 것이다. 필자는 업에 종사하는 사람들이 가져야 하는 5툴을 다음의 다섯 가지로 정리해 보았다.

1. 心(마음): 일을 사랑하는 마음이 있어야 한다

2. 目(발견): 일을 발견하는 눈이 있어야 한다

3. 思(창의): 나만의 방식을 창조할 머리가 있어야 한다

4. 行(실행): 실행하여 결과로 바꿀 줄 알아야 한다.

5. 通(소통): 소통하며 함께 일할 줄 알아야 한다.

이중 으뜸은 단연 일을 사랑하는 마음이다. 일을 사랑하면 일도 보이고, 답도 보이고, 행동하게 된다.

경기장을 공정하게 만들어야 하는 것은 모든 업에 당연한 것이다. 그러나 경기장만 공정하다고 모든 것이 이루어지지 않는다. 최선을 다해 플레이를 하는 선수들이 더해져야 경기가 아름다워진다. 응원하는 팀의 승리는 관중들을 열광시킨다. 하지만 그 관중을 분노하게 만드는 것은 응원하는 팀의 패배가 아니다. 선수들의 플레이에 열정과 성의가 없을 때이다. 경기에 나서는 선수들의 제1의 조건은 좋은 플레이를 하려는 열망이다. 이 마음가짐이 없으면 선수가 아니다.

진대제 (前)정보통신부 장관이 어느 강연에서 '100점짜리 인생을 만드는 법'에 대한 강의가 조선일보에 소개된 적이 있다. 공식은 아주 간단하다. 영어의 알파벳 순서대로 숫자를 대응시킨다. A는 1, B는 2, C는 3이다. 마지막 알파벳 Z는 26이 된다. 그런 다음 알파벳 단어를 숫자로 환산해서 점수를 계산해 보는 것이다.

이런 방식으로 계산을 하면 기술[skill=s(19)+k(11)+i(9)+l(12)+l(12)]은 63점이 된다. 복수로 갖춰야(skills) 82점이다. 100점에는 한참 부족하다. 기술보다는 지식이 더 점수가 높다. 지식(knowledge)는 96점이다. 지식보다 두 끝 높은 것이 열심히 일하는 것이다. 열심히 일하는 것(hard work)를 공식대로 계산하면 98점이 된다. 그러나 100점에는 2% 부족하다. 100점짜리 단어는 무엇일까? 답은 마음가짐(attitude)이다. 수비학(數秘學, 게마트리아)이라고 하는데 강의장에서 아주 오래전부터 마음가짐의 중요성을 일깨우기 위해 사용되던 방식이다.

그런데 이 강의를 들은 학생이 호기심이 발동하여 엑셀로 함수를 만들어 100점 단어를 찾아보니 휴식(take a rest)도 100점, 스트레스(stress)도 100점이더라는 이메일을 보내와서 그 이후로는 마음가짐이 중요하지만 인생에는 적당한 스트레스와 휴식도 필요한 것 같다고 덧붙인다는 것이다.

선수들이 가져야 하는 마음가짐은 향상심(向上心)이다. 향상심은 더 좋은 결과를 만들려는 열망이다. 향상심은 호승심(好勝心)과는 차원이 다르다. 호승심은 경기를 이기려는 욕심이다. 경기를 이기려는 욕심이 과하면 경기를 전쟁으로 경기장을 전장으로 만들어 버린다. 보이지 않으면 반칙으로 상대의 약점을 이용하려고 한다. 호승심이 상대방을 약점을 파고들어 이기려는 마음을 갖게 한다면 향상심은 자신을 향상시켜 좋은 결과를 만들려 하는 것이다. 나는 이 향상심(向上心)을 농부로 평생을 사신 어머니를 통해 배웠다. 농사를 짓는 세계에서 상대를 이긴다는 것은 없다. 하지만 진정한 농부는 한 알의 수확이라도 더 거두려고 부단하게 노력을 한다. 그것이 향상심이다.

경기장에 나서는 선수가 가져야 하는 단 한 가지의 자세는 바로 이 향상심이다. 최선을 다해 더 좋은 결과를 만들겠다는 마음가짐 말이다. 향상심의 기반은 나 자신이다. 남과 비교하여 누구를 이기겠다는 마음보다 자신을 향상하려는 것이다. 샤를르 드 푸코(Charles de Foucauld) 신부의 '나는 배웠다'라는 시구도 괴테도 같은 말을 하고 있다.

다른 사람의 최대치에 나 자신을 비교하기보다는

내 자신의 최대치에 나를 비교해야 함을 나는 배웠다.

삶은 무슨 사건이 일어나는가에 달린 것이 아니라

일어난 사건에 어떻게 대처하는가에 달린 것임을.

-샤를드 드 푸코 '나는 배웠다'에서

사람은 때때로 갑자기 모든 것으로부터 도망치고 싶은 충동을 느끼면서, 자신을 먼 이국땅으로 옮겨다 놓을 마법의 망토를 갖고 싶어 한다. 그러나 세상 어디에도 마법의 망토 따위는 존재하지 않는다.

사람들의 가장 큰 목표 중 하나는 자기의 능력을 최대한 이끌어 내는 것이다. 다른 사람과 똑같아지고, 세상이 바라는 모습이 되는 것은 진정한 의미의 인생이 아니기 때문이다. 자기만의 왕좌를 목표로 전력을 다하는 사람에게는 언젠가는 그에 걸맞는 '왕 다운 명예'가 주어질 것이다.

-괴테, '파우스트'에서

괴테는 마법의 망토는 세상 어디에도 존재하지 않는다고 했다. 이런 세상에서 인생의 목표는 자신의 능력을 최대한 끌어 내는 것이 유일한 방법이다. 나는 마법의 망토가 존재하지 않는 세상이 공정한 경기장이라 믿는다. 부모의 등급 등이 마법의 망토가 되어 다른 결과를 이끈다면 이 얼마나 불공정한가. 이러한 불공정은 자신의 능력을 최대한 발휘하려는 선수들을 좌절하게 한다. 따라서 다음 두 조건은 어느 것도 뺄 수 없다.

경기장을 공정하게

그리고

선수들은 끊임없는 향상심으로

모든 경기가 갖추어야 하는 조건이다.

업(業)의 세계도 마찬가지다.

06

노련한 키잡이와
왕성한 노잡이

思務力

언제 누구에게서 시작된 비유인지 모르지만 조정(漕艇, rowing)경기
와 래프팅(rafting)을 조직운영에 비유한 설명을 들어 본 적이 있을
것이다. 조정은 잔잔한 물에서 하는 경기이다. 노를 저어 결승선에
뱃머리가 도착하는 순서에 따라 승패를 가린다. 대표적인 종목은
에이트다. 이 경기는 노를 젓는 8명의 선수(이하 '노잡이'라 함)와 방
향을 잡는 콕스(키를 조정하는 선수, 이하 '키잡이'라 함) 1명을 더해 9명
이 한 팀이 되어 경기를 한다.

　반면 래프팅은 다르다. 급류(white water)에서 경기를 한다. 조정
이 직선의 경기라면 래프팅은 불규칙한 곡선의 코스를 주행한다.
앞을 예측하기 어렵다. 또 어떤 장애물이 나타날지 알 수가 없다.

　두 경기는 경기 자체가 다르다. 조정이 일사불란함이 승패를 가른

다면 래프팅은 시시각각 변화하는 상황에 민첩하게 대응해야 한다. 이러한 이유로 지금은 래프팅의 시대라고 말한다. 과거보다 모든 것이 빨리 변하기 때문이다.

조정과 래프팅의 비유를 통하여 강조하는 메시지는 대략 세 가지이다.

- 첫째, 모든 것이 급격하게 변하는 시대이므로 래프팅 형으로 운영 모드를 바꾸어야 한다
- 둘째, 일사불란을 미덕으로 여기는 상명하복의 문화도 래프팅식 자율의 문화로 전환해야 한다
- 셋째, 키잡이 중심의 운영 모드보다는 모두가 참여하고 판단하는 형식이 바람직하다.

조정경기는 구식이고 래프팅은 새로운 현대식이라는 이 비유는 참으로 오래된 것이다. 나의 기억은 적어도 27년 전으로 거슬러 올라간다. 오래된 비유지만 지금도 자주 사용되고 있다. 나는 조정경기와 래프팅의 비유를 통해 전달하는 메시지에 대해 삐딱한 생각이 있다. 과연 그럴까? 동의하기 어려운 몇 가지 관점이 있다.

가장 거슬리는 것은 조직운영의 동력이 무엇인가에 대한 인식 때문이다. 조정이든 래프팅이든 공통적인 것은 조직운영을 배를 타고 목적지를 향해 항해하는 일에 비유한 것이다. 이는 매우 적절해 보

인다. 우리는 목적이 같은 사람들은 '한 배를 탔다'고 표현한다. 같은 조직에 몸을 담는다는 것은 같은 배에 승선하는 것과 같다.

경기도 기흥에 있는 한라그룹 연수원에 가면 창업주인 정인영 회장이 강조하던 문구가 돌에 새겨져 있다. '학여역수주행(學如逆水舟行)'이라는 여섯 글자다. 학문 (혹은 배움)이란 것은 흐르는 물을 거꾸로 노를 저어 올라가는 것과 같아 계속하지 않으면 뒤처지게 된다. "學如逆水舟行 學問 如逆水行舟 不進則退"는 논어에 있는 구절이다. 한라그룹 연수원에서 이 문구를 만난 이후에 나는 사여역수주행 부진즉퇴(社如逆水舟行 不進則退)라는 말을 써 왔다.

회사도 물을 거슬러 올라가는 배와 같아서 앞으로 나아가지 못하면 뒤처지게 되는 것은 마찬가지다. 배를 앞으로 나아가게 하려면 동력이 필요하다. 조정경기에서 배를 앞으로 나아가게 하는 깃은 노잡이의 왕성한 노질이다. 노질 없이 배는 저절로 앞으로 가질 않는다. 반면에 래프팅은 다르다. 노 젓는 행위 없이도 배는 물살의 힘으로 앞으로 나아간다. 물을 거슬러 올라가는 래프팅이란 없다. 래프팅에서 배를 전진하게 하는 동력은 물살의 힘이라고 할 수 있다. 래프팅도 모두가 노를 젓지만 래프팅의 노질을 동력을 끌어내는 노질이라기보다는 방향을 잡는 키질에 가깝다. 노잡이는 없이 키잡이만 많은 구조인 것이다.

배를 나아가게 하는 동력의 기반이 노질에 있음에도 불구하고 노잡이의 근면함(또는 일선 근로자의 수고)의 중요성은 늘 평가절하 된다. '꿀벌과 게릴라'의 메시지도 마찬가지다. 톰 피터스가 쓴 책의 제목이다. 저자는 급변하는 비즈니스 세계에는 게릴라가 필요하다고 말한다. 성실하게 일하고 체제 안에서 높은 효율을 추구하는 꿀벌이 될 것인가, 거침없이 상상하고 과감하게 행동하는 게릴라가 될 것인가라고 반문하며 꿀벌이 아닌 게릴라가 되어야 한다고 일침한다. 나는 이 말을 경계한다. 업의 성장은 소수의 천재가 이루기도 하지만 내부분의 업은 다수의 일벌의 힘으로 유지되고 성장한다. 자전거가 넘어지는 이유도 마찬가지다.

자전거가 가장 위험할 때는 앞으로 가려는 동력이 약할 때이다. 앞바퀴의 문제가 아니라 페달을 힘껏 밟지 않아 뒷바퀴의 동력이 떨어질 때 쓰러지려고 한다. 조직의 많은 다수는 이러한 운영적인 일을 한다. 이 운영의 경쟁력을 때로 무시한다. 키잡이가 키를 잘못 잡는 것 만큼 위험한 것은 노잡이들이 노를 힘껏 젓지 않는 것이 더 위험한 것이 아닐까? 따라서 노젓기보다 모두가 폼 나는 키잡이를 하려 드는 래프팅을 하듯 조직을 운영하는 것은 더 위험한 발상이라고 할 수 있다.

다음으로 의문을 가지는 것은 키잡이 콕스에 대한 관점이다. 조정경기의 키잡이는 9명의 선수 중 유일하게 노 젓는 일을 하지 않는다. 하지만 9명의 선수 중 가장 중요한 사람은 노를 젓는 8명이 아니라 키를 잡은 1명의 역할이다. 키잡이는 배가 올바른 방향으로 갈 수 있도록 한다. 또 동시에 노잡이들이 힘을 낼 수 있도록 격려하고 소통을 하는 역할을 한다. 노잡이에게 키잡이에 대한 신뢰는 절대적이다. 조정경기의 키잡이는 배의 제일 뒤에 위치해 있다. 노잡이는 목표를 보는 것이 아니라 목표를 등지고 키잡이를 본다. 자신의 판단이 아닌 키잡이의 판단을 바라보는 것이다. 리더에 대한 신뢰가 없다면 있을 수 없는 구조다.

노를 젓지 않는 키잡이는 노잡이에 부담을 줄이기 위해 몸무게를 가능한 한 최대로 감량을 한다. 키잡이는 지시하는 사람이 아니다. 가장 높은 애정을 가지고 최선의 결과를 만들기 위해 희생하고 끌어내는 사람인 것이다. 래프팅에도 리더는 있다. 하지만 조정의 키잡이만큼 중요한 역할을 하지 않는다. 더 자율적인 만큼 책임도 분산되는 것이다. 조정경기를 아는 사람이라면 적어도 키잡이를 놀고 먹는 꽃 보직으로 생각하진 않는다. 가장 희생과 헌신 그리고 신뢰가 필요한 자리다.

다음으로 의문이 드는 것은 변화에의 빠른 대응과 관련된 것이다. 앞서 나는 기업교육의 본질은 사람을 변화시켜 더욱 성장하게 하는 것이라고 하였다. 그만큼 변화의 필요성은 강조한다. 그러나 내일의 변화에의 대응이 아무리 중요해도 모두가 그 변화의 대응에 지금 있는 것의 유지와 개선을 중단할 수는 없다. 내일의 자동차가 모두 자율차와 전기차로 바뀐다고 하더라도 지금의 가솔린차의 생산은 한동안 지속될 것이다.

변화의 속도는 업의 특성과 관련이 깊다. 세상의 변화의 속도가 빨라졌다고 해서 모든 업이 다 같은 속도로 바뀌는 것은 아니다. 반도체와 IT 업의 속도 변화는 매우 빠르지만 철강이나 자동차 조선업의 속도 변화는 상대적으로 느리다. 세상이 초의 속도로 바뀌는 것 같지만 현대자동차가 만든 최초의 국산차 포니와 지금의 그랜저의 구조는 다르지 않다. 여전히 가솔린 엔진을 쓰고, 브레이크와 페달도 그대로이며, 타이어도 계기판도 획기적으로 바뀐 것은 없다. 다만 과거보다 개선되고 새로운 기능들이 추가되었을 따름이다.

혁신적인 변화는 세상을 바꾸어 버린다. 스마트폰이 공중전화의 존재감을 사라지게 만들고 엔진은 마차를 끄는 말을 거리에서 사라지게 만들었다. 하지만 이러한 혁명적인 변화가 모든 업을 바꾸는 것은 아니다. 과거보다 변화의 속도가 빨라졌지만 게임의 규칙을 바꾸어 버리는 변화는 생각보다 많지는 않다. 새로운 변화의 물결을 발견하고 늦지 않게 대응하는 것은 매우 중요한 일이지만 모두 다 그런 일을 바라보고 준비하는 일을 한다면 노 젓기는 누가 한단 말인가?

노련한 키잡이와 왕성한 노잡이가 서로를 믿고 서로를 인정하고 격려하는 구조 속에서 조직은 성장한다고 나는 믿는다. 맡은 바 자기 자리에서 묵묵히 주어진 일을 최선을 다해 수행하는 사람들을 농업적 근면성이라고 깎아내리지 말자.

현실, 부실해진 노잡이와 찌질한 키잡이

서울에 위치한 가장 큰 연수원은 공릉동에 위치한 한국전력 연수원이다. 부지면적은 69만m², 산책로는 4.9km이다. 연수원의 중앙에 있는 돌에는 청출어람(靑出於藍)이라는 사자성어가 쓰여있다. 끊임없이 성장하여 나중에는 적어도 선배들보다는 훌륭한 사람이 되라는 뜻일 것이다.

조직에서 이러한 성장이 이루어지려면 서로에게 자극이 되어야 한다. 즉 선배는 후배를 보며 후배들의 성장 잠재력에 두려움을 느끼고[後生可畏, 후생가외] 후배들은 선배들의 깊은 내공을 감탄하고 존경심을 가질 때 서로 자극받고 성장하게 된다. 후배에 대한 경외심(敬畏心)이란 언젠가는 나보다 뛰어난 전문가가 될 것이라는 믿음이다. 또 선배에 대한 경외심(敬畏心)이란 내가 저 나이에 과연 저 수준에 범접할 수 있을까에 대한 의구심이다. 이렇게 상하 간에 서로를 경외하는 마음속에서 사람도 조직도 성장할 것이다.

노잡이와 키잡이도 마찬가지다. 키잡이는 노잡이를 보며 과거의 자신보다 더 왕성한 노잡이를 경외하고 노잡이는 키잡이를 보며 노련함에 감탄하는 구조가 되어야 한다.

그런데 서로를 반대로 생각하면 어떤 일이 벌어질까? 내가 강의장에서 확인한 현실은 후자에 가깝다. 지금 대 부분의 조직을 이끄는 키잡이들은 노잡이들을 우려하고 노잡이들은 키잡이들을 찌질하다고 여긴다. 선수는 감독을 바꾸고 싶어하고 감독은 선수를 바꾸고 싶어 하는 팀과 같은 모양새다.

키잡이는 말한다. 노잡이들이 요령을 피운다고…

투덜이 일은 잘하지만 시작은 늘 투덜대고 말이 많다
뺀질이 힘든 일은 피하고 쉽고 생색나는 일만 하려 든다.
불통 아무리 설명해도 못 알아듣고 자기 고집대로 한다
의욕실종 승진욕심도 일욕심도 전혀 없다.
의욕과다 시원시원 자신만만하지만 부도(不渡)를 낸다.
회피 사사건건 핑계를 대고 일을 회피한다.
무능 미주알고주알 다 알려줘야 한다. 결국 내가 하게 된다.
무책임 책임감은 없고 변명 찾는 데는 선수다.

또 노잡이는 말한다. 키잡이가 찌질하다고…

책임회피 일도 책임도 떠넘긴다
뒷다리 변화를 가로막는다
무사안일 소극적으로 일하고 과거의 방식을 고집한다
사적이익 자기자신과 부서의 이익만 챙긴다
권위의식 무조건 복종을 원한다

인격무시 인격적으로 깔보고 무시한다

답정 너 노잡이의 의견을 무시한다

인신공격 노잡이의 실수를 공개적으로 질책한다

해바라기 일은 안하고 자신의 승진을 위한 정치를 한다

꼼수불사 목표달성을 위해 수단/방법을 가리지 않는다

겁박(劫迫) 겁을 주는 동기부여를 한다. ("이 일 안되면 우리 다 죽는 거야!"와 같이)

깨알간섭 너무 세세한 것까지 참견하고 확인하고 지시한다

단기성과 당장의 목표달성을 위해 중요한 것을 버린다

안주(安住) 오히려 현실에 안주하려 한다

무능(無能) 진정성도, 실력도 없다

노잡이는 키잡이를 불신하고 키잡이는 노잡이를 얕잡아 본다. 이러한 구조에서는 성장은 없다. 당신의 조직은 어떠한가?

잘 나가는 조직은 두 가지를 모두 갖춘다

노련한 키잡이

그리고

왕성한 노잡이

노잡이는 키잡이를 신뢰하고

키잡이는 노잡이의 땀의 가치를 존중한다.

07

생각하는 힘
그리고 되게 하는 힘

思務力

나관중의 소설 삼국지의 절정은 적벽대전이다. 생각이 뛰어난 한 사람의 힘이 얼마나 클 수 있는지 감탄하게 된다. 제갈공명 얘기다. 그는 이 전투를 통해 천하를 삼분(위나라 오나라 촉나라)하는 구상을 실현하였다. 이 스토리에 등장하는 10만 개의 화살, 동남풍, 연환계[조조의 배를 묶어 화공(火攻)을 효과적으로 만든 계책]등에 대한 기억은 아직도 생생하다.

물론 이 이야기는 정사(正史)속의 이야기는 아니므로 작가의 상상력이 많이 더해졌을 것이다. 그러나 거듭하여 이 부분을 읽어 보아도 이야기 전개의 구조는 완벽하다. 주유는 공명을 시기했지만 왜 공명의 생각을 받아들였는지, 조조는 왜 배를 묶는 선택을 하였는지, 공명은 어떻게 형주라는 요지를 손쉽게 차지하게 되었는지 읽는 사람으로 하여금 그 과정이 납득되게 된다. 그가 생각한 모든 것은 그대로 현실이 되었다.

적벽대전이 사실인지 허구인지는 내게 중요하지 않다. 군사의 힘이 아닌 생각하는 힘으로 한 국가의 토대를 만드는 이 과정을 통해 멋진 남자 관운장(관우)만큼 똑똑한 남자 제갈공명의 매력에 빠지게 되었다. 적벽대전은 내가 알고 있는 가장 자원을 적게 들이고 가장 많은 것을 얻은 사례다. 그 힘은 생각하는 힘에 있었다.

이 이야기를 조조의 입장에서 생각해 보자. 적벽대전은 조조가 경험한 최악의 전투다. 승리가 곧 천하통일인 상황에서의 뼈아픈 패배였다. 또 배를 묶는다는 결정은 최악의 선택이 되어버렸다. 수많은 전함과 군사 그리고 장수를 잃고, 겨우 목숨만 부지한 채 패주하는 길에 온갖 고초를 겪는다. 마지막에 만난 관운장에게는 말에서 내려 목숨만 살려 달라고 애원하는 신세로 전락하게 된다.

이 전투에서 그의 패배는 간단하다. 좋지 않은 생각을 한 것이다. 작은 배를 묶어 큰 배를 만들어 싸우겠다는 생각과 북서풍의 계절이라 화공의 염려는 안 해도 된다는 생각이 화를 부른 것이다.

전쟁은 몸 만의 싸움이 아니다. 머리와 몸의 싸움이다. 전투력보다 더 중요한 것은 좋은 전략이다. 조직의 운영도 다르지 않다. 조직이 성장하는 일에는 좋은 생각이 선행되어야 한다. 이러한 일들에 의해 조직의 미래는 결정된다. 업의 부침은 잘못된 생각과 좋은 생각이 가르게 된다는 것은 너무 당연하다.

생각의 힘은 한계가 없다는 것이다.

포스코의 정문에 오래도록 걸려 있는 가르침을 보라. '자원은 유한 창의는 무한'이라고 쓰여있다. 이와 똑같은 메시지를 만난 것은 미국의 디즈니랜드 EPCOT 센터였다. 과학과 기술 그리고 미래의 모습에 대한 테마로 구성된 곳이다. 이십년도 더 지난 기억이지만 EPCOT 센터에서 에너지의 세계에 대한 안목을 높여주는 3D영화를 본 적이 있다. 퀴즈쇼 형식을 빌렸다. 이 영상물의 마지막 장면은 퀴즈 쇼의 우승자를 결정하는 마지막 문제였다.

"아무리 사용해도 고갈되지 않는 에너지는 무엇인가? This is one source of energy That will never burn out."라는 질문이다. 압도적으로 1등을 달려온 에너지 박사는 이 문제가 나오자마자 부저를 울려 먼저 답을 말할 찬스를 얻는다. 그리고 써도 써도 고갈되지 않는 에너지… 그런 에너지는 없다고 단언한다. 사회자는 오답이라고 말하고 2등이던 주인공에게 정답을 말할 찬스를 준다. 그녀는 이 질문의 답을 맞혀 어마어마한 상금의 주인공이 된다.

주인공이 제시한 이 문제의 정답은 'brain power' 즉 '인간의 두뇌력'이었다. 스토리의 전개는 완벽했다. 에너지에 대해 아무런 관심도 없었던 나에게 흥미진진한 구성과 의미 있는 메시지까지 던진 기획자의 힘을 체험했다. 잊고 있던 사람의 창의는 무한하구나 하는 당연한 것을 다시금 새기게 되었다.

한 사람의 생각의 힘이 얼마나 큰 돈을 벌 수 있는지를 느껴보려면 바르셀로나의 사그라다 파밀리아를 보라. 바르셀로나는 천재 건축가 안토니 가우디가 먹여 살린다고 하지 않는가? 아직도 시공 중인 이 건축물이 만들어내는 경제적 가치는 돈으로 환산하기 어렵다. 하지만 그 원천은 이런 건축물을 그려 내는 한 사람의 생각하는 힘에서 비롯된 것이다.

'기업은 사람이다'에서의 사람은 사람의 숫자를 말하지 않는다. 사람이 곧 경쟁력이라는 뜻이고 사람의 경쟁력의 핵심은 생각하는 힘의 경쟁력이다. 그러나 '기업은 사람이다'에 들어 있는 또 다른 의미를 잊지 말아야 한다. 이 말속에는 기업을 흥하게 하는 것은 사람의 경쟁력에 달려 있다는 뜻만이 들어 있는 것은 아니다. 기업을 망하게 하는 것도 사람이라는 뜻도 들어 있다. 사람의 좋은 생각도 필요하지만 나쁜 생각은 잘 나가는 조직을 위험에 빠뜨리기도 한다. 좋은 생각을 하는 힘도 키워야 하지만 다른 한편으로는 조직을 위험에 빠트리는 나쁜 생각을 줄여야 한다.

바둑에서 인간이 컴퓨터에 패배한 충격은 벌써 오래된 뉴스다. 2019년 IBM의 인공지능(AI) 컴퓨터 '프로젝트 디베이터'가 인간과의 토론 대결에서 패했다는 보도가 있었다. 토론은 바둑이나 체스와는 달리 명확한 규칙이 있는 게 아니어서 승패를 가리기가 어려운 대결이다. 토론 주제는 "우주탐험에 보조금을 지급해야 하는가", "원격진료를 확대해야 하는가"라는 만만치 않은 주제다.

중요한 것은 인간이 이겼다는 것이 아니다. 보통 사람들은 아무런 생각조차 없는 이러한 주제에 대해 인간을 대표하는 토론의 챔피언과 겨루어 자신의 입장을 밝히고 그 근거를 논리적으로 밝히는 수준까지 기계의 사고력(?)이 발전하고 있다는 것이다.

인간의 생각하는 능력은 무궁무진하다. 쓸수록 진화한다. 그러나 쓰지 않으면 점차 퇴화한다. 과거 자동차를 운전하면 어느 길로 갈 것인지에 대한 모든 판단은 운전자가 했지만 지금은 네비게이션의 판단을 따르게 된다. 어느덧 운전에 관한 한 네비게이션에 의존하고 있다. 생각하는 힘은 그렇게 위협을 받고 있다.

되게 하는 힘

'이봐, 해 봤어?'라는 짧지만 강렬한 한마디의 정주영 회장은 되게 하는 힘의 중요성을 강조했다. 생각의 힘은 좋은 방법을 찾아 내기도 하지만 때로는 안되는 이유를 영리하게 찾아내 행동을 멈추게 한다.

현대그룹의 연수원에는 그런 정주영 회장의 정신들이 여기저기 묻어 있다. 현대백화점 연수원에 있는 전시관에 가면 정주영 회장이 신던 구두 한 켤레가 전시되어 있다. 오래 신고 많이 걸은 주인의 삶이 배여 있는 구두 한 켤레는 감동적이다. 현대 중공업 연수원에 걸려 있는 액자에 걸려 있는 글도 마찬가지다. 내용은 투박하다. '말뚝을 박고 길을 닦아서…' 고상함과는 거리가 있어 보이는 액자가 걸려 있다. "나는 이 날까지 어느 공장이고 땅을 마련하는 데에서 시작해 말뚝을 박고 길을 닦아서 그 위에 내 손으로 내가 지어서 시작하지 않은 공장이 없다"라고 씌어 있다.

생각이 구슬이라면 실행은 그것을 꿰는 것이다. 구슬이 서 말이라도 꿰어야 보배가 된다. 생각을 보배로 만드는 것은 일을 되게 하는 힘 곧 실행력이다. '하면 된다.'고 배워 온 베이비부머의 생각과 '되면 한다'는 신세대의 생각이 서로 충돌하고 있음을 교육의 현장에서 자주 확인하게 된다. 분명한 것은 이 힘이 적으면 될 것도 되지 않게 된다는 사실이다.

─────── 생각하는 힘 그리고 되게 하는 힘 ───────

조직에서 이루어지는 중요한 일이란 생각과 결정이 선행되어야 하는 일들이다. 그 중심에는 결정이 있다. 그 결정의 품질이 대부분 조직의 미래를 좌우한다. 좋은 결정은 생각하는 힘에서 온다. 하지만 좋은 결정을 한다고 좋은 결과를 얻는 것은 아니다. 결정의 후처리 과정인 실행력이 수반되어야 한다. 조직의 성장에는 이러한 좌우의 힘의 균형이 중요하다. 한 편으로는 생각하는 힘을 키우고 다른 편으로는 되게 하는 힘이 강해져야 한다.

중요한 일을 처리하는 과정은 기수(騎手)가 코끼리를 몰고 목표한 장소로 이동하는 것과 유사하다.

생각하는 힘이 기수의 몫이라면 되게 하는 힘은 코끼리다. 기수와 코끼리는 과가 다른 동물이라는 것이다. 머리가 생각한 대로 몸이 반응하는 일심동체형의 구조가 아니다. 기수는 코끼리 위에 올라타 있지만 기수의 뜻대로 코끼리가 움직이지는 않는다. 되게 하는 힘인 코끼리가 되는 방향으로 움직이도록 하는 것은 다른 차원의 일이다.

생각하는 힘이란 파악하고 따져보고 궁리하고 결단하는 힘이라고 할 수 있다. 무슨 일이 벌어지고 있는지 파악하는 힘인 통찰력에서 일은 출발한다. 그리고 정말 그런지 따져보아야 한다. 이를 비판적 사고력이라고 한다. 그 다음에는 어떻게 해야 하는지 방법을 궁리해야 한다. 창의와 발상의 힘이 이어져야 한다. 그리고 옳은 결정을 내려야 한다. 생각하는 힘을 키운다는 것은 이 네 가지의 힘을 키우는 것이다.

되게 하는 힘이란 고려하고 추진하고 끌어내고 소통하는 힘의 함수 관계라고 할 수 있다. 고려란 실행의 과정에서 예상되는 것들을 다양하게 예측하여 계획에 반영하는 힘이다. 즉 계획력이다. 추진하는 힘이 곧 실행력이고 끌어내는 힘이 외교력이다. 여기에 소통력이 더해져야 한다. 되게 하는 인의 성장이란 이 네 가지의 힘을 키우는 것이다.

생각하는 힘인 기수의 역할과 되게 하는 힘인 코끼리의 역할 두 가지가 모두 강한 조직을 만들어야 한다. 개인도 마찬가지다. 자신이 선택한 업(業)을 이끄는 인재(人材)로 성장하려면 이 두 가지 힘을 모두 갖추어야 한다.

〈생각하는 힘과 되게 하는 힘〉

이 두 힘은 몇 가지 공통점이 있다. 하나는 일을 잘 하는데 꼭 필요한 힘이라는 것이다. 동시에 늘 부족한 힘이고, 또 쉽게 키워지지 않는 힘이기도 하다. 생각하는 힘과 되게하는 힘은 필요하지만 늘 부족하고, 쉽게 키울 수 없는 힘이다.

사람들은 이 두 힘 단번에 키울 마법의 망토를 원하지만 아쉽게도 그런 망토는 세상에 없다. 끊임없이 공력(功力) 쌓기를 거듭해야만 커진다. 피곤한 과정이지만 공평한 과정이기도 하다.

이후의 장에서는 생각하는 힘을 사력(思力), 되게하는 힘을 무력(務力)이라 이름하여 나누어 다루고자 한다. 이 두 힘을 키우기 위해 무엇을 또 어떻게 끌어내야 하는지 살펴보기로 하자.

사무인(思務人)에게 가장 필요한 능력 두 가지는

생각하는 힘

그리고

되게 하는 힘이다.

꼭 필요한 힘이지만

늘 부족한 힘이기도 하다.

아쉽게도 이 두 힘을 단번에 키울 마법의 망토는 없다.

일 때문에 일을 하는 것이 아니고 성과를 위해 일을 하는 것이다.

모든 활동의 목적은 성과다.

따라서 노력이 아닌 성과를 보여주지 않으면 안 된다.

피터 드러커

써도 써도 고갈되지 않는 에너지가 있다면

바로 생각하는 힘(brain power)이다.

생각하는 힘이 지식보다 더 중요하다.

Part 2
생각하는 힘, 사력思力

01

생각하는 인(人)의 성장

思務力

동아일보에 연재 글을 모아 발간한 이건희 회장의 책 제목은 '생각 좀 하며 세상을 보자'다. 안에는 '내가 만나본 이건희 회장'이라는 같은 제목의 글 다섯 꼭지가 들어 있다. 이어령 이화여대 석좌교수, 박경리 작가, 송자 명지대 총장, 홍사덕 정무 1장관 그리고 사마란 치 IOC위원장이 필자다.

그중 서울 사대부고의 동창생인 홍사덕 전 장관이 기억하는 이건 희 회장은 세상을 보는 안목이 남다른 사람이었다고 쓰고 있다. 회 고문의 마지막 부분을 인용해 본다

'애벌레 시절의 마지막 무렵, 그러니까 와세다 대학에 다니다가 방학을 맞아 돌아왔을 때, 그는 다시 한번 나의 기를 죽여 놓고 갔 다. 손수 운전으로 드라이브를 즐기던 우리가 제2한강교(지금의 양화

대교)에 닿았을 때다.

"이게 우리 기술로 만든 다리다. 대단하제?"

"이눔아, 생각 좀 하면서 세상을 봐라. 한강은 장차 통일되면 화물선이 다닐 강이다. 다리 한복판 교각은 좀 길게 잡았어야 할 것 아이가?'"

대학생 이건희가 친구 홍사덕에게 외친 "이눔아, 생각 좀 하면서 세상을 봐라."는 '생각 좀 하며 세상을 보자'로 순화되어 책의 제목이 되었다. 젊은 시절부터 남다른 시선으로 세상을 보았다는 것이다. 그리고 그 비결은 생각을 하며 세상을 보는 버릇에서 시작된 것이다.

일의 출발은 일의 발견이다. 보이지 않는 일을 시작할 수는 없다. 그런데 일이 보인다는 것은 생각에서 비롯되는 것이다. 말로는 일이 보인다고 표현하지만 실제로는 무언가를 해야 한다는 생각이 떠오르는 것이다. 일을 발견하는 것은 시력이 아니다. 눈이 밝아 일이 보이는 것이 아니라 안목이 있기에 일이 보이는 것이다. 안목은 분명 시력(視力)이라기보다는 사력(思力) 즉 생각하는 힘과 관련이 있다.

예를 들어 보자. 이건희 회장의 신경영의 필요성을 확신하게 만든 계기 중에 하나가 후꾸다 보고서다. '경영과 디자인'이라는 제목으로 93년 3월에 일본인 후꾸다(福田民郎)씨가 삼성전자의 공장에서 근무하며 들었던 생각을 쓴 보고서다. 이 보고서를 보지는 못했지만 이 보고서에 대한 이건희 회장의 강의는 비디오로 본 적이 있다. 프랑크푸르트의 강의에서 "(이 보고서에)'삼성 사람들은 공장에서 콘센트가 발에 거치적거려도 정리할 생각도 않고 무심히 지나친다. 이런 기본적인 것에 문제의식을 갖고 있는 사람이 없다'고 되어 있습니다. 어떻게 생각하십니까?"라고 묻는다.

발에 걸리는 콘센트가 후꾸다의 눈에만 보이고 삼성 직원들의 눈에 보이지 않았겠는가? 단지 삼성 직원들은 그것이 해야 할 일이라고 생각이 들지 않은 것이다. 이처럼 일의 시작은 생각하는 힘과 관련이 있다.

────────────── 하는 일에 대한 사랑 ──────────────

'생각하며 살지 않으면 사는 대로 생각하게 된다'는 폴 부루제(Paul Bourget)의 명언처럼 일도 마찬가지다. 생각하며 일하지 않으면 일한 대로 생각하게 된다. 생각하며 일을 한다는 것은 일의 주인이 되어 일하는 것이다.

오래전 지인으로부터 받은 이메일에 그가 좋아하는 경구가 달려왔다. "사랑하면 알게 되고, 알면 보이나니, 그때 보이는 것은 전과 같지 않으리라. 유한준" 유홍준의 문화유산 답사기의 서문이 떠올랐다. 그런데 마지막에 적힌 유한준이라는 이름이 낯설었다. 유홍준의 오타로 생각한 나는 오타가 아닌지 묻는 메일을 보냈다. 자세한 답변이 돌아 왔다. 오타가 아니며 조선시대의 문인이었던 그가 남긴 글을 유홍준 교수가 받아 책의 서문에 인용 것이라는 친절한 설명이 들어 있었다.

유홍준 교수는 중앙일보에 쓴 내 마음속의 명문장이라는 연재란에 다음과 같이 그 과정을 썼다.

"알면 사랑하게 되고, 사랑하면 참되게 보게 되고, 볼 줄 알게 되면 모으게 되나니 그때 수장하는 것은 한갓 쌓아 두는 것이 아니다"라는 문장을 인용하고 싶었다. 원고 마감은 다가왔고 이 글을 포기하기는 싫어 그냥 내 기억대로 쓴다는 것이 "사랑하면 알게 되고, 알면 보이나니, 그때 보이는 것은 전과 같지 않으리라"라고 했다. 이렇게 쓰고 보니 그럴듯했다. 그러나 내 인용이 정확하지 않을 것 같아 '조선시대 한 문인의 글'이라고만 했다."

아는 게 먼저인지 사랑하는 게 먼저인지 따지는 것은 중요하지 않다. 보이는 것의 출발점이 사랑하는 마음이라는 이 말에 공감한다.

생각하며 일하는 것은 분명 하는 일에 대한 사랑과 관련이 있다. 일을 사랑하면 먼저 주인의식이 생긴다. 주인이 되면 더 많은 일이 보인다. 또 일을 사랑하면 목표의식이 생긴다. 더 높은 기준을 설정하려고 한다. 개선 의식이 생겨 지금의 방식보다 더 좋은 방식을 궁리하게 되고 결국 더 좋은 방법을 찾게 된다. 또 위기의식이 따르게 된다. 위기의식에는 위기만 느끼는 것이 아니다. 위기도 보이고 기회도 보이는 것이다. 위기가 보이기에 민첩하게 대응하게 되고 기회가 보이기에 먼저 대응하려고 하는 것이다. 이 네 가지 의식이 기반에 있을 때 일은 더 많이 보인다.

——————— 왜(Why)를 중심에 두기 ———————

다음으로 생각하며 일을 한다는 것은 그 중심에 왜(why?)를 두는 것이다. 무엇을 해야 하는지를 아는 것으로는 충분하지 않다. 왜 해야 하는지 그 일이 왜 중요한지를 알아야 한다. 왜에 대한 공감이 없다면 그 일을 위해 헌신하려는 마음 자체가 생기지 않는다. 다르게 표현하면 영혼 없이 일하는 결과를 초래한다. 대부분의 지식근로자들은 왜를 이해하지 못하는 일에 몰입하지 못한다. 무엇을 해야 하는가를 아는 것이 머리로 이해하는 것이라면 왜 이 일이 중요한가를 가슴으로 느껴야 생각을 더해 일을 한다.

무엇을 해야 하는지를 이해하는 것은 쉽다. 그러나 왜 이 일이 중요한지를 공감하는 것은 쉽지 않다. 스스로 발견한 일만 한다면 아무런 문제가 되지 않는다. 그러나 조직은 스스로 발견한 일만을 하는 곳이 아니다. 때로 지시받은(Top-down)일도 있고, 건의받은(bottom-up) 업무도 있다. 이처럼 일을 발견하는 주체가 다르기에 그 일의 필요성을 느끼는 정도는 달라진다.

어떤 일의 필요성에 대하여 같은 생각을 갖게 하는 것은 어려운 일이다. 나는 중요하게 생각하는 일을 다른 사람은 '난 또 뭐라고', '별거 아니네.' 하고 대수롭지 않게 여기는 경우가 많다. 필요성에 대해 사람들이 느끼는 온도의 차이는 크다. 이 온도의 차이는 정보와 경험의 차이에서 오는 경우가 많다. 아무리 진심이 담긴 부모의 권유라도 모두 다 아이들에게 통하지는 않는다. 현장에서 필요성을 직접 보아온 사람과 들어서 아는 사람, 그 주제에 대해 정통한 사람과 아닌 사람이 어떤 사안의 중요성에 대해 같은 온도를 가지기 어려운 것은 당연하다.

결국 일의 중심에는 Why라는 물음표가 따라다녀야 한다. 시키는 일이니까 하지만 왜 하는지 모르며 하는 일에 창의성이 발휘되겠는가? 또 왜 중요한지 모르는 일에 열정과 추진력이 따를 리가 없다.

현실을 보자. 직원들은 불평한다. '시키니까 하지만 일의 의미나 목적이 불분명하다.' 상사들은 불평한다. '시키지 않으면 알아서 하지 않는다.'

2018년 대한상공회의소가 발간한 'Why Book'에 조사 결과가 들어 있다. 직장인의 70.4%가 '시키니까 하지만 일의 의미나 목적이 불분명하다.'고 응답했다. 알아서 하지 않는 것이 먼저인지, 시키는 일이 많아 알아서 할 틈이 없는 것인지 따질 필요는 없다. 왜에 대한 확신이 없이 하는 일은 영혼 없이 일하는 것이다.

최고의 엘리트들이 치열한 경쟁을 거쳐 들어간 회사에서 일의 목적도 모른 채 일을 하고 있다는 것 자체가 얼마나 심각한 문제인가? 회사와 가축을 합쳐 만든 사축(私蓄)이라 스스로를 비하하기도 한다.

유럽 경영 대학원 인시아드(INSEAD)와 다국적 인력서비스 기업 아데코(ADECCO)가 인적자원 경쟁력 지수를 발표한다. 2019년 한국의 순위는 30위다. 말레이시아도 카타르도 우리보다 위의 자리에 위치해 있다. OECD국가 중 대학 진학률로 보면 압도적인 1위 국가가 한국인 것을 생각하면 인적자원의 경쟁력 순위는 초라하다고 할 수 있다.

이는 일의 가장 기본적인 '왜' 이 일을 하는가조차도 따지지 못하는 또는 따지지 않는 우리의 풍토와 관련이 있다. 왜에 대한 확신의 다른 말은 소신(所信)이다. 이 일을 해야만 한다는 확고한 믿음을 가지고 일할 때와 아닐 때의 차이는 천양지차다. 사이먼 시넥이 골든 서클(golden circle) 한가운데에 'Why'를 넣고 'Start with Why'라고 주장하기 훨씬 이전부터 일에서 가중 중요한 것은 왜에 대한 확신이었다.

우리는 그 말을 '소신껏 해봐!'라고 표현했을 뿐이다. 소신껏 일을 한다는 것은 자신이 생각하는 일을 자신의 방식대로 해 보도록 장려하는 것이다. SSKK(시키면 시키는 대로, 까라면 깐다 에서 따온 은어임)는 생각하며 일하는 사람들을 생각을 멈추게 하거나 조직에서 몰아낸다. 재량을 주어 소신껏 일하는 분위기가 형성되어야 스스로 생각하여 일하고 또 생각하는 힘이 강해진다.

면접장에서는 창의적 인재를 따지면서, 일의 현장에서는 기계적으로 일하게 한다면 어처구니없는 일이다. 이러한 풍토에서는 생각하며 일하는 프로로 성장하지 않는다.

생각하며 일한다는 것은 스스로 파악하며 일한다는 것이다. 스스로 파악하지 않으면 어떤 일을 먼저 해야 하는지 순서가 뒤죽박죽이 된다. 따라서 파악하는 힘이 중요하다. 또 생각하며 일을 한다는 것은 따져보며 일을 하는 것이다. 따져보지 않고 일을 추진하면 성급한 결론으로 인한 화를 자초하게 된다. 그리고 생각하며 일을 한다는 것은 궁리하며 일을 하는 것이다. 더 좋은 방법 없이 저절로 더 좋아지지는 않는다.

마지막으로 생각하며 일을 한다는 것은 옳은 결정을 내리며 일하는 것이다. 좋은 결정은 조직을 살리지만 잘못된 결정은 위험에 빠뜨리기 때문이다. 파악하는 힘, 따져보는 힘, 궁리하는 힘 그리고 결단하는 힘 이렇게 네 가지의 힘이 모여 생각하는 힘이 된다. 이 네 가지의 힘이 왜 중요하고 어떻게 하면 이 힘을 키울 수 있는지 살펴보기로 한다.

02

파악하는 힘, 통찰력

일하는 방법과 관련한 책 중 기업에 영향이 컸던 책 중 하나는 합리적인 관리자(원제 The Rational Manager)다. 1965년 케프너(C. Kepner)와 트리고(B. Tregoe)가 효율적, 효과적으로 일하는 조직을 위한 해법으로 제시한 책이다.

이 책의 출발은 미국과 소련의 우주전쟁 시절에 인력, 장비, 예산 등 모든 면에서 더 많은 자원을 쓰는 미국이 왜 소련에 밀렸는지 그 원인을 찾아보겠다는 생각에서 시작되었다. 그리고 일을 처리하는 생각의 프로세스에 문제가 있었음을 지적했다.

결론적으로 조직의 성과를 높이기 위해 효율적으로 일을 처리하는 생각의 순서를 익혀야 하며, 이 순서를 모든 조직원들이 공유해야 하는 것의 중요성을 강조했다. 많은 기업이 이 책에 제시된 생각을 도입했다. 두 박사의 이름을 따 KT법(法)을 직원들이 익히도록 교육시켰다. 한국의 기업 중 삼성그룹은 EMTP(Effective Management & Thinking Process)라는 이름으로 자체 프로그램화하여 가장 활발하게 교육하였다.

기업들이 이 교육에 열광했던 이유는 일을 효과적으로 하는 데 실질적인 도움이 되었기 때문이다. 그동안 누구도 효과적으로 일하는 사고법에 대해 제시한 적이 없었다. 그런데 이 책에서 제시한 4가지 패턴의 사고(思考) 업무는 어느 조직이나 실질적으로 반복되는 패턴이었다. 케프너와 트리고 두 박사가 제시한 4가지 유형의 사고 업무는 다음과 같다.

1. What's going on? (지금 무슨 일이 벌어지고 있는가?)

   상황 파악의 질문이다. 일은 파악에서 시작된다. 이 질문이 있어야 어떤 일이 더 중요한지 알고 행동하게 된다.

2. Why did it happen? (왜 그런가?)

   분석의 질문이다. 왜 이런 일이 벌어졌는지 더 깊은 곳을 파는 질문이다. 이 질문이 없다면 성급한 결정으로 잘못된 실행을 할 가능성이 높아진다.

3. How do I address it? (어떻게 하면 되는가?)

   해결방안에 대한 질문이다. 대안을 다각도로 찾아보고 어떤 방법이 최선인지를 선택하는 질문이다.

4. What lies ahead? (예상되는 것은 무엇이고 어떻게 대응할 것인가?)

실행계획과 관련한 질문이다. '이대로 될까?'를 면밀하게 따져보는 것이다. 이 과정을 통해 계획이 탄탄해지고 실행에서 차질을 피하게 된다.

이 네 가지 질문은 삼성그룹의 창업자인 이병철 회장이 보고를 받을 때 하는 질문의 순서와 일치했다고 말한다. 이병철 회장은 보고를 받을 때 제일 먼저 꺼내는 말이 '들어 보자'였다고 한다. 이 말은 현황(現況)을 얘기해 달라는 뜻이었다고 한다. 현황에 대해 설명하면 두 번째로 "왜 그런고?"라는 질문이 날아오고 다음으로는 "우짤 낀데?"라는 질문을 하였다고 한다. 그다음으로 "(이대로 해도) 문제없겠나?"를 묻고 흡족하면 "내가 도와줄 것은 없나?"라고 거의 동일한 패턴으로 질문을 하였다고 한다.

모든 경영자 들은 이와 같은 패턴의 질문을 한다. 따라서 현황 보고서는 현황 → 문제점 및 원인 → 해결 방안 → 세부 추진계획 → 건의 및 기타 사항의 구조로 작성하는 것이 패턴화된 것이다. 이와 같이 업무 현장에서 실질적으로 이루어지는 것과 이 책에 제시된 것이 일치하였고 그간 체계화되어 있지 않았던 순서와 효과적인 방법을 제시하였기에 이 과정은 한때 베스트셀러 교육 프로그램이었고 또 오래도록 팔리는 스테디셀러이기도 하다.

이 네 개의 질문 중 차원이 다른 질문은 '지금 무슨 일이 벌어지고 있는가? (What's going on?)'라는 파악의 질문이다. 모든 일은 이 질문에서 출발한다. 이 질문이 없다면 일은 우선순위에 의해 처리되지 않고 중요하지 않은 일들이 판치게 된다. 따라서 생각하는 힘의 으뜸은 파악하는 힘이다.

파악 = 통찰·조감·감잡기

파악한다는 것은 다음 세 가지 키워드로 바라보아야 한다. 통찰과 조감 그리고 감 잡기라는 중심 단어다.

파악한다는 것의 첫 번째 의미는 보이지 않는 것을 본다는 것이다. 보이지 않는 것을 보는 것을 통찰이라고 말한다.

통찰에 대응하는 영어 단어는 insight이다. 이 단어는 본다(sight)와 안(in)이라는 전치사가 결합된 조어(造語)다. 즉 insight는 보이지 않는 것을 보는 것이다. 겉(over)만 보면 oversight 즉 간과(看過)가 된다. 앞(fore)을 보면 예견(foresight)이 되고, 일이 벌어진 후(hind)에 보이면 후견지명(hindsight, 일이 벌어진 후 깨닫게 되는 지혜, 이에 대응하는 우리말은 없다)이 된다. 통찰력이 어떻게 높아지는지를 따져보자.

통찰의 원천은 그동안 축적된 생각하는 힘에서 출발한다. 이를 바탕으로 우리는 앞에 벌어질 것을 예측을 한다. 그러나 예측은 예측일 뿐 실행을 하다 보면 간과한 것들이 드러나게 된다. 이를 통해 우리는 업을 보는 지혜가 더해진다. 새로운 깨달음을 얻고 이러한 지혜가 더해져야 보이지 않는 것을 보는 눈이 생겨난다는 것이다.

파악한다는 것의 두 번째 의미는 전체를 본다는 것이다. 전체의 모습을 빠짐없이 조망할 수 있어야 한다.

건물을 완성한 후의 모습을 한 장의 그림으로 그린 것을 조감도(鳥瞰圖)라고 한다. 한자어의 뜻으로 풀어보면 새의 시각으로 내려본 그림이다. 전체를 한눈에 보는 적당한 높이는 새의 시각이다. 항공기는 높아서 더 큰 그림을 볼 것 같지만 대기에 가려 현실과는 다른 세상을 본다. 벌레는 현실에서 디테일을 속속들이 보고 있지만 정작 자신을 위협하는 새들의 위협을 전혀 감지하지 못한다. 물속에서 한 번도 나와 보지 못하는 물고기의 시각도 마찬가지다. 일본의 경영 용어에는 조감과 비교하여 어감(魚瞰)과 충감(蟲瞰)을 경계하고 있다. 업의 전체를 바라보는 적절한 높이가 중요하다.

열반경(涅槃經)에 나오는 오래된 장님 코끼리 만지기의 비유도 마찬가지다. 인도의 경면왕은 장님들을 모아 코끼리를 만져보게 했다. 경면왕이 물었다. "코끼리가 어떻게 생겼는지 말해보라." 그러자 상아를 만져본 이는 '무', 귀를 만져본 이는 '키', 머리를 만져본 이는 '돌', 코를 만져본 이는 '절굿공이', 다리를 만져본 이는 '널빤지', 배를 만져본 이는 '항아리', 꼬리를 만져본 이는 '새끼줄'같다 했다. 열반경은 어리석은 중생을 코끼리를 만져 본 장님에 비유했다. 장님들이 이야기한 것이 틀린 것은 아니다. 모두들 자신이 만져 본 것을 가지고 믿는다.

사람에게는 보고 싶은 것만 보고 또 듣고 싶은 것만 들으려 하는 경향이 있다. 착수소국(着手小局)에 앞서 착안대국(着眼大局) 하라는 바둑의 가르침과 같은 것이다.

파악한다는 것의 세 번째 의미는 감(感)을 잡는다는 것이다. 일을 잘하려면 촉(觸)이 뛰어나야 한다고 말하는 사람들이 많다. 촉이란 미세한 변화를 감지하는 능력이라고 할 수 있다. 촉이 뛰어난 사람들은 감을 잘 잡는다. 그러한 의미에서 파악을 하는 힘은 감(感)을 잡는 능력과 깊은 관련이 있다.

어떤 업에 종사하든 그 업을 대표하는 전문가들은 감을 잡아야 하는 것이 하나는 아니다. 다음의 6가지는 기본이다. 나는 이를 감 잡아야 하는 여섯 가지, 이름하여 육감도(六感圖)라 말한다.

- **1감(感) 자신의 역할과 사명**: 제일 우선하여 자신의 역할이 무엇인 지 감을 잡아야 한다. 그렇지 않으면 본업에 충실하지 않게 되는 결 과를 초래한다.
- **2감(感) 외부환경의 변화**: 자신이 하는 업과 관련된 외부환경의 변 화에 대해 올바르게 파악해야 한다. 환경 변화 속에 기회도 있고 위 기도 있다. 이에 둔감하면 기회를 놓치고 위기를 맞는다.
- **3감(感) 나 자신**: 자신의 현 좌표를 바로 보아야 한다. 무엇을 잘하 고 어디에 서 있는지를 직시해야 한다. 자신을 모르면 상황과 자신

에 맞지 않는 방법을 선택하게 된다.

- **4감(感) 고객의 요구**: 어떤 업이든 고객과 가까워지면 흥하고 그들과 멀어지면 망하는 길을 가게 된다. 시시각각 변화하는 그들의 요구에 민감하게 대응하지 못하면 시장에서 도태된다.

- **5감(感) 일류(一流)와의 수준 차이**: 비교의 대상을 일류의 수준에 두고 그 격차를 감지해야 한다. 그렇지 않으면 늘 그 수준에 머물게 된다.

- **6감(感) 우선 순위**: 효율적인 조직은 먼저 할 일을 먼저 한다. 먼저 할 일을 먼저 하려면 해서는 안 되는 일을 버리고 중요한 일에 집중해야 한다. 이를 위해 먼저 해야 하는 일이 무엇이고 해서는 안 되는 일이 무엇인지를 파악해야 한다.

이 여섯 가지를 파악하는 힘이 생각하는 힘의 첫 번째 기둥이다. 이 여섯 가지에 대해서는 한 걸음 더 나아가 생각해 보아야 한다.

——— 1감(感) 역할에 대한 파악 ———

1) 왜 중요한가?

= 그렇지 않으면 본업에 충실하지 않게 된다.

역할은 곧 본분(本分)에 대한 얘기다. 본분이란 곧 역할과 책임의 줄임말이다. 영어로는 조직에서 자주 사용하는 R&R(Role &

Responsibility)이다. 본분은 최소한의 요구이고 존재의 이유다. 따라서 그 본분을 알고 그에 충실한 역할을 하는 것은 기본인 셈이다.

지향점은 달라도 정치와 경영은 일맥상통한다. 그런 면에서 국가의 경영에 대해 깊은 고민을 한 공자(孔子)는 경영의 대가이기도 하다. 그가 조직경영에서 가장 중요한 게 생각하는 것이 무엇이었는지는 자로의 질문에 대한 답(자로[子路]편 3장)에 잘 드러나 있다.

그는 "필야정명호(必也正名乎)." '무슨 일이 있어도(必也) 명분을 (名) 바로잡아야 한다'고 했다. 그가 말한 정명(正名)은 "각자의 맡은 역할에 맞는 소임을 다하는 것"으로 해석한다. 각자가 주어진 위치에 주어진 역할을 제대로 하면 국가는 바로 선다는 것이다. 필자는 이 말에 공감한다. 임금은 임금 노릇 잘하고, 신하는 신하답게, 부모는 부모 노릇 잘하고 각자에게 맡기어진 역할과 소임에 충실하면 조직은 바로 서지 않을까? 역할인식의 중요성은 아무리 강조해도 지나치지 않는다. 이에 대한 공자의 생각을 더 깊이 가늠해 볼수 있도록 원전을 소개해본다.

공자가 말하는 정명(正名)은 곧 저마다의 역할과 책임 – 원전(原典) 보기

子路曰 衛君 待子而爲政 子將奚先
子曰 必也正名乎
子路曰 有是哉 子之迂也 奚其正
子曰 野哉 由也 君子於其所不知 蓋闕如也
名不正則言不順 言不順則事不成

事不成則禮樂不興 禮樂不興則刑罰不中
刑罰不中則民無所措手足
故 君子名之 必可言也 言之 必可行也 君子於其言 無所苟已矣
-'논어' 13편 자로

자로가 "위나라 임금이 선생님을 기다려서 정사를 하시려 하는데, 선생님께서
는 장차 어느 것을 먼저 하시겠습니까." 라고 물었다.
공자가 답하기를 "반드시 명분을 바르게 할 것이다"라고 하셨다.
지로가 "그렇군요. 선생님은 현실과 거리가 머십니다. 그것으로 어찌 바로잡으
시겠습니까?"라고 하니 공자 말씀하시기를 "야비하구나, 자로야. 군자는 자기
가 모르는 것에 대해서는 잠자코 있는 법이다. 명분이 바르지 아니하면 말이 순
리롭지 않고 말이 순리롭지 아니하면 일을 이룸이 없고 일을 이루지 못하면 예
악(禮樂)이 일어나지 아니하고 예악이 일어나지 못하면 형벌이 올바르지 아니
하고 형벌이 올바르지 아니하면 백성은 손발을 어찌 둬야 할지 모르게 된다.
그런 까닭으로 군자가 명분을 세우려면 반드시 합리적으로 말할 것이며, 말을
한다면 반드시 행할 것이니, 군자는 자기의 말에 구차한 것이 없을 따름이니
라." 하셨다.

齊景公 問政於孔子
孔子對曰 君君臣臣父父子子
公曰善哉
信如 君不君臣不臣父不父子不子
雖有粟 吾得而食諸
-'논어' 12편 안연

제나라 경공이 정사를 공자에게 물으니 공자 답하기를,
"임금은 임금답게 신하는 신하답게 아비는 아비답게 자식은 자식답게 그 구실
을 다하는 것이다"라고 하셨다.

공이 말하기를, "좋은 말씀입니다. 임금이 임금 노릇 못하며, 신하가 신하 노릇 못하며 아비가 아비 노릇 못하며, 자식이 자식 노릇 못하면 비록 곡식이 있어도 내가 밥이 넘어 가겠는가"라고 하였다.

조직도 마찬가지다. 오너는 오너답지 못하고 팀장은 팀장역할 못하고 사원은 사원답지 않은 조직은 쇠퇴하게 된다. 강한 조직이란 단합이 잘 되는 조직이라기보다 각자의 역할에 충실한 조직이다. 조직생활을 하면서 주변에서 듣게 되는 아픈 소리가 있다. 실무자로 시작해 리더로 성장해 가면서 그 아픈 소리도 조금씩 변한다. 직장생활을 통해 직접 또는 간접적으로 들었던 아픈 소리를 요약하자면 다음의 다섯가지 정도이다.

1. (실무자에게 아픈 소리) 입사 몇 년 차야.
2. (관리자에게 아픈 소리) 당신 실무자야?
3. (리더에게 아픈 소리) 전략이 없어.
4. (경영자에게 아픈 소리) 결단을 못해.
5. (누구에게도 아픈 소리) 당신 도대체 뭐하는 사람이야.

누구에게도 아픈 소리라고 정리한 '당신 도대체 뭐 하는 사람이야'라는 말은 역할에 대한 질책이다. 기본 그리고 최소한의 요구에도 못 미치는 결과가 드러났을 때 듣는 소리다.

그런데 그 본분인 역할 잘하기의 성적표는 생각보다 늘 초라하다. 교육의 현장에서 학습자의 생각을 스마트폰으로 응답하도록 해 보았다. 리더를 대상으로 할 때는 직원들에 대해 물었고 직원을 대상으로 할 때는 경험한 리더에 대해 물었다. 또 때로는 검사나 국회의원 같은 특정 직업에 종사하는 사람들에 대해 묻기도 하였다. 질문의 답변은 보통 다음의 5단계로 정하고 응답이 끝나면 Top2 (기대를 뛰어넘는 / 바람직한)의 비율을 보면서 생각을 나누어 보았다.

질문) 당신의 상사는 지금 역할을 잘하고 있나요?
1. 실망스러운 (Not good)
2. 기본은 하는 (Basic)
3. 예상된 수준의 (Expected)
4. 바람직한 (Desired)
5. 기대를 뛰어넘는 (Unanticipated)

이러한 활동을 통해 확실하게 확인한 사실은 아무리 좋은 조직도 Top2의 비율은 30%, 100점 만점으로 환산한 점수로는 70점을 넘는 경우가 매우 드물다는 것이다. 이처럼 가장 기본이 되는 역할에 대한 성적표가 낮은 이유는 무엇인지 따져보자.

2) 무엇이 역할에 대한 파악을 어렵게 하는가

• 자의적인 판단과 설정

자신의 역할(본분)을 자기 유리한 대로 자의적으로 설정하는 것이다. 역할은 정하는 것이 아니라 주어지는 것이라 할 수 있다. 다시말해 의뢰인이 정해주는 것인데 그 역할을 대리인이 임의로 판단하여 수행하는 경우가 비일비재하다. 이 경우 자신이 유리한대로 파악하고 그것이 나의 소명이라고 착각한다.

• 잘하는 기준에 대한 낮은 눈높이

지나치게 관대한 자기평가 기준을 설정하는 데에 있다. 자신에 대한 평가 기준은 엄격하게 하고 타인에 대한 평가는 관대하게 해야한다는 춘풍추상(春風秋霜)이라는 선조들의 가르침과 반대로 역할에 대해 평가하고 있다. 즉 자기 평가는 관대하게 타인의 평가는 냉정하게 하는 것이다. '전임자보다는 내가 낫다'거나 '작년보다는 좋아졌다' 등 낮은 기대수준으로 역할을 잘한다고 착각하는 문제를 말한다. 이러한 관대한 자기평가는 자신의 역할을 업그레이드하는데 필요한 학습을 중단시키는 결과로 이어지게 된다. 학습이 따르지 않으면 늘 그 수준에 머무르게 된다.

• Knowing – Doing gap

세 번째로 생각해 볼 점은 머리와 행동의 불일치다. 알지만 실제로 행동은 따르지 않는 노잉 두잉 갭(knowing - doing gap) 문제를 말한다. 장기적인 관점이 중요하다고 말하면서 단기성과에 매달리게 되거나, 인재 육성이 중요하다고 말하면서 정작 후배 육성을 위한 코치의 역할은 하지 않는 등의 경우를 말한다. 지배 가치는 행동으로 나타나는 것이지 말로 표현되는 것이 아니다. 말로는 '교육은 진짜 중요해'하고 말하면서 직원이 교육으로 빠져야 하는 상황에서는 '꼭 가야돼?'라고 말한다면 교육은 그 사람에게 중요한 것이 아닌 것이다.

3) 효과적인 역할 인식을 하려면

• 요구의 보이스 직접 듣기

입장을 바꾸어 생각을 하는 것과 그 사람의 입장이 된다는 것은 차원이 다른 것이다. 요구란 본질적으로 받는 것이지 헤아리는 대상이 아니다. 그들이 무엇을 원하는지 무엇을 중시하는지 소통하는 것은 중요하다. 그것을 헤아려 짐작하지 마라. 역할을 자의적으로 판단하는 만큼 위험한 것은 없다. 역할에 대한 시각차란 어떤 역할이 더 중요한지에 대한 시각차이이다. 예를 들어 CEO가 경영지원팀에 지원, 점검, 선도의 세 가지 역할을 요구한다고 해보자. 이 경우 지원의 역할에 더 중점을 두면 딱 그대로 경영지원팀의 역할을 하게 된다. 그러나 점검에 더 중점을 두면 경영감사팀의 역할이 된다. 이러한 시각차 극복을 위해 보이스에 귀 기울어야 한다.

• 중요성 중심의 시간관리

과거 관리자 교육에서 강조하는 관리자의 역할 네 가지이다.

관리자의 역할

1. 업무의 개선과 혁신
2. 일의 관리
3. 사람의 육성
4. 상하좌우 간의 신뢰하는 관계의 형성

이 네 가지의 역할을 두고 어떤 역할이 더 중요한지 둘 중 하나를 비교하여 선택하는 방식으로 질문을 하다 보면 어떤 역할을 더 중요하게 생각하는지가 어느 정도 드러나게 된다. 이것은 사람들의 머릿속을 지배하는 중요한 역할을 드러내게 만든다. 그렇게 역할의 중요성을 정한 다음에 실제로 지난 한 달간의 업무시간을 어디에 사용하였는지 적어보게 하면 머릿속의 순위와 실제의 행동 간에는 차이가 있음을 알게 된다. 머리로 이해하는 것과 행동으로 실천하는 것 간의 차이를 극복하려면 실제의 시간을 역할에 맞게 사용하는지 주기적으로 점검해 보아야 한다. 역할은 늘 자기 편한 방향으로 쏠리기 때문이다.

• 책임을 먼저 생각하기

책임은 권한에 우선한다. 권한에 앞서 책임이 주어진다. 더 중요한 일이 주어진다는 것은 책임이 더 커진다는 뜻이다. 아주 중요한 일을 시작할 때 하는 의식을 살펴보라. 만인 앞에 다짐하는 선서에는 온갖 책임으로 가득하다. 대통령의 취임선서, 히포크라테스 선서, 대한민국 검사 선서, 장교의 책무 등을 살펴보면 그렇다.

필자의 장교 후보생 교육에 대한 기억은 장교의 책무의 암송과 관련되어 있다. 틀리거나 버벅대면 바로 선배들에게 두들겨 맞았다. 그런데 문장이 길어서 암기를 하다 보면 꼭 한두 군데 틀리게 된다. 하여 수없이 반복하여 외우고 복창하기를 반복했다. 결과적으로 군대를 제대한 지 30년이 지난 지금도 암송할 수 있다.

"장교는 군대의 기간(基幹)이다. 그러므로 장교는 그 책임의 중대함을 자각하여 직무수행에 필요한 전문지식과 기술을 습득하고, 건전한 인격 도야와 심신 수련에 힘쓸 것이며 처사를 공명정대히 하고 법규를 준수하며 솔선수범함으로써 부하로부터 존경과 신뢰를 받아 역경에 처하여서도 올바른 판단과 조치를 할 수 있는 통찰력과 권위를 갖추어야 한다."는 것이다. 두 번째 문장이 너무 길어서 늘 헷갈렸다. 또 존경, 신뢰, 올바른 판단, 공명정대, 법규 준수, 통찰력, 권위 등은 사실 초급장교에 어울리지 않는 것이었다. 단지 선배에게 혼나지 않기 위해 외웠을 따름이다. 그런데 돌이켜 생각해보니 교육의 시작 부분에서 자부심이 아닌 책임감을 심어주는 방식은 탁월한 것이었다. 그리고 어깨에 푸른 견장을 올려 짐 지우고, 가슴에는 지휘관 마크를 달고 다니게 하여 심어주고 싶었던 것은 책임감이었다. 당시에는 정말 폼으로만 느껴졌다.

진짜 일들은 조직의 미래의 영향을 주는 의사결정과 관련된 일이라고 했다. 그 영향은 좋은 영향일 수도 있지만 나쁜 영향일 수도 있다. 그것이 성과가 되어 조직의 성장으로 이어진다면 보람으로 돌아오겠지만 반대의 경우라면 조직의 부담으로 남게 된다. 전임자가 남겨 놓은 골치 아픈 뒤치다꺼리 업무에 많은 시간을 써 보았고 또 마찬가지로 나로 인해 시작된 부담을 남기기도 하였다.

어느 조직에서 일하든 진짜 일꾼이 어깨에 지고 가슴에 새겨야 하는 책임은 다음 네 가지로 정리해 보았다.

1. (결과의 책임) 해야만 하는 일, 즉 본업에서 탁월한 결과를 만드는 것에 대한 책임을 말한다.

2. (방법의 책임) 결과가 가장 중요하지만 그 결과는 정당한 방법으로 만들어져야 한다. 위법적이고, 비윤리적이고 꼼수로 달성해서는 안 된다. 남들에게 알려지면 부끄러운 것을 하지 않을 책임이 있다.

3. (향상의 책임) 지금이 아무리 탁월해도 완벽한 것은 아니다. 보다 더 높은 기준을 지향하지 않으면 지금에 멈추게 되고 쇠퇴한다. 따라서 지금보다 더 좋은 상태, 더 높은 기준을 목표로 방식을 지속적으로 개선하고 향상시켜야 한다.

4. (지속과 성장의 책임) 오늘에 충실하되 내일도 대비해야 한다. 앞에 있을 위기를 피하고, 기회를 발판 삼아 성장을 이루도록 힘써야 한

다. 업의 지속과 성장에 대한 책임이 있다.

<hr/>

2감(感) 환경변화에 대한 파악

1) 왜 중요한가?

= 그렇지 않으면 위기를 초래한다.

The slow one now, will later be fast

느린 것은 훗날 빠른 것이 될 것이고

For the loser now will be later to win

지금의 루저들은 훗날 승자가 될 것이고

And the first one now will later be last

오늘의 일등은 훗날 꼴찌가 되리라.

노벨 문학상을 받은 가수 밥 딜런(Bob Dylan)의 노랫말 중 일부이다. 84년 애플 주주총회에서 스티브 잡스는 이 가사를 주주들에게 들려주었다고 한다. 그의 가사처럼 환경의 변화는 느린 것을 빠르게 만들고 일등을 꼴찌로 전락시킨다.

우리 세대들은 사실 변화의 주역으로 살아왔다. 필자도 마찬가지다. 전기도 없는 농경사회 속에서 어린 시절을 보냈다. 전공은 산업공학을 택했다. 민주화를 열망했고 정보화 관련한 일을 하였다. 또 미국 대학에 진학하여 국제화의 주역이 되라고 설득하기도 하였다. 그리고 지금 고령화 시대라는 변화 앞에 서있다. 산업화, 정보화, 민주화, 국제화 그리고 고령화 거기에 더해 4차 혁명까지 모두 관통하여 살은 세대가 있을까? 변화의 소용돌이 한가운데서 환경 변화를 바로 인식하는 것이 얼마나 중요한지 잘 알고 있다. 변화가 많고 급격했기에 기회도 많았다. 변화 속에는 기회도 동시에 위협도 존재한다.

2) 무엇이 환경 변화에 대한 파악을 어렵게 하는가

• 갇힌 프레임에서 벗어나기 어려움

사원 시절에 신문사의 뉴미디어팀에서 일했다. 당시의 신문사는 이미 종이신문이 퇴조할 것이라는 변화를 예상했다. 이 일을 시작할 무렵 나의 상사는 자신이 번역한 '신문은 없다'라는 일본 서적을 읽게 했다. 신문이 없는 시대를 준비하기 위해 자료를 디지털화하고 새롭게 등장할 뉴미디어 시대를 준비하는 일과 관련된 일을 하였다. 그 시작으로 시도된 일이 고속도로 휴게소에 정보를 제공하는 일이었다. 하이네트(Hi-Net)라는 이름으로 전국에 있는 휴게소에 뉴스 정보와 교통상황을 정보로 제공하는 일이었다. 그리고 그 정보는 전화선으로 전송되었다. 그런데 휴게소가 대부분 외진 곳에 있다 보니 수 많은 전송 에러가 생겼다.

결과적으로 지나간 뉴스가 나오거나, 잘못된 교통정보에 대한 이용자들의 불만이 많았다. 전화선으로 정보를 주고받던 시절부터 이와 관련된 일을 하다 보니 '데이터의 전송=유선'이라는 프레임이 생겼다. 더 빨리 전송하기 위해서는 더 빠른 선이 필요했다. 브로드 밴드의 시대가 열리고 나니 24Kbps의 속도로 시작했던 데이터의 전송 속도는 획기적으로 발전했다. 그렇게 온라인 뉴스 서비스의 시대가 열렸고 그 중심에서 일하게 되었다.

그런데 온라인(on-line)이라는 말속에는 선(line)이 들어 있다. 그렇게 온라인에 젖어 있다 보니 무선(wireless)라는 변화에 대해서는 둔감했다. 유선의 효능을 알기 때문에 더욱 그랬다. 따라서 무선으로 전달된 뉴스를 전화기로 보는 시대로의 새로운 변화에 대하여는 오히려 닫힌 생각을 갖게 되었다. 어떤 것의 중심에 있을수록 가지고 있는 프레임은 강화된다. 또 프레임이 강할수록 그 프레임에 맞지 않는 변화는 읽어 내기 어렵게 된다. 또 쉽게 받아들이지도 않는다. 과거의 소니는 TV의 핵심인 브라운관에 관한한 초격차의 기술을 보유하고 있었다. TV시장에서 삼성이 소니를 이길 수 있었던 이유는 이길 수 없는 브라운관 시장을 포기하고 새로운 시장에서 승부했기 때문이다. 기존의 강자일수록 과거의 프레임에서 벗어나기 힘들게 한다.

• 변화의 속도를 아는 것의 어려움

"세상의 변화의 속도보다 내부의 변화가 느리다는 것은 종말에 다가간다는 것이다. If the rate of change on the outside exceeds the rate of change on the inside, the end is near." 잭 웰치 회장이 남긴 변화에 대한 말이다. 변화에 대한 바른 인식 중 하나는 변화의 속도에 대한 바른 인식이다. 어떤 것은 빨리 변하고 또 어떤 변화는 느리다. 어떤 것은 급격하게 변하는 반면 어떤 것은 쉽게 변하지 않는다. 전화기는 어느 순간 급격하게 스마트폰으로 확산되었지만 매장(埋葬)의 문화가 화장(火葬)문화로 바뀌는 과정은 매우 오랜 시간이 걸렸다.

앨빈 토플러는 부의 미래라는 그의 책에서 변화의 속도를 자동차로 환산하여 설명하였다. 기업은 시속 100마일로 변화하고 시민단체가 90마일, 가족이 60마일, 노동조합이 30마일, 정부가 25마일, 공교육이 10마일, UN을 비롯한 다국적 기구가 5마일, 정치조직이 3마일, 법과 법기관이 1마일로 변화한다고 했다. 그런데 이처럼 변하는 속도를 정확히 감지하는 것이 가능할까? 그 속도를 읽는다는 것은 어려운 일이기에 변화될 것을 알면서도 그 대응의 시기를 정하기는 쉽지 않다.

• **변화의 영향을 읽는 것의 어려움**

정보화 시대가 되면 내 삶은 어떻게 바뀔까? 중요한 것은 그 변화가 나에게 직접 주는 파장을 아는 것이다. 그것을 정확히 읽어내면 무엇을 준비해야 하는지가 분명하게 드러나게 된다. 저성장의 시대가 내게 주는 영향은 무엇인가? 저출산이 내 사업에 미칠 영향은 무엇인가? 고령화 사회가 내 삶에 주는 영향은 무엇인가? 이러한 질문에 명쾌한 답을 내리는 것은 쉽지 않다. 변화를 이해하는 것의 어려움은 이처럼 변화가 내게 미치는 영향이 무엇인지를 감지하는 것의 어려움과 관련이 있다. '최저임금의 인상'이라는 변화가 우리의 삶에 어떤 영향을 주는지를 보라. 최저임금의 근로자만 영향을 받는가? 키오스크에서 주문해야 하는 점포들이 늘고 있다. 식당에 가면 웬만한 것은 셀프서비스해야 한다. 변화 후의 세상을 살아보면 그런 변화가 어떤 영향으로 다가오는지 하나 둘 깨닫게 되지만 미리 그 영향을 읽는 것은 쉽지 않다. 그 영향을 미리 읽으면 변화가 초래할 위협도 피하고 기회도 잡는다.

• 자기자신을 바꾸는 것의 어려움

이런 질문에 답한다면 어떤 항목이 최댓값이고 어떤 항목이 최솟값일까?

질문. 다음의 각 항목별로 여러분이 느끼는 변화의 속도를 0부터 100까지 숫자로 적어주세요.

1. 세상의 변화
2. 업계_ 경영환경
3. 우리 회사
4. 경쟁 회사
5. 내가 속한 부서
6. 나 자신

사람마다 조금 다르겠지만 강의장에서 조별로 평균을 내보면 최 솟값은 항상 '나 자신'이었다. 변화가 환경의 변화에 맞춰 자신을 바꾸는 것이라면 그 자신을 바꾸는 것이 얼마나 어려운지 이 질문을 통해 깨달을 수 있었다. 특히 오래도록 머리를 지배하고 몸에 밴 것들을 바꾼다는 것은 참으로 어려운 일이다. 시스템을 바꾸는 것보다 사람의 의식(意識)과 행동을 바꾸는 것과 관련된 변화는 훨씬 어렵다.

• 변화를 반기는 것의 어려움

사람들은 익숙해진 것들과 쉽게 결별하려고 하지 않는다. 하여 그곳을 떠나 변화의 상태로 도달하게 하려면 모멘텀이 중요하다. 변화가 시작되는 모멘텀을 크게 두 가지로 나누어 생각할 수 있다. 위기에서 출발하는 것과 열망에서 출발하는 것이다. 앞의 것이 겁을 주는 변화의 모델이라면 뒤의 것은 꿈을 주는 변화이다. '바꾸지 않으면 죽는다.'는 절박한 위기의식은 사람들을 변하게 만든다. IMF때 절박한 위기의식은 장롱 속의 금을 모으게 하는 행동을 유발했다. 그렇게 위기를 넘기고 지금에 이르렀다.

위기의식의 확산은 가장 효과적으로 변화의 추진을 끌어낼 수 있지만 사람들로 하여금 변화의 상황을 즐기지 못하게 만들기도 한다. 변화를 반기기보다 변화의 상황을 귀찮음의 시작으로 여기게 만든다. 꿈을 주는 변화란 새로운 상태를 동경하게 하여 사람들을 바꾸게 하는 것이다. '젖과 꿀이 흐르는 땅'이라는 프레임으로 설득한 모세가 그랬고 '잘 살아 보세'하는 새마을 운동의 접근이 그랬다. 꿈과 겁, 두 모멘텀 중 무엇이 더 많은지를 살펴보면 압도적으로 겁이 많다. 당연스럽게 사람들은 변화의 상황을 반갑지 않은 것으로 받아들이게 된다.

3) 효과적으로 환경 변화를 인식하려면

• 낯선 것과 자주 마주하기

오마에 겐이찌는 자신을 바꾸는 것은 시간을 다른 곳에 쓰거나, 사는 장소를 바꾸거나, 다른 사람을 만나라고 했다. 이 세 가지 방법 말고 특히 결심을 하는 것은 바보 같은 일이라고 단언한다. 결국 낯선 것과 마주하라는 뜻이다. 낯선 일, 낯선 장소, 낯선 사람들을 만나는 것이 변화를 인식하고 자신을 바꾸게 되는 것이다. 늘 하던 일, 익숙한 장소, 잘 아는 사람에게서 새로운 시각과 정보가 들어오지 않는다.

나의 커리어의 앞의 20년이 직장생활이라면 뒤의 10년은 강사로 살았다. 직장생활이 텃새와 같은 삶이라면 강의를 하는 일은 철새와 같은 삶이다. 매번 새로운 장소로 이동하여 다른 사람들과 짧게 만나고 헤어진다. 기간으로는 더 짧지만 뒤의 10년을 통해 더 많은 것을 배웠다. 하지만 이제는 늘 하던 일이 되어 버렸고 장소는 변하지만 언젠가 왔던 장소가 대부분이다. 새로운 생각들이 처음의 5년과 다름을 느낀다.

• '원래 그래'에 의문을 던져라.

'~ 그러니까 그런 줄 알고 있어.'라고 윗사람이 말하면 곧바로 '네' 하고 답하는 것을 미덕으로 배워 왔다. 비판적 사고 보다 수용적 태도를 더 중시한 과거의 문화는 장려하여야 하는 비판적 사고(critical thinking)를 마치 부정적 생각(negative thinking)으로 간주하는 문화를 만들어 온 것이 아닐까? 그런 속에서 잘못된 것도 확신 없이 원래 그런 것으로 받아들이게 된 것은 아닐까? 아이의 이름을 돌림자로 쓰는 것은 당연하다 생각했다. 문제는 바로 아래 항렬을 돌림자가 '순'자라는 것이었다. 어느 글자를 붙여도 남자아이에게 잘 맞지 않았지만 그 돌림자를 따랐다. 지나고 생각하니 꼭 그래야 했을까 하는 의문이 든다. 그러나 그때는 원래 그런 것이라고 생각했다. 머릿속에 '원래 그래'가 자리 잡으면 비정상도 정상이 된다. 구악이 전통이 되고, 적폐가 상식이 된다. '원래 그래!'라고 말하지 말고 '원래 그런가?'하고 의심해야 한다.

• 신문을 읽는 습관을 가지기

신문은 지금 무슨 일이 벌어지고 있고 그것이 어떤 의미가 있는지를 생각하게 만든다. 따라서 세상을 바라보는 창이 된다. 신문사의 편집자의 관점은 '지금 무엇이 중요한가?'라는 질문이라 할 수 있다. 반면에 인터넷의 뉴스 사이트의 편집자는 '지금 무엇이 Hot한가?'라는 질문을 던진다. 결과적으로 인터넷으로 뉴스를 보면 지금 사람들이 클릭을 많이 하는 것을 보게 된다. 클릭을 많이 한다는 것은 재미있다는 것에 가깝지 중요하다는 것에 가깝지 않다. 이러한 이유로 인터넷으로 뉴스를 보는 것은 신문으로 보는 것만 못하다. 적어도 세상의 변화를 제대로 읽으려면 종이 신문을 보아야 한다. 세상의 변화를 읽는데 가장 중요한 페이지는 오피니언 페이지다. 지금 벌어지고 있는 중요한 일에 대해 통찰을 가진 사람들의 시각이 담겨있다. 인터넷에서는 결코 핫할 수 없는 것들이다. 시각이 다른 관점의 두 신문을 병행하여 읽으면 더 효과적이다.

3감(感) 고객요구에 대한 파악

1) Why? 왜 중요한가?

= 그렇지 않으면 시장에서 뒤처진다.

2006년 웹스터 사전은 구글을 자동사로 분류, 정의하여 등재했다. 뜻은 '구글 검색엔진을 이용해 원하는 정보를 얻는 것'이다. 대문자(Google)가 아닌 소문자 'google'로 표기된다. 일반 동사로 정의되는 대접을 받게 된 것이다. '문서를 복사하다'의 제록스(xerox)외에는 소문자로 쓰는 경우는 없다. 회사의 이름이나 브랜드가 사전에 등재된다는 것은 그것이 얼마나 고객과 가까운지를 말해주는 것이 아닐까?

구글의 성공이 드러나기 이전에 나는 이 기업의 미래는 '없다'고 생각했다. 당시 인터넷 서비스를 하는 기업의 간부였다. 얼치기 인터넷 전문가였던 셈이다. '검색 결과가 참 탁월하다'는 주변의 얘기를 듣고 서비스 초기부터 관심을 가지고 둘러보았다. 당시 익숙해져 있던 야후나 네이버 같은 검색 포털에 비해 너무도 소박한 서비스였다. 첫 의문은 '돈은 어디서 벌지?'였다. 검색의 결과가 아무리 뛰어나도 수익모델이 없이 버틸 수 있을까?

특히 마음에 걸리는 것은 광고를 광고라고 밝히는 것이었다. 당시 인터넷 서비스 기업은 닷컴 열풍에 겉은 화려했지만 실적은 형편없었다. 당연히 키워드는 '비즈니스 모델'이었고 그나마 온라인 광고에 수입을 의존하고 있었다. '광고주의 요구를 더 중시할 것인가? 사용자의 요구를 더 중시할 것인가?'의 문제로 내부에서도 의견이 분분했다. 수익을 책임져야 하는 입장이었던 나는 당연 광고를 중시해야 한다는 방향으로 소비자를 설득해야 하는 입장이었다.

광고주는 자신의 광고가 광고가 아닌 정보처럼 포장되어 클릭을 유발해 주기를 기대한다. 그런데 구글은 반대였다. 검색서비스를 위해서는 엄청난 비용이 따른다. 그 광고를 광고라 표시하여 잘 안 보이는 구석에 배치하는 정책은 주된 수익모델인 키워드 광고의 수익을 줄이는 결과가 될 것이라 믿었다. 따라서 오래 버틸 수 없는 서비스라 판단했다. 적어도 사업적으로는 그렇다 확신하였다. 하지만 검색을 할 때는 구글의 사용자가 되었다. 중심 이메일 계정도 구글로 바뀌었다.

나의 예상이 완전히 잘못된 생각임을 깨닫기까지 시간은 오래 걸리지 않았다. 그들은 승승장구했고 서비스를 시작한 지 10년도 되지 않은 2006년에 사전에 등장하는 회사가 되었다. 또 그들이 사업의 초창기에 제시한 10가지 믿음이 사용자들의 믿음이 되었다.

구글 10계명

1. 사용자에게 초점을 맞추면 나머지는 저절로 따라옵니다.
2. 한 분야에서 최고가 되는 것이 최선의 방법입니다.
3. 느린 것보다 빠른 것이 낫습니다.
4. 인터넷은 민주주의가 통하는 세상입니다.
5. 책상 앞에서만 검색이 가능한 것은 아닙니다.
6. 부정한 방법을 쓰지 않고도 돈을 벌 수 있습니다.
7. 세상에는 무한한 정보가 존재합니다.
8. 정보의 필요성에는 국경이 없습니다.
9. 정장을 입지 않아도 업무를 훌륭히 수행할 수 있습니다.
10. 최고라는 것에 만족할 수 없습니다.

제일 앞에 제시한 '사용자에게 초점을 맞추면 나머지는 저절로 따라옵니다.'에 대해 그들이 홈페이지에 제시한 내용은 다음과 같은 것이다.

처음부터 Google은 최고의 사용자 환경을 제공하는 데 초점을 맞췄습니다. Google은 새로운 인터넷 브라우저를 개발하든 홈페이지의 디자인을 새롭게 변경하든 언제나 내부의 목표나 수익보다는 사용자에게 최상의 서비스를 제공하는 것을 우선 고려합니다. Google 홈페이지의 인터페이스는 간단하고 명료하며 페이지가 즉시 표시됩니다. 검색 결과 게재 위치는 누구에게도 판매하지 않으며, 광고는 검색 결과와 확실히 구분하는 동시에 관련성 있는 콘텐츠를 제공하고 산만하지 않습니다. 또한 Google은 새로운 도구와 애플리케이션을 개발할 때 사용자가 부족함을 느끼지 않도록 완벽을 기합니다.

결국 그들의 1계명은 시장에서 증명되었다. 돌이켜 보면 부끄러운 얘기다. 경품이 빵빵한 이벤트일수록 추첨은 공정하지 않았다. 이용자 입장에서 불리한 약관은 잘 보이지 않게 만들어 사용자 정보를 원하는 텔레마케팅 회사에 돈을 받고 팔기도 하였다. 그러한 일들이 업계의 관행이 되었고 문제의식도 없었다. 결과적으로 고객으로부터 영향력이 줄거나 잊혀지는 서비스가 되어버렸다.

2) 무엇이 고객 요구에 대한 파악을 어렵게 하는가

• 분석의 한계

자동차의 왕 헨리 포드는 고객에 대해 이런 말을 남겼다. "고객에게 무엇을 원하느냐고 물으면 고객은 '더 빠른 말'이라고 대답할 것이다. 사람들은 직접 보여주기 전까지는 자신이 무엇을 원하는지 모른다.” '더 빠른 말'과 '자동차'는 전혀 다른 단어이다. 고객에 대한 분석으로 '자동차'라는 요구를 읽어내는 것은 어렵다. 고객 요구조사라는 도구로 고객의 요구를 드러나게 할 것 같지만 고객의 진정한 요구는 분석으로 드러나게 하는 데 한계가 있다. 헨리 포드의 말처럼 분석보다는 통찰이 필요하다. 통찰은 어려운 영역이다.

• 안으로 굽는 팔, 내부 이익이 우선

많은 기업이 고객 최우선이라는 구호를 내세우지만 고객은 밖에 있고 자신은 안에 있다. 팔은 안으로 굽는 법이다. 나의 닷컴 시절을 돌아보면 수익과 고객의 가치가 충돌할 때 언제나 수익이 우선이라 생각했다. 고객이 무엇을 원하는가에 대한 성찰은 없었다. 오직 무엇으로 돈을 벌까만 집중했다. 알려지면 천문학적인 배상이 따르는 일을 내부에서 알고 있다면 이를 공개하겠는가? 따라서 고객 우선은 구호에 그치는 경우가 많다. 회사를 지배하는 가치는 구호가 아니라 누가 보상받고, 승진하고, 해고되는지로 나타나는 것이다. 팔이 안으로 굽어서는 안된다고 말하는 사람들이 보상받고 승진하는 것을 보지 못했다.

• 요구의 다양함

고객의 요구는 변덕스럽다. 변덕스럽기도 하거니와 어떤 경우에는 상반된 목소리도 들린다. 영어 학원에 보내는 어떤 학부모는 '숙제가 너무 많다'고 말하고 다른 어머님는 '숙제 좀 더 내주라'고 말한다. 이 경우 어느 한쪽의 요구를 맞추려는 시도는 다른 쪽의 요구를 하는 고객의 불만을 키우는 결과로 이어지는 경우가 허다하다.

3) 효과적으로 고객의 요구를 파악하려면…

• 현장에 서서 직접 보고, 듣고 확인하라

'팩트 체크'라는 단어가 일반화되고 있다. 이것이 중요해진 이유는 가짜 정보의 폐해가 크다는 반증이고 사실 확인의 중요성이 있다는 뜻일 것이다. 바른 인식을 위해서는 사실 확인이 중요하다. 단단한 사실 정보의 바탕 위에서 바른 인식이 생겨나는 것은 당연하다. 현장에 서 있어 보아야 한다. 보는 것이 믿는 것이다라고 하지 않는가? 많은 사람들이 반대로 현장에서 멀어진 사람들이 믿는 것을 본다. 가공된 2차 정보보다는 현장의 목소리를 직접 들어라. 1차 정보를 중시해야 한다.

• 고객의 가치에 진정성을 갖기

일본에는 5대 상인이 있다. 사람을 중시한 오사카 상인, 혁신을 가르친 교토 상인, 신용의 나고야 상인, 품질의 긴자 상인 그리고 한 푼의 이익을 위해 천리를 간다는 오미상인이다. 그중에 최고의 상인은 마지막의 오미상인이라고 한다.

　이들은 어깨에 봉을 매고 전국을 누비며 물건을 파는 장사꾼들이다. NHK는 그들이 어떻게 자식들에게 상인 정신을 가르쳤는지를 방송했다. '천칭의 시(詩)'라는 제목이다. 주인공은 초등학교를 졸업하는 날 아버지로부터 상인이 되기 위한 숙제를 부여받는다. 솥뚜껑을 팔라는 것이다. 아버지가 내준 임무를 완성하기까지 고생과 절망으로 가득한 6개월이라는 시간이 걸린다. 수 없는 시도와 배움의 6개월 후 깨닫는 것은 '사는 사람도 남아야 물건이 팔린다'는 것이다. 파는 사람은 팔아서 남고, 사는 사람은 사서 남고, 그것이 장사라는 가르침을 배운다. 고객의 입장에서 남는다는 것은 획득한 가치가 지불한 돈보다 더 크다는 것이다. 또 파는 사람이 남는다는 것은 판 가격이 원가보다는 커야 가능해진다. 기업의 생존의 부등식과 같은 개념이다.

기업 생존의 부등식 = Cost(원가) ⟨ Price(가격) ⟨ Value(가치)

과거보다 훨씬 진정성(authenticity)이 부각되고 있다. 우리는 지금 초연결 사회를 살고 있다. 과거와 달리 꼼수와 속임수는 금방 드러나고 급속도로 퍼진다. 진정성도 미인처럼 정의하기는 어렵지만, 보면 바로 알 수 있다. 진정성이 없음이 확인되는 순간 조심스럽게 쌓아 놓은 모든 것들을 송두리째 무너트린다. 고객에 대한 진정성은 모든 일의 기본이 되는 요구가 되었다.

• 실제로 중시하는 가치 내걸기

중시하는 가치를 분명히 하는 것의 중요성은 비교적 최신의 현상이다. 기업에서 이루어지는 교육의 내용을 삼분한다면 리더십, 업무 스킬 그리고 핵심가치이다. 이 중에서 과거에 비해 비중이 늘어난 하나는 핵심가치와 관련한 교육임을 보면 알 수 있다. 이전의 기업이라고 회사의 철학, 믿음 또는 원칙이 없었던 것은 아니다. 사업보국, 인재제일, 합리추구, 패기, 도전적 실행, 열성 등 회사가 추구하는 가치는 분명하게 가지고 있었다. 하지만 왜 그것이 중요한지 그리고 어떻게 행동하는 것이 그런 모습인지에 대한 판단은 분분했다. 따라서 이를 좀더 명확하게 규정하고, 전파하고, 공유하고, 실천하고, 내재화하는 것의 중요성이 부각된 것은 90년대 이후라 할 수 있다.

가치는 우리는 무엇을 믿는가이다. 또 무엇을 중시하는가이다. 또 어떤 원칙을 가지고 있는가이다. 가치를 분명히 하지 않는 것은 곧 아무런 믿음과 판단의 기준과 원칙 없이 운영한다는 것이 된다. 구호가 아닌 실제로 작동하고 있는 믿음, 가치, 원칙을 밝혀야 한다. 이는 고객의 입장에서도 매우 중요하기 때문이다.

———— 4감(感) 나 자신에 파악 ————

1) 왜 중요한가?

= 맞지 않는 방법을 찾게 된다

"나는 지도를 보면서 하룻밤을 꼬박 새웠다. 하지만 다 소용없는 일이다. 내가 어디에 있는지 알 수 없으므로." 생텍쥐페리의 사막의 죄수에 있는 구절이다. 보이 스카우트나 군대 시절 독도법 시간으로 돌아가 보자. 도착해야 하는 목적지가 표시된 지도 한 장과 나침반만으로 목적지까지 걸어갔던 경험이 있는 사람이라면 알 것이다. 지도 읽는 법의 시작은 지금 내 위치가 지도상에서 어디인지 아는 것이다. 그것이 되지 않으면 아무리 정확한 지도도 무용지물이 된다.

　가야 할 곳을 아는 것과 자신의 위치를 바르게 인식하는 것은 길을 떠나는 데 없어서는 안되는 필수 요소다. 그런데 자기 자신을 바로 본다는 것도 사실 도전적인 일이다. 유명한 노자의 도덕경 33장은 이것의 어려움을 이렇게 표현하고 있다.

　知人者智 自知者明

　(남을 아는 이는 지혜롭고 자신을 아는 이는 현명하다.)

　勝人者有力, 自勝者強

　(남을 이기는 이는 힘이 있고, 자신을 이기는 이는 강하다.)

　-노자, '도덕경' 33장

남을 아는 것보다 자신을 아는 것이 더 어렵다는 가르침이다.

2) 무엇이 나 자신에 대한 파악을 어렵게 하나?

• 인간의 자기 중심성

내로남불은 이제 일반명사가 되었다. '내가 하면 로맨스 남이 하면 불륜'이라고 풀어쓰지 않아도 이제는 무슨 뜻인지 이해한다. 자신에 대해 관대하고 타인에 엄격한 잣대에 더 익숙해 있다. '나는 법을 잘 지키는 편이다'라는 질문과 '사람들은 법을 잘 지키는 편이다'의 두 질문의 답이 어떨지를 생각해보라. 내게는 엄격하고 남에게는 관대하라는 수기치인(修己治人)의 선비정신이 사라졌다. 내로남불은 자신의 모습을 실제보다 과장시킨다.

• 갑을 구조의 사회

자신에 대한 오만은 대부분 갑을의 구조에서 갑에게 싹튼다. 엄밀하게 말하면 교수의 고객은 학생이지만 평가 권한을 쥐고 있는 교수는 학교에서 압도적인 갑이다. 고객보다 우월적 지위에 있는 것이다. 이 구조에서는 을의 위치에 있는 학생들은 교수의 지도 방식에 대해 속마음을 그대로 말하지 않는다. 때로 반대로 말한다. 속마음은 익명으로 평가되는 김박사넷(PhD.Kim)에 있다.

면접을 보러 온 취업 준비생에게 말하는 우리 회사와 익명으로 게시되는 글에서의 표현은 전혀 다른 것이다. 갑을사회의 구조 속에서 을의 마음은 대부분 숨겨진다. 따라서 우월적 지위에 도달할수록 자기 자신을 냉정하게 돌아보기 어려워진다.

• 나쁠수록 감추고 싶은 유혹

좋은 성적표는 자랑하고 싶지만 나쁜 성적표일수록 부모에게 보이고 싶어 하지 않는다. 조직에서도 마찬가지다. 조직도 위로 올라가는 보고일수록 편집되고 포장된다. 이렇게 감춰진 이면으로 인해 자신의 진짜 모습과 성적은 조작되게 된다.

3) 효과적으로 나 자신 바라보려면

• 피드백 주기가 아닌 받기의 고수가 되기

정관정요라는 중국 드라마 전편을 몰아보기로 본 적이 있다. 당 태종 이세민의 일대기를 다룬 내용이다. 그는 신하의 직언을 기꺼이 들어 자기 자신을 매일 자각한 영명한 군주였다는 것이 주된 내용이다. 그 중심에 간의대부(諫議大夫) 위징(魏徵, 580년~643년)이라는 인물이 있다. 그날 자신의 모습은 어떠했는지 무엇이 잘못되었다고 생각하는지를 독대로 청해 듣는 장면이 자주 나온다. 자신에 대한 피드백을 받는 것이다. 그리고 위징은 늘 가리지 않고 있는 그대로 말한다. 매우 인상적인 장면이었다. 위징이 죽었을 때 당 태종은 "사람은 구리로 거울을 만들어서 의관을 바로잡고, 옛 것을 거울로 삼아서 역대의 흥망성쇠를 알 수 있으며, 사람을 거울로 삼아서 자신의 득실을 알 수 있다. 위징이 죽음으로써 짐은 거울 하나를 잃고 말 았다."라고 말했다고 한다.

'사람을 거울삼아서 자신을 안다'라는 표현을 좋아한다. 내 모습 은 거울이 보여주지만 나 자신을 알게 하는 것은 사람들의 피드백 이다. 자신의 피드백에 닫힌 사람은 자신의 세계에 빠져 버린다.

피드백과 잔소리는 그야말로 종이 한 장 차이다. 내가 하면 피드 백이고 남이 하면 잔소리라고 할까. 피드백인지 잔소리인지 둘을 가르는 것은 청한 것인지이다. 청한 잔소리는 피드백이 되고 청하 지 않은 피드백은 잔소리가 된다. 청한다는 것은 받을 마음이 열려 있다는 뜻이다. 배우겠다는 뜻이고 고치겠다는 본심이고 듣겠다는 자세이다. 자기 자신을 바로 인식하려면 남에 대한 평가가 아니라 자신에 대한 피드백에 열려 있어야 한다. 남이 하는 피드백 속에 진 정한 자신의 모습이 들어있다.

• 디테일한 강점과 약점, 목록 만들기

자신이 잘 할 수 있는 것과 잘 할 수 없는 것, 강점과 약점의 목록을 정리한다는 것은 간단하지 않다. 시간을 가지고 하나 둘 추가하고 수정하는 과정을 통해 만들어지는 것이 효과적이다. 강점과 약점을 동시에 정리하는 이유는 때로 강점을 비틀면 약점이 되기도 하고, 약점을 비틀면 강점이 될 수도 있기 때문이다. 또 무엇을 잘 할 수 있는지 아는 것도 중요하지만 무엇을 잘 할 수 없는지를 아는 것도 나름대로 중요하기 때문이다.

자신이 잘 할 수 있는 것과 잘 할 수 없는 것을 정리하는 몇 가지 방법을 소개해 본다.

A. **인생그래프**: 정점과 저점에 무엇이 있었는지 돌아본다

B. **피드백**: 자주 듣는 칭찬과 잔소리 속에서 찾는다

C. **몰입의 경험**: 어떤 조건에서 몰입하는 지를 돌아본다

D. **분석의 도구**: 강점진단의 도구를 활용한다

E. **닮은꼴 분석**: 가장 닮은 사람의 모습을 평가해 본다

자신의 강약점을 파악하는 과정과 조직의 강약점을 파악하는 것은 같은 과정이다.

• 자만도 자기 비하도 하지 않을 수준으로 위치를 파악하기

"모든 사업은 시장 점유율이 10%가 넘지 않도록 시장을 재정의 하라."는 잭 웰치의 제안은 탁월한 통찰이다. 범위(시장)를 좁히면 누구나 일등으로 만들 수 있다. 전제조건을 한 개 두 개씩 추가하면 된다. 프로야구에서 그 해의 홈런왕은 한 명이지만 전제를 달면 여럿이다. 40대 홈런왕, 내야수 홈런왕, 2루수 홈런왕, 신인 중 홈런왕 등 좁히면 왕이 된다.

시장도 좁혀서 해석하면 누구나 1등을 만들 수 있다. 그리고 자신

이 이 분야의 1등이라 생각하면 자만에 빠지게 된다. 반대로 시장을 넓히면 존재감은 줄어든다. 반에서 1등도 전교에서는 10등이 되고 전국으로는 10,000등이 될 수도 있다. 너무 넓히면 자신을 미약한 존재로 만든다.

10% 전후로 시장을 재정의 하라는 잭 웰치의 조언은 자만도 또 셀프 디스도 하지 않을 적절한 선을 제시한 것이다. 우리는 전 세계의 전기 터빈의 70%를 공급한다는 자만은 업을 정체시킨다. 마찬가지로 우리는 전 세계 동력 엔진 시장의 1%도 안된다는 자신을 너무 위축하게 만드는 것이 아닐까? 콜라를 매년 10억병을 판다는 자만에 빠진 코카콜라의 직원에게 음료 시장에서 470억 병을 놓쳤다는 생각을 심어주니 영업의 프레임이 바뀌었다는 사례도 마찬가지다.

자신을 필요 이상으로 포장하는 것도 제대로 자신을 보지 못하는 것이지만 반대로 깎아내리는 것도 마찬가지다. 정의를 새롭게 하여 스스로의 위치를 자만도 자기 비하도 하지 않을 수준으로 파악해보자.

5감(感) 문제에 대한 통찰

1) 왜 중요한가?

= (그렇지 않으면) 방법이 아닌 핑계를 찾는다

환자의 입장에서 병은 없어야 되는 대상이지만 의사의 입장에서 병은 존재의 이유가 된다. 문제도 마찬가지다. 사업이 존재하는 이유는 문제가 있기 때문이다. 문제는 모든 사업의 심장이고 일의 기본이다. 그 속에 사업의 기회도 지속의 위협도 있다. 썬 마이크로시스템의 창업자 비노드 코슈라(Vinod Khosla)가 남긴 유명한 말이다.

"No problem, No solution, No company. 문제가 없으면 솔루션도 없고 사업도 없다. 누구도 문제가 아닌 것을 해결해 달라고 돈을 주지 않는다." 보통의 사람들은 문제를 회피하려하지만 일의 명수들은 문제에 도전하고 해결을 통해 기회와 보람을 찾는다.

직원들을 교육하는 현장인 연수원에는 저마다 색깔이 있다. 강조하는 메시지도 다르다. 창업자가 남긴 말을 적은 곳도 있고 연수원의 목적을 적은 곳도 있다. 필자가 본 연수원 경구(警句) 중 가장 파격적인 곳은 청호인재개발원 이었다. 입구에는 '닥치는 대로 살아라'라는 여덟 글자가 돌에 새겨져 있다. 알아보니 속 뜻은 '닥친 문제 해결에 힘쓰라'는 창업자 어머님의 가르침이라고 한다. 또 SK 아카디아 식당 입구에는 SK의 정신인 패기에 대한 설명이 돌에 새겨져 있다. "패기, 미래는 도전하는 사람의 것입니다. 어려운 문제 앞에서 좌절하거나 체념해서는 안 됩니다. 확신을 가지고 다시 도전한다면 틀림없이 성취될 것입니다, 인생은 바로 이러한 도전과 응전의 반복입니다. 우리 앞에는 크고 작은 많은 문제들이 있습니다. 수많은 어려움 앞에서 때로는 좌절하기도 하고 고뇌하기도 합니다. 그러나 우리에게는 미래에 대한 신념과 함께 문제를 해결하고자 하는 힘이 있습니다, 이 힘이 바로 패기입니다."

문제를 문제로 보면 골칫거리로 보인다. 그러나 문제를 문제로 보지 않고 기회로 삼아야 한다. 의사가 병을 바라보는 관점이 환자와 같아서는 안된다.

2) 무엇이 차이에 대한 파악을 어렵게 하는가

• 자신이 관여된 문제에 대한 인정의 어려움

문제가 있음을 인정하는 것은 문제 해결의 출발이다. 27년간 맨체스터 유나이티드 FC의 감독을 은퇴한 알렉스 퍼거슨 경(Alexander Ferguson)은 하버드대학의 리더십 강의에서 다음과 같은 인상적인 말을 남겼다. "감독들 대부분 '내가 뛰면 너보다 잘하겠다' 생각한다. 선수들 역시 '내가 감독이면 너보다 잘하겠다'고 생각한다."

이 말은 남의 문제는 잘 보지만 정작 자신의 문제에 대해 둔감한 우리를 일깨우게 한다. 자신의 문제가 아닐지라도 자신이 관여된 부서, 일, 조직의 문제를 문제라 인정하기는 쉽지 않다.

• 지향하는 눈높이의 차이

차이란 기준과 현상의 격차다. 현상은 비교적 명확하지만 기준은 늘 다른 수준을 바라보고 있다. 엄마의 기준이 '엄마 친구 중 가장 잘 나가는 아들'을 향하고 있는데 아들의 기준은 '나보다 훨씬 뒤에 있다고 생각하는 친구'에 있다고 생각해보자. 차이에 대한 인식은 전혀 다르게 된다. '바람직한 상태'와 '목표의 수준'에 대한 눈높이가 저마다 다르다. 비교의 기준이 무엇인가에 따라 차이는 달라진다.

• 정성적 요인의 측정의 어려움

정성적 요인의 측정은 어렵다. 삼성전자와 LG전자의 매출액을 비교하여 나타낼 수는 있지만 어느 기업의 조직문화가 더 좋은지는 비교하여 차이를 나타내기 어렵다. 물론 직원의 만족도 조사나 기업의 조직문화 설문 진단 등으로 비교를 할 수 있지만 그것으로 전부를 판단할 수 없다. 때로 정량적인 것보다 정성적인 것이 더 중요할 때 이러한 차이는 측정의 문제로 차이를 드러내기 어렵다.

3) 효과적으로 차이를 바르게 파악하려면
• 차이를 숫자로 파악하기

모든 문제에는 차이가 있다. 무엇이 바람직하고 실제의 모습은 어떠한지 묘사하여 글로 기술할 수는 있다. 하지만 차이를 글로 묘사하는 것보다는 숫자로 나타내는 것이 더 명쾌하다. 두 개의 수박을 먹어보고 그 차이를 글로 표현하는 것은 어렵지만 당도측정기에 나타난 값을 표시하는 것은 쉽고 또 둘 간의 차이를 더 분명하게 표시한다. 차이의 정량화란 곧 차이를 숫자로 표시하는 것이다. '중국과 한국의 기술 격차는 크지 않다'라는 표현은 모호하지만 '두 나라의 기술격차가 몇 년'이라고 차이를 말하면 분명해진다. 태풍의 피해도 금액으로 환산하여 말하고 골프선수의 세계 랭킹도 점수로 환산하여 집계하고 발표한다. 이와 같이 차이의 정량화는 지금 있는 위치와 가야 하는 곳까지의 거리가 얼마나 먼지 가늠하게 해준다.

과학적 관리의 아버지라 불리는 테일러(Frederick Taylor 1856-1915)가 말하는 과학적 관리의 핵심은 측정에 있었다. 또 측정의 핵심은 정도를 숫자로 표시하는 데 있다. 문제의 개선 목표를 숫자로 말하지 않으면 어느 정도를 개선의 목표로 생각하는지 알기 어렵다. 또 얼마나 개선되었는지 확인할 방법도 관리할 방법도 없다. 측정할 수 없으면 관리할 수 없다. 맞는 말이다. 하지만 관건은 무엇을 어떻게 측정할 것인가이다. 같은 사안에 대한 반대의 신념을 가진 정치 관련 토론을 보면 서로 다른 출처의 숫자를 제시하는 것을 자주 보게 된다. 분명히 근거가 있는 숫자인데 사실 그 숫자가 말하는 의미는 상반되는 경우이다. 숫자는 하나가 아니다. 문제를 감추는데 유리한 숫자를 얼마든지 찾을 수 있고 또 반대로 문제의 심각성을 부각하는 숫자도 만들 수 있다. 차이는 숫자로 파악해야 하지만 어떤 숫자로 말해야 하는지는 신중해야 한다. 측정할 수 없으면 관리할 수 없지만, 엉뚱한 측정은 우리가 어디에 있는지를 알 수 없게 만들어 버린다.

• 바람직한 모습을 명확히 하기

어느 회사에서 대졸 공채 사원의 입사 1년 후 정착률을 조사해 보니 70%에 불과하다는 결과가 나왔다고 해보자. 100명이 입사하여 1년 안에 30명이 퇴직을 하는 구조는 문제인가? 이것이 문제인가에 대한 논란의 소지가 있겠지만 현상은 사실(Facts)이 존재하기에 분명하다. 하지만 바람직한 모습은 사뭇 다르다. 신입사원의 정착의 바람직한 모습은 무엇인가? '정착률이 높을수록 좋다'라고 해보자.

이론의 여지가 없는가? 이탈이 없다는 것은 회사가 추구하는 가치와 전혀 맞지 않는 사람도 남아 있다는 뜻이거나 안주하기 좋은 회사라는 뜻이 아닐까의 관점에서 본다면 높을수록 좋다고 말할 수 있을까? 그럼 바람직한 모습을 '이탈률 10%'로 하면 어떨까? 10%가 적정 비율이라는 근거는 무엇인가? 선진 회사의 비율이 그렇기 때문인가? 아니면 인사 전문집단의 연구 결과인가? 회사에 꼭 남았으면 하고 판단되는 상위 10%가 모두 이탈했다면 이를 바람직하다고 할 수 있는가? 얼마든지 뽑을 수 있는 부문은 이탈이 없고 쉽게 뽑기 어려운 부분의 인력은 이탈을 했다면? 이와 같이 바람직한 모습에 대한 설정은 지금의 모습에 대한 다양하고 복잡한 관점이 존재한다. 따라서 문제를 정의할 때 현상에 대한 파악보다 바람직한 모습에 대한 설정이 더 중요하다고 할 수 있다.

• 초일류 수준을 파악하여 비교하기

초일류(超一流, super excellence)의 수준이란 그 분야 최고의 수준이다. 모든 것을 최대로 끌어낼 때 도달가능한 경지다. 이 경지에 이른다는 것은 결코 쉽지 않기에 처음부터 이 수준을 목표로 정하지는 않는다. 대부분 그 사이값을 정하게 마련이다. 이 경우 목표와 현수준의 차이는 분명하게 나타나지만 그 목표의 수준이 궁극적인 목표인 초인류 수준과는 얼마나 차이가 나는지는 잘 드러나지 않게 된다. 이 수준을 파악하여 동시에 표시하면 한 눈에 지금 나의 수준이 목표의 어디 쯤이고 동시에 초일류 수준과 격차는 어느 정도인지 한 눈에 파악 할 수 있다.

6감(感) 우선순위

1) 왜 중요한가

= 하찮은 일에 소중한 자원을 허비하게 된다

일을 처리 할때 '먼저 할 일을 먼저 하라. (First things First)'는 주장을 반박하는 사람을 만나보지 못했다. Albert E.N. Gray가 제시한 성공한 사람들의 공통점이다. "성공한 사람들의 공통점을 발견하는 나의 연구는 순조롭지 않았다. 열심히 일하는 것, 운이 좋은 것, 좋은 인간관계 등에서 예외적인 성공한 사람들은 너무 많이 있었다. 그들의 공통적인 한 가지는 'First things first'이다."라고 말한다.

먼저 할 일을 먼저 한다는 것을 나무도 당연하고 또 쉬워 보인다. 하지만 늘 그렇게 일을 한다는 것은 어려운 일이다. 상황과 여건에 따라 우선순위는 끊임없이 변하고, 이를 알려 줄 자동화된 시스템이란 없다. 일하는 사람이라면 누구나 우선순위의 중요성에 대해 배우고 또 누군가에게 중요성을 강조한다. 하지만 그 방법은 다양하지 않다. 중요함을 한 축으로 하고 긴급함 다른 축으로 하는 메트릭스 정도가 대표격이다.

또 가장 많이 듣게 되는 스토리는 미국의 찰스 슈왑(Charles Schwab)이라는 CEO에게 아이비 리(Ivy Lee)라는 컨설턴트가 제안한 내용일 것이다. 그는 하루의 일을 다음의 6가지 루틴으로 반복하여 일하는 방식을 제시했다.

1. 다음 날 해야 할 중요한 일 6가지를 적는 것으로 하루 일을 마무리한다.
2. 가장 중요한 순으로 순위를 정한다.
3. 다음 날 첫 번째 할 일에 집중한다.
4. 첫 번째 일을 완수하면 다음 일로 넘어간다.
5. 이 방법을 매일 반복한다.
6. 직접 해보고 효과가 있으면 직원에게 권유한다.

이이비 리의 제안에서 가장 중시해야 할 점은 습관화이다. 습관은 계속하는 것이다. 아무리 작은 것도 계속하는 것은 힘을 증폭시킨다. 자신만의 방식을 찾게 만들고 그것을 몸에 배게 만들어 준다. 무언가를 시작하는 것도 어렵지만 지속하는 것은 그보다 더 어려운 법이다.

아이비 리의 방식을 조금 발전시킨 모델이 도요다 방식이다. 아사다 스구루가 '도요다에서 배운 한 장으로 요약하는 기술'이라는 책에서 소개해 본다.

- 오늘 할 일을 적는다. (4×4=16칸으로 나누어진 격자를 사용)
- '특히 중요한 것은 어느 것인가?'라는 질문에 해당되는 것에 동그라미를 친다. (최대 3개)
- '오늘 꼭 대응해야 하는 것은 무엇인가?'라는 질문에 해당되는 것에 세모로 표시한다.(최대 3개)
- '방치해 두면 곤란해지는 것은 어느 것인가?'라는 질문에 해당되는 것에 네모를 친다.
- 표시가 중복된 항목을 우선 처리한다. 없으면 세모 표시한 업무를 처리한다.

도요다 방식은 아이비 리가 제안한 방식에 어떻게 우선순위를 정해야 하는지 몇 가지 기준이 더해졌다. 중요한가? 오늘 해야 하는가? 방치하면 악화되는가? 라는 세 가지다. 이 질문을 통해 더 집중해야 하는 일이 무엇인지 드러나게 된다.

우선순위는 자원은 제한되어 있고 그 자원을 사용해야 하는 곳은 많은 상황에서 중요해진다. 자원은 넘치고 쓸 곳은 많지 않다면 우선순위는 중요하지 않다. 필요로 하는 모든 것을 다 지원하면 된다. 하지만 현장은 늘 자원이 부족한 구조다.

시간은 부족한데 할 일은 많고, 예산은 제한되어 있는데 달라는 곳은 많고, 사람은 없는데 일은 넘치는 여건에서 일하고 있다. 이러한 구조 속에서 효과적으로 우선순위를 정하고 이에 입각하여 먼저 할 일을 먼저 하는 것이 현명하다는 것은 당연하다. 더 중요한 일에 가장 중요한 시간이라는 자원을 집중하게 해야 한다. 그렇지 않으면 하찮은 일에 시간, 돈, 장비 등 자원이 허비되게 된다. 무엇을 더 중요한 일이라고 파악하는가에 따라 결과가 달라지는 것은 당연하다.

일은 빠짐없이 하는 것이 아니라 중점적으로 하는 데서 효율이 온다. 할 일은 넘치고 자원은 부족한 구조에서 이는 필연이다. 빠짐없이 일을 하려고 하면 자꾸 자원을 늘이게 된다. 일이 늘면 사람이 늘고 조직이 비대해진다. 또 커진 규모의 조직은 규모에 맞는 새로운 일을 찾아내고 만들어 간다. 결과적으로 사소한 일에 자원이 허비되게 된다.

2) 무엇이 우선순위의 파악을 어렵게 하는가
• 마음의 불편함 수준에서 머무름

일은 '마음을 불편하게 만드는 것들'에서 출발한다. 영어로는 Concern, 우리말로는 적당한 표현을 찾지 못했다. 사무인(思務人)

의 마음을 불편하게 만드는 것들이 무엇인지 생각해 보자.

- 무언가 잘못되고 있는 일

- 문제라고 생각되는 일

- 급격한 환경 또는 상황의 변화

- 조치 또는 대응이 필요한 일

- 결정해야 하는 일

- 답을 찾아야 하나 답이 안 보이는 일

- 위협이 되고 있는 일

- 예방할 필요가 있다고 느끼는 일

- 지금 안 하면 나쁜 결과가 예상되는 일

- 기회를 놓치고 있다 생각되는 일

- 벌어 져서는 안되는 일이 벌어진 상황

- 당초계획 또는 목표에 현격한 미달

- 고객의 불만, 요구, 이탈

이러한 것들은 앞에서 다룬 파악해야 하는 다섯 가지와 서로 복잡하게 연결되어 있다. 역할과 책임, 환경의 변화, 나 자신, 고객의 요구, 차이 즉 문제라는 다섯 가지 관점의 파악이 일의 원천인 셈이다. 이에 대한 파악은 시한폭탄처럼 터지기 전에 무언가를 하라고 재촉한다.

〈앞에서 다룬 다섯 가지의 파악, 1감~5감〉

| 역할 본분 | 환경 변화 | 나 자신 약점 | 고객 요구 | 차이 문제 |

따라서 이 다섯 가지의 요구에 대한 파악이 제대로 이루어지면 우리는 마음의 불편함을 느끼게 된다. 그러나 이러한 마음의 불편함이 일의 우선순위를 정해주지는 않는다. 마음의 불편함이란 그저 마음의 불편함일 뿐이다. 그 자체로 일이 되지 않는다. 이 마음의 불편함을 일로 치환하는 과정을 거쳐야 해야 할 일이 드러난다. 어떤 일을 먼저 해야 하는 지를 생각하게 되는 것은 그 이후에 이루어진다. 그런데 일의 현장에서는 마음의 불편함과 해야 할 일을 구분 짓지 못하는 경우가 허다하다. 마음의 불편함 수준에서는 무언가를 해야 한다고 느낄 뿐 구체적으로 어떤 일인지 드러나지 않은 상태이므로 우선순위를 파악하기 어려워진다. 따라서 우선순위 결정의 장애요인으로 작용된다.

• 이해관계자의 복잡성

다음 연도의 정부 예산을 확정해야 하는 시기가 법으로 정해져 있다. 매년 12월 2일이다. 그럼에도 불구하고 매년 기한을 넘긴다. 이

유는 단순하다. 이해관계가 복잡하기 때문이다. 이해(利害)의 잣대
는 옳고 그름의 시비(是非)의 잣대보다 강력하다. 충돌 시 합의점을
찾기 훨씬 어렵다. 또 이해집단은 점차 다양해지고 또 점차 보이스
를 분명하게 내고 있다. 이해관계의 복잡성의 증가는 우선순위 선
정의 어려움을 더해준다.

예를 들어 생각해 보자. '사료값은 폭등 소 값이 폭락하자 어느 축
산농가에서 소를 굶겨 죽였다'는 지나간 뉴스를 상기해보자. 여기에
서 어떤 것이 더 중요한 문제인가? 당연하게 어떤 입장에서 보는가
에 따라 다르게 느껴질 것이다. 소를 키우는 농가의 입장에서는 '열
심히 일해도 빚을 지게 되는 현실'에 분노할 것이다. 그러나 여러분
이 동물 애호가라면 '동물 학대'라는 관점으로 바라볼 것이다.

일반 소비자의 입장에서는 '소 값은 폭락인데 소고기 값은 큰 차
이 없는 유통구조'에 주목할 것이다. 관련 부처에 화살을 돌리는 사
람도 있을 것이다. 이와 같은 사안을 바라보는 입장의 차이로 인해
시각차가 생긴다. 입장에 따라 달라지는 중요함과 시급함에 대한
온도의 차이가 생긴다. 결과적으로 복잡한 이해관계는 우선순위에
대한 합의를 어렵게 만든다.

• 우선순위 판단의 객관적 기준 마련의 어려움

노인인구 증가에 따른 대책 수립이 더 중요한지 저출산 문제 해결
이 더 우선인지 논쟁을 한다고 해보자. 그 우선순위를 판단하는 객

관적인 기준을 제시하기 쉽지 않다. 기준을 바꾸면 결과는 달라지게 마련이다. 먼저 할 일을 먼저 하는 것은 당연하다고 생각하지만 어떤 원칙과 기준으로 우선순위를 판단하는 가에 대한 의견은 분분하다. 이 장의 시작 부분에서 언급한 일의 중요성과 시급성 정도로 평가한다.

또 사람들마다 일을 처리하는 순서도 십인십색이다. 자신이 좋아하는 일을 먼저 하는 사람이 있는 반면 싫지만 해야만 하는 일을 먼저 하는 사람도 있다. 급하지 않으면 집중력이 생기지 않는 사람도 있고 항상 미리미리 예방하는 일에 더 시간을 쓰는 사람도 있다. 이러한 스타일의 차이 또한 객관적인 기준을 가지고 판단하기 어렵게 한다.

• 돌발 상황, 업무, 변수의 발생

상황은 시시각각 변한다. 상황이 바뀌면 기존에 하던 일의 우선순위는 자연스럽게 영향을 받는다. 새로운 상황은 이전에 고려되지 않았던 새로운 일을 수면 위로 등장시킨다. 또 사람들의 관심사는 늘 새롭게 떠오른 이슈에 집중된다. 이러한 이목의 집중이 때로는 새로운 일을 필요 이상의 중요한 일로 부각시킨다. 필연적으로 그동안 계획을 했던 중요한 일들의 추진에 차질을 빚는다. 중요했던 일이 돌발성 일로 인해 뒷전으로 밀리는 일은 자주 발생한다. 따라서 우선순위는 변하지 않는 상수라기보다는 변수로 보아야 한다. 우선순위라는 말 앞에는 늘 지금 시점에서라는 전제가 따르는 셈이다.

3) 효과적으로 우선순위를 파악하려면

• 빠짐없이 할 일을 구체화하기

일의 구체화란 앞서 설명한 마음의 불편함을 해야 할 일로 치환하는 과정이다. 마음을 불편하게 만드는 것들을 나누어 적절한 단위의 할 일로 바꾸어야 한다. 이 과정은 쉬워 보이지만 그리 간단하지는 않다. 실제로 해보면 쉽지 않음을 알 수 있다.

필자가 받은 교육 중 실제 일을 하는데 가장 깨달음을 주었던 교육은 '구멍가게'라는 아주 간단한 사례를 읽고 당신이 이 가게의 주인이라면 어떤 일을 먼저 할 것인지를 토의하게 하는 교육이었다. 사례에 주어진 상황은 매출은 점차 줄어들고, 근 거리에 곧 대형 마트가 오픈을 준비 중이며, 알바생이 돈에 손을 대는 것 같은 의심이 든다는 정도다. 처음에는 이런 상황에서 거의 비슷한 답이 나올 줄 알았다. 그러나 결론은 생각과 달랐다. 무엇을 해야 하는지 파악 자체가 달랐고 우선순위에 대한 판단도 제각각 다른 접근을 하고 있음을 알게 되었다. 예컨대 어느 팀은 '알바생을 당장 해고한다'라고 적는다면 다른 팀은 '알바생과 면담한다'라고 적었다. 둘은 전혀 차원이 다른 일인 것이다. 이와 같이 앞서 파악한 것들에서 오는 마음의 불편함을 구체적인 일로 파악해야 한다. 첫 단추를 잘 꿰어야 다음 단계가 순조롭기 마련이다.

이건희 회장의 '생각 좀 하며 세상을 보자' 수필집에는 일의 본질을 파악하는 습관에 대해 이런 대목이 있다. "환율이 올랐다는 것은 데이터에 불과하다. 환율이 오르는 데서 오는 득실은 무엇이고, 환차손을 줄이고 환차익을 극대화하기 위해서는 무엇을 어떻게 해야 하는지가 정보다. 데이터를 보고 읽는 관점에 따라 정보의 내용과 질이 달라진다."

환율이 올랐다는 것은 단순한 사실 정보의 파악에 해당된다. 그것으로는 마음의 불편함은 생기지만 이를 아는 것만으로 아무것도 이루어지지 않는다. 일의 파악이란 그래서 어떻게 해야 하는지가 핵심이다. 환율의 인상을 보고 환차손을 줄이는 방안을 궁리하여 제시하는 것으로 치환해야 일이 된다. 본 것을 할 일로 치환하는 과

〈본 것 ➜ 영향 ➜ 할 일의 치환〉

내가 본 것	우리에게 주는 영향	해야 할 일
52시간 법이 시행된다	• 일하는 시간을 줄이고 성과는 유지해야 한다. • 지금까지 관행으로 하던 일들이 위법으로 바뀐다	• 새로운 법의 기준으로 저촉되는 모든 것을 파악 • 동종업체의 대책을 조사 • 대응방안을 보고해야 함 • 노무사의 자문계약 체결
미세먼지 공포가 확산된다	• A제품의 수요가 늘 것이다 • 빨리 대응해야 기회를 얻는다	• 수요를 다시 예측 • 증산을 검토 • 미세먼지로 홍보 컨셉 바꾸기

정에 하나의 영향이라는 브릿지를 더하면 조금 더 쉽게 바꿀 수 있다.(그림 참조) 따라서 할 일로 치환하기 전에 그 영향이 무엇인지를 명확히 하면 할 일로의 파악이 한결 쉬워진다.

첫 단추로 설명한 상황의 파악은 앞에서 설명한 다섯 가지의 바른 인식과 관련이 있다. 즉 이러한 파악을 기반으로 할 일을 발견해야 한다. 할 일의 형태로 빠짐없이 열거하다 보면 수많은 일이 생겨난다. 하지만 일의 우선순위를 효과적으로 정하려면 할 일부터 빠짐없이 파악해야 한다. 어느 것을 먼저 할 것인지는 그 다음이다.

• 관리 가능한 단위로 나누기

"앞서가는 방법의 비밀은 시작하는 것이다. 시작하는 방법의 비밀은 복잡하고 큰 일을, 다룰 수 있는 작은 업무로 나누어, 그 먼저 할 일부터 시작하는 것이다.(The secret of getting ahead is getting started. The secret of getting started is breaking your complex overwhelming tasks into small manageable tasks, and then starting on the first one.)" 마크 트웨인이 남긴 말이다. 이 말속에 들어 있는 관리 가능한 단위로 나눈 다는 것은 매우 중요한 개념이다.

동양의 내력은 나누기보다는 종합하기에 가까워 일을 나누려 하기보다는 뭉뚱그려 표현하는 경우를 자주 보게 된다. 예를 들어 달랑 한 줄로 '52시간 대응 방안 수립'을 해야 할 일로 제시한다. 이 일은 다루기에 너무 크다. 마크 트웨인의 표현을 빌리자면 관리하

〈WBS, 일을 쪼개어 나누어 보기〉

기에 너무 큰 단위이다. 이것을 쪼개어 일을 나누어야 한다. 이를 위해 관련 세미나에 참석을 할 것인지, 노무사와 회의를 할 것인지 구체적으로 나누어야 한다. 아무리 큰일도 나누어 처리하면 된다.

이를 익히는 데는 WBS(Work Breakdown Structure)라는 기법을 활용하면 도움이 된다. 일을 작은 단위로 구조화해 나누는 것이다. '김장을 하는 일'을 예로 들어보자. 하나의 일처럼 보인다, 그러나 그 일을 나누어 보면 배추를 절이는 일 등 많은 작은 일들이 숨어 있다. 일을 작은 단위로 나누고 세분화하여 파악하면 전체의 일이 분명해진다.

• 해서는 안 되는 일에 대한 파악의 병행

하나의 이익을 더 하는 것은 하나의 해를 제거하는 것만 못하고

(與一利不若除一害 · 여일리불약제일해),

하나의 일을 만드는 것은 하나의 일을 없애는 것만 못하다

(生一事不若減一事 · 생일사불약멸일사).

칭기즈칸의 책사 야율초재(耶律楚材)가 한 말이라고 한다. 칭기즈칸의 뒤를 이은 오고타이가 "아버지가 이룩한 대제국을 개혁할 수 있는 좋은 방법이 있느냐?" 질문한 데에도 이 말을 했다고 전해진다.

이 말은 해야 할 일은 많을수록 좋은 것이 아니라는 것을 우리에게 일깨워 준다. 오히려 하지 말아야 할 것을 하지 않는 것이 더 현명한 것이다. 새로운 정부가 들어서면 서로 자신의 치적을 위한 새로운 일들을 벌인다. 이러한 일들은 다 시작하는 단계에서는 매우 중요한 일이라고 파악하였기에 시작되는 것이다. 그러나 그 시작만 요란할 뿐 지나고 보면 아무런 성과도 얻지 못한 채 폐기되는 운명을 맞는 것이 허다하다. 경험한 일 중 경기도가 추진했던 영어마을 사업이 그랬다. 손학규 지사는 이 사업을 적극 추진했고, 그 다음 주자인 김문수 경기도 지사는 지자체가 해서는 안 되는 일이라고 생각했다. 해서는 안 되는 일에 대한 명확한 파악은 일의 우선순위 파악에 다른 차원으로 영향을 준다.

사우스웨스트 항공이 자신들은 장거리 노선과 화물항공은 취급하지 않는다고 분명하게 선을 긋고 비즈니스를 하는 이유도 이와

같은 이유다. 중요한 일을 따지는 것은 결국 자원의 집중과 관련되어 있다. 넘쳐나는 일 중에 무엇이 더 중요한 일인지 가리는 것도 중요하지만 또 어떤 일을 해서는 안 되는지 명확히 하는 것도 중요하다. 조직의 위기는 해서는 안 되는 일이 해야만 하는 일로 둔갑하여 추진함으로써 발생하는 경우도 많다.

먼저 해야 할 일을 먼저 하기 위해서는 무슨 일을 해야 하는지 명확히 알아야 하고 또 동시에 어떤 일을 해서는 안 되는지 병행해서 파악해야 한다.

03

따져보는 힘, 비판적 사고력

思務力

싱가포르의 중학생 수학 문제가 신문에 소개된 적이 있다. 얼핏 보면 쉬운 문제 같지만 아무리 풀어봐도 쉽게 답에 이르지 못하는 문제이다. 소개하면 다음과 같다.

싱가포르 중학교 시험문제

정호와 신수는 현진의 생일을 알고 싶어 합니다. 현진은 정호와 신수에게 10개의 날짜 중 하루라고 말했습니다.
5월 15일, 5월 16일, 5월 19일, 6월 17일, 6월 18일, 7월 14일, 7월 16일, 8월 14일, 8월 15일, 8월 17일

그리고 현진은 정호한테는 달(月)만 알려주고, 신수한테는 날(日)만 알려줬습니다.

정호: 현진의 생일이 언제인지 모르겠어. 그런데 난 신수도 현진의 생일을 모른다는 사실은 알아.

신수: 처음엔 현진의 생일이 언제인지 몰랐어. 그런데 이제 알아.

정호 : 아, 나도 이제 현진의 생일이 언제인지 알았어.

현진의 생일은 언제 일까요?

이 문제는 수학(數學)보다는 비판적 사고력(Critical Thinking)을 측정하는 문제이다. 문제에 주어진 정보를 하나씩 따지다 보면 정답에 이르게 된다.

이 문제의 풀이 과정

이 문제를 풀려면 주어진 정보를 차근차근 따져보아야 한다

제시된 10개의 날짜를 다음과 같이 표로 나타내면 생각이 쉬워진다. 여기에 답이 될 수 없는 것은 하나씩 제거해 보자.

	14일	15일	16일	17일	18일	19일
5월	–	5월15일	5월16일	–	–	5월19일
6월	–	–	–	6월17일	6월18일	–
7월	7월14일	–	7월16일	–	–	–
8월	8월17일	8월15일	–	8월17일	–	–

두 사람의 대화내용 따져보기

1. (정호의 말) 현진이의 생일이 언제인지 모르겠어. 그런데 난 신수도 생일을 모른다는 사실은 알아.

   → 정호는 신수가 모른다고 확신하고 있다.

   '어떻게 모른다고 확신할 수 있을까?'를 따져 보자. 10개의 날짜 가운데 18일과 19일은 중복이 없다. 현진의 생일 날짜가 18일이나 19일이라면 신수는 곧바로 현진의 생일을 알아 챘을 것이다. 그런데 달만 알고 있는 정호는 신수도 모를 것이라고 확신하고 있다. 이는 자신이 알고 있는 달이 18일이나 19일 있는 5월이나 6월이 아닐 때만 가능하다. 따라서 5월과 6월은 답이 될 수 없다. 7월 아니면 8월로 압축된다.

2. (신수의 말) 처음엔 현진의 생일이 언제인지 몰랐어. 그런데 이제 알아.

   → 정호는 신수가 모른다는 것을 말하자 바로 답을 찾았다.

   따져보자. 어떻게 알게 됐을까? 남아 있는 7월과 8월의 5개의 날짜 가운데 14일만 중복되고 15, 16, 17일은 중복되지 않는다. 만약 신수가 알고 있는 생일이 14일이었다면, 신수는 확신할 수 없었을 것이다. 그런데 신수가 알았다고 했으니 14일은 답이 될 수 없다. 그러면 이제 3개의 날짜만 남는다. 이제 답은 7월16일과 8월15일, 8월17일 셋 중 하나다.

3. (정호의 말) 아 나도 이제 현진이의 생일이 언제 인지 알았어.

   → 신수가 답을 찾자 정호도 답을 확신하게 되었다.

   신수가 말을 한 다음에 정호도 '아, 나도 이제 알았다'고 했다. 만약 답이 8월이라면 두 개의 날짜(15일과 17일)가 남아있는 정호는 어느 날인지 알 수가 없었을 것이다. 그래서 8월은 답이 될 수 없다. 남은 것은 7월 그리고 남은 날은 16일, 따라서 현진의 생일은 7월16일이다.

이와 같이 따져보는 힘은 같은 정보에서 더 좋은 답을 찾게 만들어 준다. 정보와 근거를 바탕으로 더 좋은 결론에 도달하게 하는 것이 비판적 사고력이다.

2017년 다보스 포럼에서는 AI시대를 이끌 인제에게 필요한 10가지를 제시하였다. 그중 비판적 사고력(Critical Thinking)이 2위다. 창의성 보다 한 단계 더 높은 위치다.

다보스 포럼에서 제시한 2020년 필요해 질 10대능력

1. 복잡한 문제 해결 능력
2. 비판적 사고력
3. 창조성
4. 인재관리 능력
5. 타인과 협조능력
6. 감성지능
7. 판단 및 의사결정 능력
8. 서비스 지향능력
9. 협상력
10. 인식의 유연성

우리는 '비판'이라는 단어 자체에 부정적인 단어를 연상한다. '비판적 사고하면 떠오르는 연상어가 무엇인지'를 사람들에게 써 보게 하면 감정적 생각, 고집, 냉정함, 부정적 생각, 비판을 위한 비판, 태클, 반박, 반대 논리 같은 부정적인 단어를 연상한다. 많은 사람들이 비판적 사고(Critical Thinking)를 부정적 사고(Negative Thinking)와 동일하게 생각하는 것이다. 때로 어떤 단어를 이해할 때 그 단어의 반대말이 무엇인지를 생각해 보는 것이 이해에 유용하다. 비판적 사고의 반대말에 해당되는 우리말은 무엇일까?

첫 번째 후보는 '아몰랑'이다. 위키백과에 아몰랑은 '2015년에 유행한 대한민국의 신조어이다. 논리적인 설명을 요구받거나 주장의 근거를 제시할 것을 요구받았을 때 막무가내로, 또는 다짜고짜 넘어가는 행동을 표현한 단어'라고 설명하고 있다.

반대말의 또 강력한 후보는 'SSKK'이다. SSKK란 시키면 시키는 대로, 까라면 깐다는 말의 앞자를 딴 직장인들의 은어다. 이유는 알 것 없고 그렇다면 그런 줄 알고 따지지 말고 하라는 것이니 반대적 의미에 가깝다.

세 번째는 '덮어 놓고'다. 가족계획을 강조하던 시절의 구호였던 '덮어 놓고 낳다 보면 거지 꼴을 못 면한다'의 '덮어 놓고'다. 아몰랑, SSKK, 덮어 놓고, 묻지마, 어따대고 등 따져보는 힘을 억누르는 단어들이 비판적 사고의 반대말 들이다.

비판적 사고는 따져보고 보증된 결론을 내리는 사고방식을 말한다. 따져 본다는 것은 '덮어 놓고' '그냥' '묻지 말고'와 정반대다. 그런데 따져보지 않고 어떻게 납득할 수 있는가?

우리는 어른 말씀에 토 달지 않는 것을 미덕으로 '~ 그러니까 그런 줄 알고 있어.'라고 말하면 곧바로 '네'하고 답하는 것을 바람직한 자세로 배워 왔다. 비판적 사고 보다 수용적 태도를 더 중시한 과거의 문화는 장려하여야 하는 비판적 사고(critical thinking)를 마치 부정적 생각(negative thinking)과 동일시하는 문화를 만든 셈이다.

비판적 사고에 대한 오해 중 가장 많은 오해와 편견은 비판적 사고는 실행력을 떨어뜨린다는 것이다. 뭐든 따지고 들면 결론까지 시간이 소요되는 것은 어찌 보면 당연해 보인다. 그러나 따져보고 확신을 가지고 일하는 것과 마음 한켠에 의심이 자리잡은 상태로 일하는 것을 비교하면 오히려 실행력을 떨어뜨리는 것은 후자다.

따져보지 않는 문화 속에서 싹 트는 것은 선입견, 고정관념, 틀에 박힌 생각, 구태, 답습, 무대뽀, 그리고 아몰랑이다. 반면 따져보는 힘이 가져다주는 것은 문제점의 발견, 새로운 관점, 합리적 의사결정, 효과적 설득, 변화 지향의 조직, 오류/잘못된 실행의 예방, 토론하는 문화이다.

누구에게서 시작된 얘기인지는 분명하지 않지만 회장님의 삼심 (三心)이라는 것이 있다. 즉, '회장님은 욕심이 많다, 회장님은 의심이 많다, 그리고 회장님은 변심한다'가 그것이다. 사람들은 이 삼심을 경계의 대상처럼 말한다. 그러나 어찌 보면 이 삼심은 모든 일하는 사람들의 기본이 되어야 하는 마음이다. 먼저 의심을 보자. 의심은 본질적으로 따져 보겠다는 마음이다. 정말 그런지? 이유가 타당한지? 확인된 사실인지 따져보는 것이니 의심은 기본이 되어야 한다. 그리고 변심을 보자. 생각을 바꾼다는 것은 철학이 없는 것이 아니라 다르게 생각하면 생각이 유연한 것이다. 들어 보고, 물어 보고, 살펴보고, 따져보고 하다 보면 내 생각이 잘못되었음을 발견한다면 생각을 수정하는 것이 더 바람직하다. 따라서 변심도 무죄다. 변심이란 더 좋은 결론에 도달한 것으로 읽어야 한다. 마지막으로 욕심은 모든 발전과 개선의 원동력이므로 이 또한 필요한 마음이다. 회장님 즉 오너의 삼심은 비판적 사고력과 관련이 있다. 나는 비판적 사고의 핵심을 세 가지로 정리한다.

- **첫째.** 의심하는 눈으로 (Think Critically) 사안을 보는 것이다.
- **둘째.** 타당한 근거로 (Reason Soundly) 설득을 하는 것이다.
- **셋째.** 효과적인 토론을 통해(Argue Effectively) 내려진 더 좋은 결론을 따르는 것이다.

─────── **의심의 눈으로 바라보기(Think Critically)** ───────

강의의 현장에는 수많은 의심의 눈이 있다. 하는 일이 고급인 학습자일수록 그렇다. 고위직 공무원, 박사급 인력, 연구원 들은 특히 그렇다. 끊임없이 말하는 사람의 주장이 무엇인지 파악하고 그 주장의 근거가 타당한지 의심한다. 의심은 확신을 갖기 위한 첫걸음이다. 따라서 확인하고 또 확인하는 과정이 필요하다.

예를 들어 살펴보자. 다음에 강의 현장에서 활용되는 동물과 관련된 사례 네 가지를 간략하게 소개해 본다. 이 스토리를 의심의 눈으로 읽어라. 그리고 이 스토리가 사실일지 허구 일지 결론을 내려라. 사실이라고 생각하면 그 근거는 무엇인지 또 허구라고 생각하면 그 근거는 무엇인지를 적어야 한다. 그리고 다른 사람들의 생각과 토론하여 최종 결론을 내리게 한다.

스토리1. 원숭이 잡는 법

무거운 함에 원숭이 손이 겨우 들어갈 조그마한 구멍을 뚫어 놓고 거기에 바나나를 넣어 둔다. 원숭이는 바나나를 먹으려고 구멍에 손을 넣게 된다. 원숭이는 바나나를 잡은 채 손을 빼려고 하지만 바나나를 움켜잡은 손은 빠지지 않는다. 손을 펴면 쉽게 빠질 터인데 원숭이는 한 번 손에 쥔 바나나를 질대로 놓으려 하지 않는다. 사람이 가까이 가도 마찬가지다. 바나나를 놓지 않은 대가는 목숨이다. 결국 사람에게 잡히고 만다.

스토리2. 늑대 사냥 법

에스키모인들에게는 오래전부터 내려오는 늑대 잡는 법이 있다. 먼저 칼 또는 창을 날카롭게 간다. 그리고 그 날카로운 칼날에 피를 묻혀 얼린다. 날카로운 날은 숨겨지고 겉은 핏덩어리가 된다. 다음은 그 칼을 핏덩어리만 드러나도록 묻어 둔다. 밤이 되면 피 냄새를 맡은 늑대가 다가오게 된다. 본능적으로 얼어버린 핏덩어리를 핥기 시작한다. 이내 날카로운 칼날이 드러나고 늑대 혀에 상처를 내게 된다. 결국 과다출혈로 늑대는 죽음을 맞는다.

스토리3. 곰 잡는 덫

캐나다 인디언들은 아주 원시적인 형태의 곰덫을 사용한다. 그것은 커다란 돌덩어리에 꿀을 바르고 나뭇가지에 밧줄로 매달아 놓는 것이다. 곰은 그것을 발견하면

196

먹음직스러운 먹이로 생각하고 다가와 발길질을 하면서 돌을 잡으려고 한다. 그 바람에 돌덩이가 시계 추처럼 움직이며 곰을 때린다. 곰은 화가 나서 더욱 크게 발길질을 한다. 곰이 돌덩이를 세게 때리면 때릴수록 돌덩이는 더 큰 반동으로 곰을 후려친다. 마침내 곰은 나가떨어진다.

스토리4. 솔개의 변신

솔개는 가장 장수하는 조류로 알려져 있다. 솔개는 최고 약 70살의 수명을 누릴 수 있는데 이렇게 장수하려면 중간 나이가 될 때 변신을 해야 한다. 무뎌져 버린 부리와 날개를 버리고 새로운 것으로 대체하는 것이다. 먼저 부리로 바위를 쪼아 부리가 깨지고 빠지게 만든다. 그러면 서서히 새로운 부리가 돋아난다. 그런 후 새로 돋은 부리로 발톱을 하나하나 뽑아낸다. 그리고 새로 발톱이 돋아나면 이번에는 날개의 깃털을 하나하나 뽑아낸다. 이런 과정을 통해 솔개는 완전히 새로운 모습으로 변신하게 된다. 그리고 다시 힘차게 하늘로 날아올라 30년의 수명을 더 누리게 되는 것이다.

여러분의 결론은 무엇인가? 사실이라고 생각하는가 아니면 근거 없는 이야기일까? 위에 제시한 네 가지 모두 정답을 맞추는 사람은 거의 없다. 인터넷에는 사실이라는 근거와 허구라는 근거 두 가지다 있다. 확신의 눈으로 한 가지만 찾으면 점차 자신의 생각을 믿게 하는 자료로 넘쳐난다. 반면에 의심의 눈으로 상반된 근거를 살펴보면 사실에 가까운 결론을 내릴 수 있음을 알게 된다.

타당한 근거로 제시하기(Reson Soundly)

모든 주장에는 타당한 근거가 들어있다. '긍정의 힘'이라는 책에는 긍정이 얼마나 힘이 되는지 그 근거로 가득하고 '긍정의 배신'이라는 책에는 반대의 근거가 가득하다. '칭찬은 고래도 춤추게 한다'에는 칭찬의 효과가 '위험한 칭찬'에는 칭찬의 역작용 사례로 가득하다.

근거 없는 주장은 신내림에 불과하다. 신내림이 아니라 근거로 무장하려면 다음의 두 가지가 전제되어야 한다. 하나는 당신의 주장을 뒷받침하는 근거 사실이 탄탄해야 한다. 그리고 그 근거 사실이 소신과 잘 연결되어야 한다.

그 근거가 전문가의 견해이든, 조사의 결과이든, 용역 보고서의 결론이든 타당한 근거를 제시할 수 있어야 한다. 그래야 본인도 확신을 가지고 일을 추진하게 되고 또 관련된 사람들에게 확신을 줄 수 있다. 근거 사실은 그 형태가 무엇이든 의심하고, 따져보고, 확인하고 또 확인한 다음에 제시하여야 한다.

- **개인적 경험:** 당신의 기억은 정확한가? 일반화할 수 있는 대표적인 경험인가? 타인도 같은 해석을 하는가?
- **상식:** 청중도 동의하는가? 사실이라고 확신하는가?
- **직접적인 관찰:** 본 것에 대해 확신하는가? 편향된 관점은 아닌가?

- **사례:** 대표적인 사례인가? 충분한가?

- **자료와 문헌:** 신뢰할 수 있는 자료인가? 적절하게 해석된 것인가?

- **통계:** 적절하게 조사되었는가? 신뢰성과 타당성은? 적절하게 해석된 것인가?

- **증언:** 증언자의 전문성은? 증언자의 결론에 이르는 과정은 타당한가?

─── 효과적인 토론 문화 정착하기(Argue Effectively) ───

우리는 토론하며 배우는 교육 문화는 분명 아니다. 우리의 부모는 오늘 무엇을 배웠는지를 묻고 이스라엘 부모는 오늘 무슨 질문을 했는지를 묻는다고 한다. 우리는 공부하는데 방해되지 않도록 발걸음을 조심할 때 유태인들은 2명씩 짝을 지어 공부하는 '하바루타'라는 막장 토론을 한다.

페이스북 창업자 마크 저커버그와 구글 창업자 래리 페이지와 세르게이 브린 모두 유대인인 것을 보면 지금 시대에 필요한 경쟁력은 토론하는 문화에서 오지 않을까?

토론은 논쟁보다는 귀 기울임과 존중을 배우는 과정이다. 토론에는 관용과 화합, 불일치를 위한 개방성, 상대방을 이해시키려 하지 않는 태도로 참여하는 것이 중요하다. 토론 시 상대 생각을 바꾸려 하지 않을 때 좋은 논쟁을 할 수 있다.

궁리하는 힘, 발상력

─────── 궁(窮)하라, Stay Hungry ───────

학업과 직업의 경계에 있는 행사인 졸업식에는 두 유형의 축사가 있다. 졸업을 축하하는 것(graduation speech)과 새로운 시작을 격려하는 것(commencement speech)이다. 보통의 경우 전자는 학(學)을 대표하는 총장이 후자는 업(業)을 대표하는 외부인이 맡는다. 그런데 미국이든 한국이든 신문에 뉴스가 되는 것은 총장님의 말씀이 아니라 방탄소년단을 키운 방시혁이나 코난 오브라이언 같은 외부인의 축사다. 그들이 담당하는 몫은 졸업을 축하하는 것이 아니다. 업의 출발선에 선 젊은이에게 새로운 항해를 나침반이 될 메시지를 전하는 것이다. 외부인의 목소리가 울림이 있게 전해지려면 적어도 그럴 말을 할 자격이 있어야 한다. 좋은 학교일수록 그런 사람들을 엄선하여 세우게 마련이다. 또 그 영광된 자리에 초청된 사람들은 수 없이 고쳐 쓴 이후에 그 자리에 설 것이다. 그러므로 졸업식 축사에는 업의 전문가로의 성장에 대한 다양한 전문가의 비결이 압축적으로 담겨있다. 앞서 말했지만 어떤 업의 전문가로의 성장은 나의 관심사이다. 당연히 매년 누가 어느 졸업식에서 무슨 말을 남겼는지는 놓치지 않고 챙겨본다.

지금까지의 최고는 2005년 스티브 잡스가 스탠포드 대학에서 남긴 연설이다. 모두 명문(名文)이지만 그의 마음 속 명문장인 'Stay hungry. Stay foolish.'는 많은 사람들의 가슴에 닿았다. 필자는 이를 세상을 바꾸려면 궁(窮)하게 살아야 한다는 뜻으로 의역한다. 몸으로 궁함을 느껴야(hungry) 찾게 되고 머리가 궁함(foolish)을 알아야 배우게 된다. 그는 이 말의 출처를 'The Whole Earth Catalog'라는 간행물이라고 밝혔지만 연설의 마지막 문장인 'Stay hungry. Stay foolish.'는 이후 그의 말이 되었다.

이 말은 주역(周易)에 담겨 있는 가르침과 상응한다. 바로 궁즉변(窮卽變) 변즉통(變卽通) 통즉구(通卽久)라는 아홉 글자다. 의역을 한다면 궁해야 바꾸게 되고, 자주 바꾸어야 통하게 되고, 통하는 방식이어야 오래 지속된다는 뜻이다. 발상력이란 창조력을 말하는 것은 아니다. 세상에 없던 것을 발명하고 창조하는 것은 우리와 같은 보통사람들의 몫은 아니다. 다만 일하는 누구나 자신의 분야에서 타인이 찾은 답보다 조금 더 좋은 답을 제시하는 것은 얼마든지 가능하다. 또 그럴 수 있어야 한다. 돈을 받고 일을 하는 프로라면 무에서 유를 창조하는 것은 아닐지라도 기존의 방식에 개선의 아이디어를 더하는 일[궁즉변 窮卽變]은 당연히 해야 하는 일이다. 그렇게 하나씩 바꾸다 보면 통하게 되는 자기 만의 방식[변즉통 變卽通]이 생겨난다. 또 그런 과정을 통해 좋은 방법에 이르면 그 방식은 오래 지속[통즉구 通卽久]된다. 궁리하는 힘이란 지속 될 좋은 방법을 구(求)하는 힘이다. 그 출발은 궁(窮)함을 느끼는데 있고 궁함은 끊임없이 올라가는 눈높이를 가져야 유지(stay hungry)된다.

좋은 방안은 궁(窮)해야 더 구(求)하게 마련이다. 또 좋은 방안이 있어야 좋은 결정을 내릴 수 있게 된다. 이렇게 발상력은 다음에서 다룰 결단하는 힘과 직결되어 있다. 따라서 궁리하는 힘은 생각하는 힘의 핵심이다. 이 힘을 끌어 올리려면 다음의 세가지 관점을 점검해 보아야 한다.

1. 창의가 움트는 풍토 만들기
2. 하책(下策)을 멀리하기
3. 연결하여 생각하기

마케팅 불변의 법칙(원제 The 22 Immutable Laws of Marketing , 저자 Al Ries and Jack Trout) 제1의 법칙은 선도자의 법칙(law of leadership) 이다. 제품의 품질보다 1등이 더 중요하다는 것이다. 어느 상품이든 그 분야의 선도자가 더 많은 것을 누리게 된다. 불변의 법칙의 첫 번째 법칙이라 하니 그렇다 하자. 이러한 이유 때문에 경쟁을 하는 모두는 그 분야의 선도자가 되기를 바란다. 하지만 시장에서 선도자는 하나일 수밖에 없다. 나머지는 선도자(first mover)를 따라가는 추격자(fast follower)들이다.

추격자의 목표는 선도자가 되는 것이다. 선도자에게는 선도자만 누릴 수 있는 이점이 있지만 추격자에게는 선도자보다 빠르다는 강점이 있다. 그 빠름의 비결은 모방에 있다.

추격자의 빠름의 비결, 모방

학습과 성장의 출발은 모방이다. 세계적인 화가 고흐도 피카소도 젊은 시절에는 베끼기(모작, 模作)을 통해 그림을 익혔다. 피카소가 남긴 말 중 가장 자주 인용되는 말은 "Good artist copy, great artist steal." 보통의 예술가는 흉내를 내지만 탁월한 예술가는 훔친다'는 말이다. 시인 엘리어트(T.S. Eliot)도 "Immature poets imitate; mature poets steal."이라는 비슷한 말을 남겼다. 1999년에 만들어진 실리콘 밸리의 신화(원제, Pirates of Silicon Valley)라는 영화에도 이 장면이 나온다. 피카소의 작품 앞에선 스티브 잡스가 피카소가 남긴 말을 인용하며 예술가처럼 일해야 한다고 말하는 장면이다. 그리고 이어지는 장면은 팔로 알토(Palo Alto)에 있는 제록스의 연구센터로 가서 제록스의 개발품을 카피하는 장면으로 이어진다. 제록스에서 시작된 마우스와 풀 다운(pull down) 방식으로 그래픽 사용자 인터페이스(GUI)는 이렇게 맥킨토시 컴퓨터의 바탕이 되었다. 삼성을 카피 캣(copy cat)이라 비난했던 애플도 카피 캣인 것은 마찬가지다.

피카소가 말한 흉내를 내는 것(copy)과 훔치는 것(steal)의 차이는 무엇일까? 누군가의 것을 뛰어넘는가 뛰어넘지 못하는가의 차이가 아닐까. 모방은 원작자의 수준을 뛰어넘지 못하는 흉내 내기에 불과하다. 그러나 그것을 바탕으로 보다 뛰어난 무언가를 만들어 내는 것이 훔친다는 말의 뜻일 것이다. 물론 남의 창작물을 도용하는 것을 옹호하는 말은 아니다. 모방은 인간이 어려서부터 익히는 학습의 기본이다.

선도자가 선도를 지키는 무기, 창의

선도자의 위치가 된다는 것은 그 분야에서 모방의 대상이 없다는 뜻이기도 하다. 선도의 위치를 지켜야 하는 선도자의 무기는 더 새로운 것으로 더 앞서가는 길밖에 없다. 창의는 모방보다 빠를 수는 없다. 어렵고 느리지만 선도자만이 누릴 수 있는 이점이 있다. 그중 가장 핵심적인 것은 인재들을 보다 쉽게 모을 수 있다는 것이다. 인재들은 선도 기업을 선호한다. 또 그런 인재들이 원하는 수준의 연봉을 제공할 여력이 그들에게는 있다. 덕분에 더 좋은 사람들을 뽑을 수 있다. 함께 일하는 사람이 뛰어나면 동료로부터 자극을 받고 배운다. 사람이 성장하게 된다. 선도자의 무기 창의는 본질적으로 사람에서 오고, 창의는 사람의 수보다는 사람의 질에 더 의존한다.

자본과 규모가 경쟁력이던 시절에서 사람이 경쟁력인 시대로 넘어가고 있다. 그리고 창의는 곧 인재에서 온다. 추격자가 모방이라는 무기로 빠르게 추격하고 있지만 인재는 분명 선도자가 더 보유하고 있다.

과거 추격자 한국은 많은 분야에서 선도자의 위치에 올라섰다. 세계시장을 선도하는 상품과 기업이 늘어났다. 상품뿐 아니라 음악, 교통 시스템, 대중교통시설, 신용카드 보급, 공항시스템, IT인프라 등 많은 분야에서 우리는 이미 선도자다.

창의의 시대를 앞서갈 수 있을까?

한국은 창의성을 바탕으로 더욱 선도자로 나갈 수 있을까? 잠재력은 넘친다고 본다. K-Pop이나 한국 드라마, IT 분야에서 보여준 결과만으로도 잠재력은 입증되었다. 문제는 창의력이 넘치는 사람들이 어디로 모이고 있는가다. 아쉽게도 현실은 공무원, 법관, 교사,

공기업 등 안정적인 일자리로 향하고 있는 것이 문제다. 인도의 인재들은 산업으로 유입되고, 일본의 인재들은 컨설팅으로 유입된다면 우리나라의 인재는 공무원이 되려고 한다. 안타까운 일이다. 창의적이고 창조적인 일에 인재가 몰리는 구조를 만들어야 한다.

다음의 공통점을 한번 찾아보시라.

공통점 찾기 문제 1
베토벤, 슈만, 베버, 헨델, 바하, 바그너, 스트라우스, 멘델스존, 슈베르트, 브라함스

공통점 찾기 문제 2
TV, 전화기, 전자 레인지, 컴퓨터, 세탁기, 휴대전화, 냉장고

1번 문제의 공통점은 국적이 독일인이라는 것이고 아래 문제의 공통점은 미국에서 개발된 제품이라는 것이다. 질문을 바꾸어 보자? '독일인은 다른 민족에 비해 음악적 재능을 타고났는가?' '미국인은 남다른 창의성이 있는가?'라고 묻는다면 그렇다고 응답하기 어려울 것이다.

그런데 왜 클래식 작곡가는 독일인에 집중되었고, 현대의 문명의 이기(利器)들은 미국에서 발명되었을까? 답은 자명하다. 당시의 독일은 인재가 음악에, 미국은 인재가 발명과 사업에 몰리게 하는 풍토를 만들었기 때문이다.

이러한 관점에서 보면 많은 창의적인 인재들이 파이를 키우기 어려운 업인 공무원에 도전하고, 경쟁이 치열한 기업에서 나와 독점적인 일을 하는 공기업에 입사하는 현실은 우려스럽다. 적어도 창의가 꽃 피는 풍토는 아니다.

반면 인도는 다르다. 인재들은 엔지니어를 꿈꾼다. 창의적 발상이 넘친다. '예기치 못한 위기 속에서 즉흥적으로 창의력을 발휘하는 능력'이라고 설명하는 '주가드'로 무장되어 있다. 피터 드러커가 꼽은 기업가 정신이 가장 왕성했던 나라인 한국은 이제 더 이상 기업가를 꿈꾸지 않는다. 반면 인도의 주가드는 곧 기업가 정신이다. 향후 누가 성장하고 누가 정체할지는 이러한 풍토가 가른다고 믿는다. 여러분이 속한 조직은 어떠한가?

하책(下策)을 멀리하기

하책(下策)은 나쁜 대책이다. 제시하는 상책은 아닐지라도 고려의 가치도 없는 하책(下策) 이어서는 안된다. 하책(下策)도 대안이기는 하다. 그런데 하책(下策)을 대안으로 취급하면 대안이 많은 것처럼 포장되어 더 좋은 대안들을 찾으려는 고민을 중단 시키기도 한다. 이러한 이유로 좋은 방안을 찾기 위해서는 하책은 방안에서 제외하라고 제언한다.

방안에서 경계하여야 할 하책이다.

하책(下策)1. 짐을 다른 곳에 떠넘기는 대안

사례: 2018년말 한국이 쓰레기를 필리핀에 불법 수출하고 있다는 뉴스는 필리핀
인을 분노하게 했다. 운송비가 들어도 한국에서 폐기하는 것보다 훨씬 싸다 보니
해외로 밀어내기 한 것이다. 우리가 져야 하는 짐을 후진국에 떠넘기는 결과가 되
었다. 그러나 그 이면을 들여다보면 이 뉴스는 미세먼지 저감대책과 관련이 있다.
정부의 미세먼지 저감대책의 하나로 SRF발전소 (목재 함성섬유 등 가연성 폐기물
을 파쇄 건조하여 만든 고형재생연료(SRF solid refuse fuel)를 태워 열과 전기를
생산하는 발전소)를 권장에서 규제로 정책이 바뀌었다. 결과적으로 SRF발전소 사
업성이 떨어지고 출구를 잃은 합성수지성 쓰레기의 처리 비용은 급증했다. 그 출구
를 후진국 편법 수출로 찾은 것이다.

쓰레기를 수출한다는 것은 단순하게 짐을 다른 곳으로 떠넘기는
것이다. 하책 중의 하책이다. 이러한 방안은 처음부터 방안이라고
할 수 없는 것이다. 또 정부 입장에서 SRF의 규제는 미세먼지의 발
생을 줄였는지 몰라도 사업자에 원가를 늘이고 쓰레기 처리의 출구
를 막는 결과로 이어졌다. 이처럼 어떤 방안으로 필연적으로 부작
용이 따르는 것은 당연히 좋은 방안이라 할 수 없다. 짐을 다른 곳에
떠넘기는 대안(shifting the burden)이란 원하는 것은 얻을 수 있지만
다른 것을 잃게 되는 대안을 말한다. 부작용이 나타나거나 풍선효

과가 발생하는 것이다.

원가절감을 위해 협력업체의 납품가를 떨어뜨리는 것은 부담을 전가하여 얻게 되는 이득이므로 하책이라고 보아야 한다. 이와 같이 부작용 유발, 풍선효과의 발생, 부담의 전가로 이어지는 대책은 하책으로 생각하고 고려 대상에서 제외해야 한다.

대책은 두 얼굴이 있다. 무언가 대책을 시행한다는 것은 기존의 것에 변화를 주는 것이다. 이 변화로 인해 다른 것에 영향을 끼치게 된다. 그 영향으로 새로운 문제가 생겨나면 그 문제는 또 다른 일거리를 양산해 낸다.

보르네오섬의 고양이라는 이야기 속에 들어 있는 교훈을 새겨보아야 한다. 사실과 과장이 섞인 스토리다. 1950년대에 말라리아의 원인인 모기를 없애려 보르네오 섬에 강력한 살충제를 뿌린 것이 이야기의 출발점이다. 그런데 이것이 오래도록 문제없던 전통가옥이 허물어지는 결과로 이어졌다는 것이다. 살충제로 모기는 죽었지만 모기를 먹은 벌레도 죽고, 벌레를 먹은 쥐도 죽고, 고양이도 죽는 결과가 초래되었다는 것이다. 그렇게 고양이 없는 섬이 지속되자 어느덧 쥐가 늘어나고 이를 없애기 위해 고양이를 영국에서 공수해 왔다는 것이다. 이후 또 시간이 지나 고양이 천국이 되고 그 결과 특정 벌레의 천적이 사라지고 천적이 사라지자 특정 벌레가 번성하게 되고 그 벌레가 전통가옥의 기둥을 약화시켜 집을 무너지는 원인이 되었다는 내용이다.

이 스토리는 어떤 대책은 또 다른 나쁜 결과의 원인이 될 수 있음을 말해주고 있다. 따라서 어떤 결정으로 얻는 것과 동시에 다른 것에 주는 부담을 따져 보는 것은 매우 중요하다.

하책(下策)2. 효과(Benefit): 비용(Cost)의 비율이 낮은 대책

사례: 서울시는 초미세먼지가 연속 '나쁨' 수준을 보이자 3차례에 걸쳐 출퇴근 시간 대중교통 무료 정책을 시행했다. 이 정책은 하루 50억 원에 달하는 비용에 견줘 실효성이 없다는 논란이 일었다. 결국 두 달을 넘기지 못하고 대책을 접었다.

이 대책으로 인한 비용은 분명하다. 하지만 효과는 사실 측정하기 어렵다. 주최 측 입장에서는 측정하기 어려운 효과들은 부풀려 보고하게 마련이다. 입증되지 않는 효과를 위해 당장의 현금 50억을 쓰겠다는 결정은 어떻게 이루어졌을까? 궁금한 대목이다.

모든 대책은 비용을 수반한다. 좋아지는 것도 있지만 이를 위해 투입도 따르게 된다. 진짜 좋은 방안은 효과(Benefit)를 비용(Cost)으로 나눈 비율이 무한대다. 반면 어떤 방안은 경제성(B/C의 비율)이 1에도 못 미치는 것도 있다. B/C의 비율이 낮은 즉 경제성이 의심되는 방안은 하책으로 여겨야 한다. 비용은 늘 계획보다 늘어나는 경향이 있다. 반면에 효과는 늘 부풀려 포장된다. 그렇지 않으면 승인을 받기 어렵기 때문이다.

어떤 일의 효과(Benefit)를 비용(Cost)으로 나눈 비율이 1.5라고 가정해보자. 즉 10억을 들여 15억의 효과를 얻자는 계획은 많이 남는 투자라 보이지만 비용은 상수이지만 효과는 미지수라는 점을 감안해야 한다. B/C의 비율은 대안의 타당성을 검토하는 가장 기본적인 기준이다. 이 비율이 낮은 대책은 하책이다.

하책(下策)3. 새로운 강제/규제를 수반하는 대책

사례: 2018년 자전거 헬멧 의무 착용 법안이 발효되었다. 실효성도 없고 국민 다수를 범법자로 만드는 법안이라는 비판이 거세게 일었다.

이와 같이 무언가를 강제하는 것은 하책(下策) 중에 하책(下策)이다. 만들 당시의 관점에서는 취지도 분명하지만 시간이 흐르고 나면 당초의 취지가 훼손되고 또 이를 지키기 위한 각종 부작용이 나타나게 된다. 강제를 수반하는 것은 효과는 강력하지만 절대로 남발해서는 안 되는 대책이다. 편법을 부르고 부작용을 낳는다.

도로교통안전법 관련 국회에 계류 중인 법안들을 살펴보라. 이러한 강제를 수반하는 대책이 상책(上策)이라 생각하는가?

① **운전 중 흡연 금지:** 자동차가 움직이고 있을 때 운전자가 흡연하면 안 된다는 내용을 담고 있다. 제안 이유에 '담배를 찾고, 담배에 불을 붙이는 행위 등은 휴대용 전화를 사용하거나 영상표시장치를 조작하는 행위와 마찬가지로 전방을 주시할 수 없게 만드는 원인이

다'고 쓰여 있다.

② **임산부 안전벨트 착용 의무화**: '안전띠를 맬 경우 태아의 건강을 해칠 수 있다는 의사의 소견이 있는 임산부'를 제외한 모든 임산부가 적용 대상이다. 안전벨트 미착용 단속에 걸리지 않으려면 의사 소견서를 지니고 있어야 한다.

③ **반려동물 고정**: '동물용 상자 등에 반려동물을 넣어 바닥에 내려놓거나 안전띠 등을 사용해 좌석에 고정하는' 의무를 부여한다.

④ **우회전 신호등 설치**: '시장 등은 교차로에서 우회전하는 차를 위한 우회전 신호기를 설치 · 관리할 수 있다'는 조항을 도로교통법에 넣자는 것이다.

⑤ **음주운전 전과자 차량 번호판에 특수문자 포함**: 음주운전으로 면허가 취소된 운전자가 면허를 다시 취득했을 때 그의 차량 번호판을 일반 번호판과 다르게 하자는 것인데, 차량을 다른 사람 명의로 등록할 경우엔 무대책이다.

⑥ **운전면허 취득 교육에 인성교육 포함**: '책임 · 존중 · 배려 등 인성에 관한 교육 두 시간 이상 포함'이라고 법안에 쓰여 있다. 두 시간에 인성이 바뀐다는 믿음이 전제돼 있다.

⑦ **실내주차장에서 전조등 켜기**: '안전사고 방지를 위해 차량의 등화를 켜도록 해야 한다는 필요성이 제기되고 있음'이 제안 이유다.

⑧ **반사안전조끼 착용**: 고장 자동차 표지(삼각대)를 설치하려는 운전자는 이에 앞서 반사안전조끼를 입어야 한다는 내용이다. 순서가

뒤바뀌면 위법이 된다.

⑨ **'아이가 타고 있어요' 규격화:** 경찰이 차량에 부착하는 '초보 운전'
이나 '유아 동승' 표지를 만들어 보급하고, 이 공식 표지 외의 것을
사용하지 못하게 하는 법안이다.

⑩ **고교 주변도 보호구역으로:** 어린이 보호구역을 중 · 고교 주변까지
포함해 청소년 보호구역으로 확대하는 방안이다. 병원 · 보건소 주
변을 노인 보호구역으로 지정하는 법안도 별도로 제출돼 있다. 두
법안이 모두 통과되면 소규모 도시에선 보호구역이 일반구역보다
넓어질 수도 있다.

출처 중앙일보, 이상언, 하지 말라는 것이 왜 이리 많은가 2018. 10. 04

연결하여 생각하기

텃새의 삶은 정착의 삶이고 철새의 삶은 이동의 삶이다. 매일 같은
곳을 보는 텃새는 깊게 본다. 반면 끊임없이 이동하는 철새는 비교
하여 본다. 하나는 깊고 다른 것은 넓다. 깊은 전문성과 넓은 시야
이 두 가지가 창의성 시대를 살아가는데 필요한 것이 아닐까?

필자의 지금까지 경력은 기업 실무 10년, 리더 10년 그리고 강의
10년으로 3등분 되어 있다. 앞의 조직생활 20년은 텃새의 삶과 유
사하다. 그러나 뒤의 10년은 철새의 삶이다. 강사는 다른 장소에서

다른 학습자를 만나 다양한 주제로 소통을 하는 직업이다. 텃새와 철새의 경험을 모두 해본 셈이다. 지금 시점에서 평가를 해본다면 직장에서 배운 것보다는 강의를 하며 학습자에게 배운 것이 훨씬 많다. 생각은 익숙한 것을 오래 본다고 촉진되지 않는다.

오히려 낯선 것과의 만남에서 시작된다. 낯선 것을 만나야 당연히 생각하던 것을 뒤집고 자신의 생각을 수정하고 발전시킬 수가 있다. 몸에 밴 일, 익숙한 장소, 속까지 아는 사람, 오래도록 믿었던 이론 속에는 새로운 정보란 없다. 융합의 시대에 필요한 경쟁력은 텃새보다는 철새의 삶에서 온다. 연결하여 생각하는 힘이 생기는 것이다.

트리즈의 분석결과

트리즈(TRIZ Teoriya Resheniya Izobreatatelskikh Zadatch)는 러시아어의 줄임말이다. 풀이하면 창의적 발명의 이론(Theory of inventive problems solving) 정도이다. 구(舊) 소련의 겐리히 알츠슐러(Genrich Altshuller)가 특허를 연구하여 발명적 문제 해결의 규칙성과 원리를 이론화한 것이다. 그는 특허의 발명의 수준을 난이도에 따라 5단계로 나누어 분류하였다. 레벨1은 가장 낮은 수준으로 단순한 해결이다. 레벨5는 가장 난이도가 높은 단계로 새로운 시스템을 촉발하는 발명의 수준이다. 그가 분석한 20만건의 특허를 보면 레벨1 단순한 해결은 32%로 분류되었다. 가장 많은 건은 동일산업의 지식을 활용한 레벨2의 개선으로 45% 수준이다. 다음은 타산업의 지식을 응용한 레벨3의 혁신으로 전체의 18%로 나타났다. 나머지 5% 만이 발명의 수준이다. 달리 말하면 특허로 등록된 수준의 해결책의 95%는 이미 존재하는 지식과 해법의 응용이라는 뜻이다.

특허로 등록된 것의 비율이 그렇다면 특허로 등록되지 않는 일반적인 것은 더욱 그렇다고 보아야 한다. 이미 일반화된 이론, 동일 업계에서는 찾은 해법 거기에 문을 넓혀 타산업에서는 활용하는 것을 연결하여 해법을 찾는 것의 중요성을 말해준다.

연결하여 생각하여 만들어진 것들

• 헨리 포드의 어셈블리 라인

헨리 포드(Henry Ford)는 자동차의 아버지라고 부르지만 그는 생산성의 아버지이기도 하다. 1913년 그는 컨베이어 시스템을 이용해 자동차를 생산했다. 공장 내부를 물 흐르듯 연결하는 벨트를 설치하고 그 옆에 배치된 기술자들이 정해진 순서에 맞춰 부품을 조립하는 생산방식이다. 세상에 없던 이 방식은 이후 모든 제조업의 표준 시스템이 되었다.

컨베이어 시스템 도입 후 모델 T 자동차 1대를 만드는 데 걸린 시간은 630분에서 93분으로 줄었고, 825달러였던 가격은 290달러로 낮아졌다. '어떤 일도 작은 일로 쪼개면 그렇게 어려운 일이 아니다.(Nothing is particularly hard if you divide it into small jobs)' 라는 그의 말처럼 그는 표준화, 단순화, 전문화를 통해 노동생산성을 획기적으로 개선했다. 세상에 없던 이 획기적인 시스템은 사실 세상에 없던 것이 아니다.

헨리 포드는 컨베이어 시스템의 아이디어를 시카고의 도축장에서 얻었다고 했다. 당시 시카고의 도축장은 천장에 라인이 설치되어 있었고 고리에 매달린 도축된 가축들이 라인에 따라 순서대로 늘어선 작업자가 정해진 해체를 하여 포장을 하는 시스템을 가지고 있었다. 포드는 단지 천장을 바닥으로, 해체의 프로세스를 조립의 프로세스로 응용한 것이다. 이와 같이 다른 업에서 이미 활용되는 것을 연결하여 자신의 업에 적용하면 세상에 없던 창의적인 결과로 이어진다.

• 구텐베르크의 인쇄기

인터넷 보급 이전의 지식혁명은 사실 구텐베르크의 인쇄기라 할 수 있다. 인쇄술은 소수만이 독점하던 지식을 싸게 많은 사람이 공유하게 만들어 주었다. 인류의 발명품 중에 늘 상위에 랭크되는 발명품이다. 구텐베르크의 인쇄기의 구조는 이전부터 있었던 올리브기름을 추출하는 기계와 너무도 많이 닮아 있다. 올리브를 누르는 압축판에 활자를 올리브 자리에 종이를 대체한 정도이다. 올리브기름을 짜는 기계가 먼저이므로 구텐베르크의 인쇄기는 농기구에서 영감을 얻은 것이라 할 수 있다. 이 또한 다른 것을 연결하는 것에서 왔다.

•그 밖의 제품들

통섭과 융합의 시대라고 한다. 정보화사회는 인쇄기와는 비교할 수 없는 지식의 공유시대를 열었다. 우리는 세상에 존재하는 수많은 지식을 손쉽게 검색하고 응용한다. 이러한 시스템의 발전이 무언가를 연결하여 해법을 찾는 접근을 촉진시키고 있다.

개미집의 통풍 구조를 건물에 응용하기 위해 연구하고, 곰 발바닥을 구조를 신발에 접목하고, 모기의 기술을 채혈에 응용하려고도 한다. 바이킹족이 사용하던 매듭의 기술을 건축에 활용하기도 하고 몽고인들이 활을 만들 때 사용한 기술을 항공기에 응용한다. 아모레 퍼시픽은 주차 도장을 찍는 원리를 이용하여 쿠션이라는 획기적인 화장품을 만들어 냈다. 모두 연결에서 온 것이다.

연결은 관찰하는 습관에서

소설 셜록 홈즈로 잠시 들어가 보자. 셜록홈즈의 탁월한 추리력에 왓슨 박사는 늘 감탄한다. '도대체 같은 것을 보는데 너와 나는 왜 결론이 이렇게 차이가 날까?' 왓슨의 질문에 홈즈는 대답은 걸작이다. '너는 보기만 하지 관찰하지 않잖아. (You see but you do not observe.)' 관찰은 관심을 가지고 사물을 보는 것이다. 많은 것을 보았다고 연결하여 생각이 되는 것은 아니다. 관심을 가지고 살펴보는 습관이 중요하다.

하이데거의 말처럼 생각은 낯선 것과의 만남에서 시작된다. 같은 것을 여러 번 자세히 보는 것보다는 다른 것을 비교해 보면 더 관점이 생긴다. 깊이도 중요하지만 폭이 더 발상력을 키운다.

결단하는 힘, 판단력

──── 선택이 내일을 좌우한다 ────

흥선대원군(1820~1898)과 청나라의 이홍장(李鴻章 1823~1901), 일본의 사카모토 료마(坂本 龍馬 1836~1867)는 동시대를 살았다. 당시 한·중·일 3국은 모두 서양의 열강들로부터 개방 압력을 받고있었다. 세 사람의 선택은 달랐다. 흥선대원군은 쇄국(鎖國) 즉, 닫는 길을 택했다. 이홍장은 안으로는 자강(自強)을 하면서 동시에 서양과는 교류를 하는 양무(洋務)운동을 주도하였다. 일본의 사카모토 료마는 우리와 달리 개방을 선택했다. 도쿠가와 시대의 마침표를 찍고 메이지 유신의 토대를 쌓았다. 선택이 달랐기에 삼국은 결과도 달랐다. 개인의 삶도 마찬가지다. 사르트르의 명언대로 B(탄생

Birth)와 D(죽음 Death) 사이에는 C(선택 Choice)가 있다. 개인도 기업도 국가도 과거의 좋은 결정들은 지금의 영광이 되고 지난 시절의 잘못된 결정은 후회로 이어지게 된다. 노키아와 소니나 코닥이 영광을 누리던 시절에는 이전에 더 좋은 결정이 있었고 그들이 영광의 자리를 경쟁자에게 물려준 중심에도 마찬가지로 그들의 선택이 있었다. 환경 변화는 우리에게 선택을 요구한다. 결국 기업의 흥망성쇠는 수많은 선택의 성적표인 셈이다.

기업 경영에서 선택이 얼마나 중요한지 소설 속의 한 장면으로 돌아가 보자. 중소기업이었던 일본의 이토추(Itochu)상사가 어떻게 미쓰이, 미쓰비시, 마루베니 같은 대기업과의 이기기 어려운 경쟁에서 성장하고 선도자가 되었는지를 다룬 불모지대 속의 장면이다. 아시는 바와 같이 이 소설은 실화 바탕의 소설이다. 그 성장의 원동력의 하나로 제시한 것이 3차 중동전쟁이 일어났을 때 이토추 상사의 선택은 좋은 결정이었다. 1967년 이스라엘이 이집트, 요르단, 시리아를 상대로 선제공격을 감행한다. 전쟁은 고무, 주석 원자재 가격의 급등으로 이어지고 스웨즈 운하의 봉쇄로 해상물류에 큰 영향을 준다. 종합상사 입장에서 전쟁은 큰 기회이기도 하고 또 위협이기도 한 셈이다. 이토츄 상사는 이 전쟁이 일어나기 직전에 원자재를 집중적으로 매입한다. 그리고 이 전쟁이 단기전으로 끝날 것이라고 판단하여 개전 후 원자재 가격이 치솟을 때 사전에 싸게 매입한 원자재를 모두 팔아 치운다. 아시는 바와 같이 3차 중동전쟁은

6일 전쟁으로 끝났다. 전쟁 이후 고가매입을 한다는 종합상사들은 손해를 떠안을 때 이토추 상사는 큰 이득을 얻는다. 돈도 명성도 얻은 이토츄상사는 이후 일본을 대표하는 종합상사로 성장한다. 그야말로 소설 같고 드라마 같은 이 장면은 좋은 선택 하나가 조직의 미래를 결정하는지를 잘 보여주는 장면이다. 개인, 조직, 국가 규모는 다르지만 흥망성쇠의 중심에는 선택이 있다.

좋은 결정이란?

우리는 좋은 결정을 결과로 판단하게 된다. 결과가 좋으면 신의 한 수였다 말하고 결과가 나쁘면 멍청한 결정이었다고 말한다. 결정의 결과는 매우 중요하다. 하지만 의사결정의 질(質)과 결과의 질(質)은 일치한다고 얘기할 수는 없다. 결과의 질은 좋은 결정의 부분집합이지 전체집합은 아니라는 말이다. 좋은 결정을 내리려면 먼저 좋은 결정이 무엇인지를 분명히 해야 한다. 사전적인 정의를 말하는 것이 아니다.

좋은 결정은 어떤 조건을 갖춰야 하는지를 찾아보자. 첫째 좋은 결정은 좋은 결과로 이어져야 한다. 이것은 가장 우선시되어야 하는 조건이다. 둘째 좋은 결정은 좋은 대안을 선택해야 한다. 셋째 좋은 결정은 제때에 결정을 내려야 한다. 그 다음은 좋은 결정은 좋은 과정을 거쳐 이루어져야 한다. 마지막은 좋은 결정은 좋은 설정에서 출발해야 한다는 것이다. 이 순서는 필자가 개인적으로 중요하게 생각하는 순서이다. 그중 셋을 꼽는다면 좋은 결과, 좋은 대안, 좋은 시기다. 그러나 좋은 과정과 좋은 설정은 또한 무시하기 어려운 중요한 조건이다.

결정을 머뭇거리게 하는 가장 결정적인 요인은 단연 대안이 마음에 들지 않기 때문이다. '이게 될까', '이게 최선인가?'에 의문인 상태에서 '아니면 말고'식의 결정을 내리기는 쉽지 않다. 적어도 결정의 결과에 대해 책임을 져야 하는 사람들은 그렇다. 따라서 좋은 결정의 1요인은 좋은 방안이다. 그 다음은 옳은 결정을 하는 것이다.

즉 최적안(Right Solution)을 적기에(Right Timing) 선택하는 것이다. 좋은 방안이 제시되었음에도 그른 선택을 하는 경우도 많다. 잘 만들어진 광고안이 높은 사람의 한마디에 뒤바뀌기도 한다. 또 결정의 시기도 결과에 큰 영향을 준다. 빠르지도 늦지도 않아야 한다.

일본 최고의 타자였던 이치로는 미 메이저리그에 진출하여 3,089 안타를 친 대타자다. 사람들은 그를 타격 천재라 부른다. 그가 어느 인터뷰에서 이런 말을 했다. '아무리 훌륭한 타자여도 타석에서 10번 중 7번은 실패한다. 나는 여러 차례의 실패를 거치면서 좀 더 나은 타자가 되기를 원해왔다. 어떤 사람들은 나를 타격 천재라고 부르지만 나는 천재가 아니다.' 그의 말대로 타격 천재들의 성공률은 고작 30%다. 현역 메이저 리그의 초특급 선수들의 타율 통계를 보라. 통산 3할 타자가 얼마나 대단한 타자인지 알 수 있다. 3할 타자란 곧 7할을 실패하는 타자다.

조직에서 내리는 의사결정을 야구의 타율과 비교하여 설명하는데는 무리가 있다. 타석은 매번 동일한 크기지만 조직의 결정은 큰 결정에서 작은 결정까지 천차만별이다. 하지만 유사한 것은 10할 타자가 없듯 모든 결정이 다 좋은 결정일 수는 없다는 것이다. 또 10할 타자가 없듯 좋지 않은 결정만 내리는 사람도 없다. 결국은 비율의 문제가 된다. 경쟁사와 비교해 얼마나 더 좋은 결정을 내리는지가 중요하다. 또 좋은 조직은 좋은 결정을 내리는 비율이 높은 조직이다.

세계적인 컨설팅회사인 Bain&Company가 발간한 '결정하는 조직, 행동하는 조직'(원제 Decide&Deliver)이라는 책을 통해 잘 나가는 기업의 공식을 제시했다. 즉 의사결정의 효과선은 'Quality×Speed × Yield – Effort'로 나타낼 수 있다는 것이다. 오래도록 세계적인 기업을 컨설팅한 경험과 노하우로부터 깨달은 비결이라고 말한다.

그들이 말하는 Quality란 좋은 결정을 내리는 비율을 말한다. 잘 나가는 기업은 그렇지 않은 기업에 비해 좋은 결정을 하는 비율이 높다는 것이다. 야구에서 탁월한 팀이란 곧 승률이 높은 팀이다. 그 작은 승률의 차이에서 앞서려고 경기에 최선을 다한다. 타자들은 더 탁월한 타자가 되기 위해 타율을 높이기 위해 집중한다. 이와 마찬가지로 조직의 의사결정에 관련한 사람들은 옳은 결정의 비율을 높이기 위해 최선을 다해야 한다.

타자가 타율을 높이기 위한 접근은 크게 두 가지다. 선구안을 높여 나쁜 공을 치치 않거나 정교함을 더해 좋은 타구를 늘이는 것이다. 올바른 결정의 비율을 높이는 것도 이와 다르지 않다. 먼저 나쁜 결정을 줄여야 한다. 그리고 좋은 결정을 내리는 비율을 늘이는 것으로 나누어 생각해 볼 수 있겠다.

옳은 결정을 위한 제언

1. 결정의 기본에 충실하라.
2. 실패를 복기, 반복을 피하라.
3. 시기를 중시하라.
4. 중요한 결정일수록 숙의(熟議)하라.

─────── 결정의 기본에 충실하기 ───────

늘 신중하고 합리적인 사람들도 때로 어이없고 엉뚱한 결정을 할까? 전통적인 경제이론에서는 인간을 합리적인 대상으로 가정해 왔다. 인간은 주어진 상황을 정확히 파악해 이를 바탕으로 만족을 극대화시키는 선택을 한다는 것이다. 하지만 현실은 때로 그렇지 않음을 보여준다. 데이터와 직관, 분석과 느낌의 사이에서 어느 쪽을 더 따를지 갈등한다. 분명한 점은 좋은 결정자가 되기 위해서는 먼저 나쁜 결정을 줄여야 한다는 것이다. 옳은 결정의 비율을 높이는 비결은 의사결정의 기본에 충실하는 것이다. 이 기본은 의식하지 않아도 모든 결정에 자연스럽게 적용되도록 몸에 배게 해야 한다.

의사결정의 일곱 가지 기본을 정리해 본다.

1. 결정의 목적과 목표를 분명하게 하라는 기본
2. 결정 사항을 분명하게 하라는 기본
3. 결정 기준을 먼저 세우라는 기본
4. 결정으로 얻게 되는 것과 잃게 되는 것(Benefits and Risks)을 균형 있게 검토하라는 기본
5. 최종 결정에 앞서 부정의 눈으로 재검토하라는 기본
6. 결정의 구조를 체계화하고 기록하라는 기본
7. 의사결정의 함정을 의식하고 피하라는 기본

기본1. 결정의 목적과 목표를 분명하게 하라는 기본

무엇을 위한 결정인가 그 목적이 분명해야 한다. 결정의 최종 지향점에 대한 얘기다. 반면 목표는 목적보다 하위개념이다. 즉, 결정을 통해 얻으려고 하는 것이 무엇인가에 대한 답이다. 이 둘을 먼저 명확하게 하고 결정을 내려야 하는 것은 상식이다.

모든 일의 중심에는 why가 있어야 한다. 의사결정의 why는 더욱 그렇다. 왜 결정을 하려고 하는가? 무엇을 얻으려고 하는가? 안 하면 어떤 결과가 예상되는가? 에 대한 답이 분명해야 한다. 그런데

많은 의사결정 문서에 의사결정의 why가 실종되어 있거나 구색 맞추기 형식으로 작성된 why가 많다. 특히 '무엇을 도입해야 한다. 왜냐하면 우리는 그것이 없기 때문'과 같이 논리적인 오류가 있거나 '애사심 함양' 같은 추상적인 목적을 제시한 경우도 흔하게 볼 수 있다.

　도로를 건설하는 목적은 하나로 표현할 수 있지만 도로의 건설로 얻고자 하는 것은 다양하다. 지역 간의 격차를 해소할 수도 있고, 물류비를 줄일 수도 있고, 일자리를 늘일 수도 있고, 교통사고를 감소시킬 수도 있을 것이다. 이와 같이 결정을 통해 얻을 수 있는 것들은 다양하다. 구체적으로 무엇을 얻을 수 있는지를 알고 결정을 하여야 한다.

기본2. 결정 사항을 분명하게 하라는 기본

결정사항이 무엇인지를 분명하게 해야 한다. 결정사항의 기술은 의사결정의 시작이라 할 수 있다. 이 결정의 상위 결정은 무엇이고 또 하위 결정은 무엇인지를 분명히 하는 것이다. 무언가 결단이 필요하다고 느끼면서 정작 무엇을 결정해야 하는지를 모르는 경우가 있다. 따라서 결정사항은 문장으로 기술하여 드러나게 해야 한다.

기본3. 결정의 기준을 먼저 세우라는 기본

프로 골프 경기에서 올해의 선수나 신인상은 어떻게 결정되는가? 사전에 정해진 기준에 의해 평가를 축적하고 그 결과로 정해진다.

그 기준이 없다면 논란의 여지가 생기게 된다. 그 기준이 공정하냐 아니면 바른 기준인가를 따지는 것은 부차적인 문제다. 기준 자체가 없는 것이 더 문제이다. 대학입시에서 합격자를 결정하든, 기업에서 인사평가를 하든 원리는 같다. 기준을 정하고 정한 기준을 공개하여 기준에 입각하여 평가하고 가려야 논란의 소지가 없어진다.

기준에는 두 가지가 있다. 절대적 기준(musts)과 희망적 기준(wants)이다. 절대적 기준은 그 요건을 충족하지 못하면 대안이 될 수 없는 강력한 기준이다. 입시에서 수학 2등급 이내를 기준으로 제시했다면 수학 3등급 이하는 지원 할 자격조차 얻지 못한다. 절대적 기준은 대안의 범위를 제한하게 하는 강력한 기준이다. 반면 희망적 기준이란 어떤 대안이 더 우수한 대안인지를 가리게 되는 평가 기준이다. 어떤 기준을 어느 정도의 중요도로 평가를 할 것인가를 말한다. 이러한 개념하에 기준을 먼저 분명히 하고 그 기준에 따라 결정하는 것이 합리적인 의사결정의 기본이다.

기본4. Benefits and Risks 균형 있게 검토하라는 기본

장점과 우려점 중 어느 쪽을 더 보는가에 따라 결정은 달라진다. 어떤 안이 장점이 많다고 좋은 안이라는 뜻은 아니다. 장점만을 비교하여 결정을 내리는 것은 위험하다. 장점은 많지만 그 안이 가지고 있는 단점 하나가 결정적일 수도 있다. 따라서 선택안을 통해 얻을 수 있는 것과 선택안을 통해 잃은 수 있는 것을 균형 있게 살펴보아야 한다.

한 축으로는 이를 통해서 얻을 수 있는 것이 무엇인지를 살피고 다른 축으로는 무엇이 우려되는지를 따져 보아야 한다. 이를 따지 다보면 설정한 기준의 허점도 드러나게 된다.

기본5. 최종 결정에 앞서 부정의 눈으로 재검토하라는 기본

과부와 하녀들이라는 이솝우화 속으로 들어가 보자.

청소하기를 좋아하는 한 과부에게 시중드는 어린 하녀 둘이 있었다. 그녀는 수탉이 우는 이른 아침에 하녀들을 깨우는 버릇이 있었다. 하녀들은 지나친 노동에 화가 나서, 주인을 너무 일찍 깨우는 수탉을 죽이기로 결심했다. 하녀들이 수탉을 죽이고 나자, 그 일이 자신들을 더 많이 괴롭히게 되었다는 것을 알게 되었다.

왜냐하면 더 이상 수탉의 울음소리로 시간을 알 수 없게 된 주인은 한밤중에도 하녀들을 일하라고 깨웠기 때문이었다

수탉을 죽인다는 결정을 통해 하녀가 얻은 결과는 결정을 통해 얻고자 하는 것과 정반대의 결과가 나타났다. 이와 같이 어떤 결정은 원하는 결과를 얻기는커녕 오히려 반대의 결과(Adverse Consequence)로 이어지기도 한다. 따라서 결정을 내리기 전에 이 결정이 실행단계에서 어떤 문제로 이어질 것인지 미리 예측을 하는 것이 매우 중요하다. 결정을 내리기에 앞서 비판의 눈으로 대안을

바라보아야 한다. 이 과정은 의도한 결과를 보호하는 필수적인 단계이다. 나쁜 결정을 마지막에 예방할 수 있는 도구가 된다.

적의 입장에서 재검토하는 레드팀(red team)을 가동해 보라는 것이다. 선택이 초래할 최악의 상황을 예측하여 보고 대응의 방안을 검토해 보는 것이다. 선택에 앞서 부정의 눈으로 방안을 살펴보는 과정을 거치는 것이 기본이다.

기본6. 결정의 구조를 체계화하고 기록하라는 기본

혼자 해도 되는 일은 스스로 결정을 내려 시행하면 되지만 조직의 일은 다르다. 비용 또는 책임의 부담 주체가 내가 아닌 까닭이다. 비용 또는 책임의 부담이 수반되는 안은 비용 부담의 주체로부터 승인을 받아 이루어진다. 즉 제안자는 결정의 필요성을 설득하고 결정자는 이를 승인하여 일이 이루어지게 된다.

따라서 의사결정에는 최소한 두 가지의 역할자가 필요하다. 즉 기안(起案)자와 결정자이다. 그 중간에서 필요한 역할은 심사(審査)자와 합의(合意)자이다. 심사자는 이 방안이 좋은 방안인지를 1차적으로 결정하는 사람이다. 합의자란 이 결정의 시행에 동의를 한다. 업에 따라 다르겠지만 대부분의 조직의 문서는 기안-심사-결정 그리고 합의라는 구조를 갖게 된다.

이러한 구조에 도장을 찍거나 직접 사인을 하게 하는 것은 누가 이 방안을 제안했고 누가 최종 결정을 하였는지 그 기록이 중요하기 때문이다. 이미 다 결정된 사항이라도 이러한 문서적 행위를 하는 것은 근거를 남기기 위한 것이다.

Bain & company는 의사결정에 필요한 역할을 R.A.P.I.D.라는 다섯 가지의 역할로 나누라고 권장한다. 의사결정을 보다 신속하게 할 수 있을 뿐 아니라 의사결정의 효과성도 높일 수 있다고 권유하고 있다. R(recommender)이란 권고안을 만드는 기안자의 역할이다. A(agree)란 안의 내용을 전문성을 가지고 따져보는 심사와 합의사의 역할이다. P(perform)는 결정된 사항의 실행 책임을 가진 사람이다. I(input)는 결정에 필요한 자료와 견해를 제시하는 사람이다. 마지막 D(decide)는 결정을 내리는 사람을 말한다.

기안-심사-결정-합의이든 RAPID이든 강조하는 것은 누가 이 결정에 어떤 역할을 담당하였는지를 명확하게 규정하고 그 결과를 기록으로 남겨야 한다.

기본7. 의사결정의 함정을 의식하고 피하라는 기본

톨스토이의 장편소설 안나 카레리나의 첫 문장은 이렇게 시작된다. "Happy families are all alike; every unhappy family is unhappy in its own way." 행복한 사람들은 다 비슷하지만 불행한 이유는 제각각이라는 것이다. 결론적으로 행복한 가정을 위해서는 수많은 문제와 함정을 극복해야 한다는 뜻이다. 의사결정도 다르지 않다. 좋은 결정을 내리는 사람들은 비슷하다. 하지만 그렇지 못한 사람들의 이유는 다양하다고 할 수 있다. 결정에서 흔하게 빠지게 되는 함정이 무엇인지 알고 의식하고 피하는 것 또한 결정의 기본이다.

다수결의 함정

'많이 팔린 차(車)가 좋은 차'라는 명제가 있다. 더 많은 사람이 선택을 한다는 것은 더 좋다는 매우 타당한 근거가 된다. 다수결은 여러 의사결정 방식 중 하나에 불과하다. 블랙시트를 선택한 영국의 결정을 살펴보자. 영국은 51.9%의 찬성으로 EU 탈퇴라는 중대한 국가적 사안을 결정했다. 탈퇴파가 과반수를 넘기기는 했으나, 나머지 48.1%의 민의는 민의가 아닌 결과가 되었다. 의사결정자는 과연 이러한 결정 방식이 좋은 결정인가를 의심해야 한다.

여러 사람이 선호하는 방안이 반드시 좋은 방안은 아니다. 이는 수 많은 역사적 사실들이 증명한다. 세종대왕이 한글의 창제를 다수의 의견에 따라 결정을 했다면 한글 창제라는 위대한 업적은 탄생하지 않았을 것이다. 삼성의 반도체 산업 진출도 마찬가지고 POSCO의 시작도 마찬가지다.

회피의 함정

군인연금, 공무원 연금, 사학연금, 국민연금으로 나누어져 있는 한국의 연금제도 지금의 방식대로 지속해야 하는가? 라고 물으면 많은 사람들이 통합해 한다고 확신한다. 그런데 그런 결정을 할 수 있는 국가경영자가 나올지는 의문이다. 욕먹을 각오를 단단히 하고 해야 하는 결정이기 때문이다. 결정을 회피하게 되는 이유는 다양하다. 설명한 것처럼 인기 없는 결정을 군이 왜 내가 해야 하는가가 이유가 될 수도 있다. 또 결정에 따른 책임을 온전히 결정자가 떠 안아야 하는 경우를 피하려한다.

못 먹어도 Go라는 함정

'이봐 해봤어?'라는 말로 대표되는 정주영 회장의 도전정신은 지금의 현대라는 굴지의 대기업의 바탕정신이 되었다. 안되면 되게 하고 될 때까지 하는 것은 합리의 관점에서 보면 무모한 것이다. 나쁜 결정 중에 나쁜 결정이었음을 알면서 이를 인정하지 않아 새로운 결정을 내리지 않는 것이다. 못 먹어도 고의 함정에 빠지면 멈춰야 하는 결정을 내려야 한다는 수많은 시그널을 무시하게 된다. 그리고 결국 돌이키기 어려운 치명적인 내상을 입은 후에 잘못된 결정임을 받아들이게 된다.

양자택일의 함정

양자택일의 함정이란 선택의 대안을 하느냐 마느냐의 문제로 좁혀놓고 의사결정을 하는 함정을 말한다. 리더라면 한 번쯤 '그래서 할까요 말까요?'라고 리더의 의사결정을 다그치는 직원들을 만나 보았을 것이다. 이러한 '~까' '~말까'의 양자택일의 설정 속에서 선택할 수 있는 수많은 대안들은 고려조차 하지 못하고 버려진다. '야근을 할까 말까?'의 설정은 결론을 ①한다 ②만다 중 하나로 내리게 하지만 '밀린 업무를 처리하는 최선의 방법은 무엇일까?'라는 설정은 결과가 다르다. 이 질문으로 바꾸면 야근을 수많은 대안 중 하나일 뿐이다. 양자택일의 상황으로 스스로 프레임에 가두지 말라는 것이다. 제3의 길을 배제하게 된다.

보이는 것이 전부라는 함정

보이는 것이 전부라는 함정은 눈으로 보이는 것만을 현실이라고 믿는 것이다. 두 눈으로 직접 보지 못하거나 경험하지 않은 것들은 현실에서 발생하지 않을 것이라는 착각이 바로 그것이다.

이런 함정에 빠질 경우, 현재 자신이 생각하는 틀 내에서 항상 보던 방식대로 사물을 바라보는 '관점의 고착화'가 발생하게 된다. 즉, 시장, 경쟁사 등 사업 환경을 전체적으로 바라보지 못하고 좁은 시야에서 보기 때문에, 의사결정에 필요한 충분한 정보를 얻지 못하게 된다. 또한, 과거의 패턴이나 추세에 입각하여 현실을 바라보며, 이미 자기에게 익숙한 과거의 대응 방식만을 선택하기도 한다. 이러한 현상은 다양한 산업·환경에서의 경험이 부족하거나 특정 분야에만 오래 일하여, 생각과 관점이 폭이 좁아진 사람에게서 주로 나타나게 된다.

사례1 바둑: 바둑의 프로기사들은 경기가 끝나면 바로 복기에 들어간다. 이미 승자와 패자는 갈라졌다. 야구장에서 패전팀이 빠른 속도로 덕아웃으로 사라지는 것과 달리 어디에서 실수가 있었는지 서로 따져 본다. 바둑의 복기(復棋) 장면은 무척 인상적이다. 이 과정을 통해 승자도 패자도 진일보(進一步)하게 된다. 이 과정을 통해 더 많은 것을 배우게 되는 사람은 당연 패자일 것이다. 패자의 깨달음이 클수록 성장하게 된다.

사례2 오답 노트: 공부 잘하는 학생들이 공개하는 비법 중 하나가 오답노트를 만들라는 것이다. 자신이 틀린 문제들을 정리해 놓는 노트다. 이는 사실 수고로운 절차다. 강조하는 이유는 '한 번 틀린 문제는 반복해서 틀리는 경향이 있다'는 점 때문이다. 틀린 문제를 다시 정리하는 동안 자신의 약점을 파악하게 된다.

바둑의 복기든 공부의 오답노트든 원리는 마찬가지다. 실패를 통해 배우는 과정이 같은 실수를 반복하지 않는 가장 효과적인 학습법이라는 것이다. 같은 과정을 아무리 많이 반복해도 학습의 과정이 없으면 쌓이지 않게 된다.

좋은 의사결정자가 된다는 것은 어쩌면 같은 의사결정의 실수를 반복하지 않는 것이기도 하다. 실패는 할 수 있지만 같은 실패를 반복하지 않으려면 어떻게 해야 할까?

답은 실패한 결정을 철저하게 복기하고 실패에서 무엇을 배워야 하는지를 철저하게 분석하고 공유하는 것이다. 복기의 과정은 일이 시작된 처음부터 실패까지의 모든 과정이다. 이 과정을 되돌아보는 것은 실패한 당사자의 입장에서 불편한 일이다. 그 불편함으로 인하여 당사자도 관련된 사람도 복기를 회피하게 된다. 이러한 회피가 무서워 복기하지 않으면 같은 실수를 반복하게 되는 결과로 이어지게 된다.

타이밍을 중시하기

모든 것에 골든타임(golden time)이 있다. 결정도 마찬가지다. 심장마비로 심정지 상태의 환자가 응급처치로 회생할 수 있는 시간은 4분이라는 것이 정설이다. '호미로 막을 것을 가래로 막는다'는 우리 속담은 결정과 대응의 시기가 늦었음을 말한다. 또 반대로 "냇물은 보이지도 않는데 신발부터 벗는다"는 속담처럼 너무 성급한 대응을 하지 말라고 가르친다.

세상의 변화의 속도가 빨라졌다. 새로운 제품이 사용자가 5천만 명에 이르기까지의 소요시간을 보면 라디오는 38년이 걸렸지만 TV는 13년 페이스북은 불과 2년 밖에 걸리지 않았고 한다. (표 참조) 그야말로 스피드 경영의 시대라 할 수 있다. 이러한 변화 때문인지

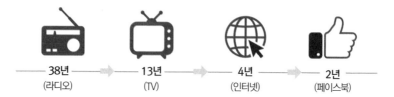

〈새로운 제품이 사용자 5천만에 이르기까지 소요시간 비교〉

38년 ——▶ 13년 —— 4년 —— 2년
(라디오)　　　(TV)　　　(인터넷)　　　(페이스북)

의사결성에서 빠른 결성을 상소하는 시대가 되었다. 하지만 빠른 것이 꼭 선(善)은 아니다. 제때에 결정하는 것이 더 중요하다. 제때란 늦지도 빠르지도 않은 상태이지 빠르기만 한 상태가 아니다.

　많은 산업에서 최종의 승자도 초기 진입자보다 적기에 시장에 진입한 후발주자인 경우도 많다. 사무실 PC의 선도자는 제록스였지만 후발주자인 IBM이 이 시장의 승자가 되었다. 인터넷 확산기의 검색의 강자였던 야후, 라이코스, 알타비스타 같은 강자들은 후발주자인 구글에게 승자의 위치를 내어주었다. 빠른 타이밍이 더 좋은 결과를 담보하지 않는다. 의사결정의 좋은 시기란 적기를 말한다. 좋은 대안이 제때에 결정이 되면 좋은 결과를 얻을 가능성은 더욱 증가하게 된다.

우리 역사에서 가장 많은 문제를 해결하고 또 좋은 결정을 가장 많이 내린 인물은 누구인가? 하는 질문에 답으로 사람들은 세종대왕을 떠올릴 것이다. 그는 수많은 좋은 결정을 하였다. 그 중에서 공들인 결정 중 하나가 조세제도의 개혁이었다. 세금제도는 모두가 이해관계자인 복잡한 문제이다. 세종은 즉위 초기부터 중앙에서 파견된 조사관이 풍흉의 정도를 파악해 세율을 정하는 기존의 세금을 매기는 방식에 문제가 있음을 잘 알고 있었다.

토지를 조사하는 관리들의 성향에 따라 세금이 좌우되거나, 뇌물을 받고 낮은 세액을 책정해 주는 경우도 있었기 때문이다. 오랜 논의를 거쳐 토지의 비옥도와 지역별 일기에 따라 국가에서 정한 일정액을 내도록 하는 방식으로 개선하였는데 착수에서 시행까지 무려 25년이 걸렸다고 한다. 과거시험의 문제로 내어 신선한 아이디어도 얻고 전국적인 여론조사도 했다. 긴 시간에 걸쳐 논의에 논의를 거듭한 끝에 더욱 다듬어진 좋은 제도를 만든 것이다. 설익은 제도를 밀어 부치는 방식으로 해결을 하려 했다면 제도의 개혁으로 과거의 이권을 잃게 되는 기득권층의 엄청난 저항을 받았을 것이다.

이와 같이 좋은 과정을 거쳐 내려진 결정은 더 좋은 결과로 이어질 수 있다. 사람들은 자신이 배제된 상태에서 이루어진 결정에 대

해 잘 참여하지 않는다. 결정을 좋은 결과로 만드는데 가장 앞장
서야 하는 사람들이 오히려 방해자가 되는 경우도 종종 발생하게
된다.

의사결정의 전처리 공정이 있다면 그것은 논의의 과정이다. 또 결
정의 후처리 공정은 실행이다. 결정 자체가 중요한 것이 아니라 결
정 후 실행을 잘하여 원하는 결과를 얻는 것이 중요하다. 그런데 전
처리 공정에 해당되는 논의의 단계가 제대로 이루어지지 않은 상태
에서 내려진 결정들은 후처리 공정인 실행의 단계에 영향을 미치게
된다.

결국 좋은 결정일지라도 절차상 문제가 있거나 과정상 충분한 논
의가 없는 나쁜 과정은 실행단계에서 짐이 된다. 결과가 아무리 중
요하다고 과정이 중요하지 않을 수는 없다. 과정도 좋고 결과도 좋
은 것이 더 좋은 것이다.

〈의사결정의 전후구조〉

결정의 전(前) 처리 (Before Decision Making)	Decision Making (How?)	결정의 후(後) 처리 (After Decision Making)
논의한다 Debate	결정한다 Decide	실행한다 Deliver
Sense Making 필요성을 공감 (Why?)		Results Making 결정을 결과로 (What?)

과정이란 의사결정의 절차다. 어떤 과정을 통해 이루어진 결정인가의 문제이다.

'늘 답을 정하는 너'를 줄여 말하는 답정녀는 늘 직원들에게 짜증의 대상이 되는 사람을 가르키는 말이다. 결론은 결국 네가 이미 정한 상태에서 형식적으로 묻는 의견은 사람들을 좌절 시킨다.

조직의 리더가 답정녀가 되면 의사결정의 수준은 리더의 수준에서 발전하지 않는다. 의견을 결집하는 과정을 통해 미처 생각하지 못한 깨달음을 발견하는 경우는 비일비재하다. 리즈 와이즈먼은 그의 저서 멀티플라이어(Multiplier)에서 이 둘의 차이를 성과와 비교하여 설명하였다. 멀티플라이어란 사람들과 상의하고 그들을 도전시켜 성과를 내는 사람을 말한다. 반대로 스스로 결정하고 지시하고 감독하여 성과를 내는 사람들을 디미니셔(Diminisher)라고 칭하여 비교하여 설명하였다. 결국 멀티플라이어가 디미니셔보다 더 큰 성과를 낸다는 것이 그의 결론이다.

답정녀가 문제가 되는 것은 결정 이후의 결정사항의 실행에 영향을 미친다. 아무리 좋은 제도 또는 선한 취지의 결정일지라도 실행의 단계에서 모두가 적극적인 협조가 일어나는 것은 아니다. 논의의 단계에서 드러나지 않았던 수많은 문제들이 실행의 단계에서 드러나게 된다. 사람들은 자신이 결정의 과정에서 배제된 사항을 실행할 때 동기는 떨어지게 마련이다. 특히 결정의 방향이 자신이 원하는 방향의 반대인 경우 비록 본인이 실행의 책임자 일지라도 최선을 다하여 실행하지 않는 경우가 많다. 좋은 결정일지라도 좋은 결과를 얻지 못하면 좋은 결정이 아닌 것이 된다.

앞서가는 방법의 비밀은 시작하는 것이다.

시작하는 방법의 비밀은 복잡하고 큰 일을,

다룰 수 있는 작은 업무로 나누어,

그 먼저 할 일부터 시작하는 것이다.

마크 트웨인

넘쳐도 탈이 나지 않는 힘은 되게 하는 힘이다.

강하면 부족한 생각도 보완해 주지만

약하면 좋은 생각도 무력화시킨다.

Part 3

되게 하는 힘, 무력務力

01

되게 하는 인(人)의 성장

思務力

나의 명함 지갑에 오래도록 넣고 다닌 화투 한 장이 있다. 비광이다.
결혼반지 다음으로 오랜 시간 가까이한 물건인 셈이다. 이 화투와
의 인연은 나의 호기심에서 비롯되었다. 비광에 들어 있는 그림의
뜻은 '될 때까지 계속하라'라는 얘기를 듣고 정말 그런지 확인하고
싶어졌다. 하지만 찾아볼 마땅한 방법이 없었다. 지금이야 인터넷을
통해 너무도 쉬워진 일이지만 그 때는 그랬다.

알고 싶었던 것은 비광 그림 속 사람이 정말 실존 인물인지 그리
고 그 그림을 12월에 그린 이유가 '자신을 돌아보고 새로운 각오로
다시 시작하여 당신이 원하는 목표를 달성하라'는 멋진 뜻이 들어
있는 것인지였다. 일본 화투를 직접 구해 보는 편이 빠르겠다 싶었
다. 시간은 좀 걸렸지만 일본에 살고 있는 친구에게 부탁을 했고 잊

고 지내던 어느 날 내 손에 들어오게 되었다.(그림 참조)

내가 들은 내용은 일본 서예가였던 오노도후가 개구리를 보며 깨닫는 장면이라는 것이었다. 비광에 그려진 소재는 우산을 든 사람과 개구리 그리고 한 그루의 나무다. 갑작스러운 비로 불어난 도랑에서 벗어나기 위해 애쓰던 개구리 한 마리가 물기를 머금어 미끄러워진 능수버들에 미끄러지기를 반복하다가 결국 원하는 곳으로 벗어나는 것을 보며 감동을 받았다는 것이다. 하찮은 미물인 개구리도 이토록 치열하게 살아가는데 학문의 길을 중도에 포기하려고 했던 자신이 부끄럽게 생각이 들었다고 한다. 그 반성이 새로운 시작으로 이어지고 결국 일본 최고의 서예가의 반열에 오르게 되었다는 스토리다.

친구가 보내준 화투 중 비광을 우리 화투와 비교해 보니 다른 점 두 가지가 눈에 띄었다. 하나는 우산을 든 주인공의 시선이다. 일본 화투의 또 다른 하나는 우리 화투에는 없는 말뚝이다. 추측컨대 전해들은 얘기 속의 능수버들 나무를 표현한 것으로 생각되었다. 주인공은 개구리를 쳐다보며 생각에 잠긴 표정이었다. 그 주인공이 일본인이라는 것은 마음에 걸렸지만 이 그림 속의 메세지는 마음에 닿았다. 무엇이든 목표를 분명하게 하고, 달성까지 과정에 최선을 다하고라는 메시지는 훌륭했다.

이러한 이유로 이 한 장을 어디다 둘까 고민하다가 명함 지갑 속에 두게 되었다. 그동안 지갑과 명함은 여러 번 바뀌었지만 이 한 장은 버리지 못하고 늘 따라다니게 되었다.

모든 생물은 위대한 실행가 들이다. 인간이 앉아서 생각에만 잠겨 있는 때도 생물들은 무언가 행동을 한다. 인간은 생각하는 동물이지만 세상에 생각하는 힘만으로 이루어지는 것은 없다. 생각하는 힘이 아무리 강해도 이를 실행에 옮겨 결과로 만들어야만 한다. 결정을 결과로 만드는 힘이 되게 하는 힘이다.

'하면 된다'와 '되면 한다'가 맞서고 있다. 없던 시대에 말 그대로 무에서 유를 창조한 산업화 세대는 젊은 시절을 '하면 된다'는 불굴의 의지가 넘치는 풍토에서 많은 것을 일구어 왔다. 그 결과가 지금의 찬란함으로 이어졌기에 다음 세대도 그 정신을 이어 받는 것을 당연하게 생각한다. 그렇지 않으면 위태로울 것이라고 걱정을 한다. 그러나 요즘 세대의 생각은 분명 다르다. '왜 안 되는 것을 무리하게 하려 하는가?'에 의문을 던진다. '되면 하지' 안되는 줄 알면서 무모하게 하는 것은 바보나 하는 짓이라 여긴다. 두 생각이 모두 공존하는 길은 없을까? 되는 방법도 제시하지 못하고 밀어만 붙이지 말고 되는 방법을 찾아 확신을 가지고 실행을 시작하게 하여야 한다. 그러면 더 확실하게 되게 할 수 있다

새해 결심 중 성공하는 비율은 8%에 불과하다는 조사가 있었다.

새해 결심 중에 나쁜 결심은 없다. 그러나 아무리 좋은 결심이라 해도 좋은 결과로 이어지는 것은 아니다. 새해 결심만 그런 것이 아니다. 가장 쉽게 창업하는 음식점의 경우도 창업하고 3년을 버티는 업소는 10% 수준이다. 일도 마찬가지다. 수없는 시도를 하였지만 해결되지 않은 문제들을 보라. 대학 입시제도, 부동산 관련한 제도 등 수많은 대책이 있었지만 여전히 여러 가지 문제를 안고 있다. 어학 공부도 운동도 마찬가지다. 굳은 결심으로 시작되지만 대부분 끝까지 해내지는 못한다.

분명한 것은 시도의 많고 적음이 아니라 최종 결과의 양과 질이다. 일단 한번 해보자의 일단이 진퇴양난의 곤란한 상황을 초래하기도 한다. 따라서 관점은 분명 시작이 아닌 일의 결과에 두어야 한다. 실행을 중시한다는 것은 행동을 중시한다는 것보다 결과를 중시하는 것에 가깝다. 즉 목적과 목표를 중심에 두고 일을 해 가는 것이다.

앞서 소개한 화투 한 장이 내게 말해주는 실행의 가르침은 크게 네 가지다.

- 하나, 목표는 분명하게 한다.
- 둘, 방법은 현명한 길을 찾는다.
- 셋, 과정은 열(熱)과 성(誠)을 다해 최선을 다한다.
- 넷, 결과는 쿨(cool)하게 받아들인다.

화투 속의 개구리 한 마리가 서 있는 장소가 곧 개구리에게는 목표였다. 그 목표에 이르는 길은 험난한 도랑이다. 거센 물을 거슬러 헤엄쳐야 하고 미끄러운 나무에 여러 번 미끄러져야 하는 길이다. 그러나 사즉생의 자세로 힘을 다하라는 뜻이다. 하지만 모든 것이 다 그런 것은 아니다. 아무리 노력을 해도 때로 현실은 넘기 어려운 수많은 장벽들을 만나게 된다. 그래서 좌절하기도 한다. 하지만 주어진 결과가 무엇이든 뜻이 분명하고 과정에 소홀함이 없었다면 부끄러울 것은 없을 것이다. 그리하여 결과가 무엇이든 쿨(cool)하게 승복하는 자세가 생긴다.

되게 하는 힘의 기본 중 하나는 목표의 명확화다.

목적과 목표가 분명하지 않은 일은 추진의 단계에서 시작의 의도와는 전혀 다른 방향으로 변질된다. 일을 통해 얻으려 하는 것이 무엇인지를 명확히 알지 못하면 제대로 실행이 될 수 없다.

목표가 두 가지를 제시해 준다. 먼저 목표는 우선순위를 분명하게 해 준다. 또 목표는 그 일을 잘한다는 것의 기준을 제시해 준다. 즉 목표에는 무엇에 집중해야 하는지 어느 수준으로 하여야 하는지를 분명하게 하여 준다. 이를 위해서 목표는 스마트(S.M.A.R.T)의 관점에서 작성해야 한다. 또 큰 목표는 하위목표(task goals)로 세분화하고, 정성적인 것은 행동목표로 구체화하여야 한다.

목표는 스마트(SMART)해야 한다. 즉 구체적이고(Specific), 측정
가능 하며(Measurable), 현실적이며 동시에 도전적이어야 하고
(Attainable), 중요하고(Relevant), 달성 시기가 표시(Time based)되어
있어야 하는 5가지를 갖춰야 한다는 것이다. S.M.A.R.T가 말하는 목
표 설정의 핵심 포인트 5가지는 일하는 모든 사람들의 몸에 배어
있어야 한다.

(1) S. specific 구체적일 것

서양 사람들은 분석적으로 생각하고 동양 사람들은 종합적으로 생
각한다고 말한다. 분석은 말 그대로 쪼개고 나누는 것이고 종합은
반대로 통합하는 것이다. 이러한 사고 구조의 영향인지 몰라도 우
리는 목표를 구체적으로 말하지 않는다. 예컨대 '경쟁력 제고'이라
고 뭉뚱그려 말한다.

'소통 강화', '체질 개선', '의식 함양' 같은 추상적인 목표를 제시
하는 경우를 흔하게 보게 된다 이러한 추상적인 목표는 해석도 제
각각 하게 된다. 구체적인 목표를 제시하라는 것은 무엇을 달성하
려고 하는 것인지를 구체적인 것으로 명확하게 제시하라는 의미다.

(2) M. measurable 측정할 수 있을 것

측정의 핵심은 정도를 숫자로 표시하는 데 있다. '이 수박 달아요.' 에는 정도가 없다. '얼마나 달은가?'가 정도다. '당도 10.2 브릭스 입니다'에는 정도가 들어있다.

이처럼 숫자는 정도를 가장 쉽게 이해하도록 해준다. 지진(地震)의 크기도, 화상(火傷)의 정도도 행복(幸福)한 정도도 이제 우리는 숫자로 말한다. 목표를 숫자로 말하지 않으면 어느 정도를 가늠하기 어렵게 된다. 또 얼마나 개선되었는 지 확인할 방법도 관리할 방법도 없다. 측정할 수 없으면 관리할 수 없다. 맞는 말이다. 하지만 무엇을 어떻게 측정할 것인가에 따라 결과는 달라진다. 측정할 수 없으면 관리할 수 없지만, 엉뚱한 측정은 우리가 어디에 있는지를 알 수 없게 만들어 버린다. 목표의 달성 여부를 무엇으로 알 수 있는가가 M이다.

(3) A. attainable 현실적이고 도전적 일 것

낮은 목표는 달성이 쉽다. 결과적으로 더 할 수 있는 것도 어느 선에서 멈추게 하기도 한다. 또 지나치게 높은 목표는 현실적이지 않다. 달성이 무리해 보이면 때로 달성 자체를 미리 포기하게 하거나 좌절하게도 한다. 따라서 쉬워서도 안되고 또 너무 무리해서도 안된다는 것이 A(attainable)이다. '이게 가능해?'와 '이 정도는 문제없어' 두 가지를 모두 피하는 목표를 설정하라는 것이다.

(4) R. relevant 중요 할 것

이 목표의 달성이 정말 중요한가를 묻는 질문이다. 더 중요한 상위의 목표와 직접 연결이 되어 있는지 살펴보아야 한다. R(relevant)은 관점을 한 단계 높여 따져 보는 것이다. 나와 부서의 관점에서 벗어나 전체의 관점에서 중요한 것인지 따져 보아야 한다. 또 때로는 우리가 추구하는 방향과 목표가 상충되는 경우도 살펴야 한다.

(5) T. time based 시한이 있을 것

언제 시작하고 언제까지 달성할 것인가를 말한다. 기한이 정해지지 않으면 미루고 싶은 유혹을 받는다. 일정관리의 최대의 적은 미루기이다. 사람들은 마감시간이 정해진 일을 그렇지 않은 일보다 중요하게 생각하는 경향이 있다. 때문에 닥쳐서 집중하기도 하고 반대로 닥치지 않으면 집중하지 못한다.

중간 목표는 그래서 중요하다. 중간의 기점이 없이 최종의 시한만을 정하는 경우보다 중간 기점에 중간 목표를 설정하고 점검하는 것이 달성을 훨씬 가능하게 만들어준다. 특히 달성까지 기간이 오래 걸린다면 중간 어디(mile stone)에서 어느 수준까지 달성할 것인지를 반드시 정해야 한다.

요약하자면 SMART한 목표는 구체적인가?, 측정 가능한가? 현실적이며 도전적인가? 중요한가? 기한은 정해져 있나?라는 다섯 질문에 모두 Yes인 상태로 목표를 정하라는 것이다. 이 다섯 조건에 맞

추어 목표를 정하다 보면 목표에 대한 기술이 길어지게 된다. 하지만 그렇게 정해야 제대로 된 목표가 된다

행동목표의 작성

오타니 쇼헤이는 미국 메이저리그에 진출한 일본의 프로야구 선수다. 그를 검색하면 결과가 크게 두 가지로 나뉜다. 하나는 야구선수, 다른 하나는 그가 고등학교 시절에 작성하였다는 목표다. 야구선수가 그것도 고등학교 1학년 때 작성한 목표가 여러 사람들에게 회자되는 이유는 목표를 세울 때 참고할 점이 많기 때문이다.

직장 일을 하다 보면 목표를 세우는 일은 일상적인 일이다. 매번 문서를 만들 때마다 얻고자 하는 것이 무엇인지 목표를 제시한다. 또 매년 업무 목표를 수립하고, 직원들이 달성해야 하는 목표에 대해 면담하고, 평가하고 또 자신의 실적을 평가받는 일을 반복한다. 그런 직장인들도 대부분 목표를 명확하게 작성하는 것을 어려워한다.

반면 오타니가 제시한 목표는 명확하다. 그는 만다라트(Mandal Art)라는 기법을 활용해 작성했다. 만다라트는 아이디어를 강제적으로 발상하기 위해 만들어진 방식이다. 즉 한 가지에 8개의 세부 아이디어를 강제적으로 정리하게 하는 방식이다. 그리고 8개의 세부

몸관리	영양제 먹기	F5Q 90kg	인스텝 개선	몸통 강화	축 흔들지 않기	각도를 만든다	위에서부터 공을 던진다	손목 강화
유연성	몸 만들기	RSQ 130mg	랠리즈 포인트 인정	제구	불안정 없애기	힘 모으기	구위	하반신 주도
스테미너	기동력	식사 저녁7숟갈 아침3숟갈	하체 강화	몸을 열지 않기	멘탈을 컨트롤	볼을 앞에서 릴리즈	회전수 증가	기동력
뚜렷한 목표 목적	일회일비 하지 않기	머리는 차갑게 심장은 뜨겁게	몸 만들기	제구	구위	영양제 먹기	영양제 먹기	체중 증가
핀치에 강하게	멘탈	분위기에 휩쓸리지 않기	멘탈	8구단 드래프트 1순위	스피드 160km/h	몸통 강화	스피드 160km/h	어깨주변 강화
마음의 파도를 안만들기	승리에 대한 집념	계획성	인간성	운	변화구	기동력	라이너 캐치볼	피칭 늘리기
감성	사랑받는 사람	계획성	인사하기	쓰레기 줍기	부실 청소	카운트볼 늘리기	포크볼 완성	슬라이더 구위
배려	인간성	감사	물건을 소중히 쓰자	운	심판을 대하는 태도	늦게 낙차가 있는 커브	변화구	좌타자 결정구
예의	신뢰받는 사람	지속력	긍정적 사고	응원받는 사람	책읽기	직구와 같은 폼으로 던지기	스트라이크 볼을 던질 때 제구	거리를 상상하기

항목을 다시 또 8개의 세부 아이디어로 채우게 하여 모두 3×3의 격자 9개의 칸을 채우는 기법이다.

정중앙에는 '8구단 드래프트 1순위'라는 스마트 관점의 목표가 있다. 야구 선수에게 이 목표는 구체적이며, 측정 가능하고, 도전적이며, 중요하고, 시한이 분명한 목표이다. 하지만 이러한 목표만 가지고 있다고 하여 일이 이루어지는 것은 아니다.

이를 달성하기 위해서는 목표 달성을 위한 세부 과제(task goals)들로 쪼개는 것이 중요하다. 드래프트 1순위의 투수가 되려면 갖춰야 하는 것이 무엇일까? 볼 스피드, 구위, 제구력, 변화구의 구사능력, 몸만들기 등은 기본일 것이다. 이를 나누어서 보는 것이다. 오타니는 여기에 운과 인간성이라는 두 가지를 더했다. 운과 인간성은 성량석인 평가가 쉽지 않은 정성석인 것이다. 하지만 목표달성을 위해 분명 필요해 보이는 항목이다.

그렇다면 '운'이 따르는 선수가 되기 위해서는 내가 할 수 있는 것은 무엇인가? 이 정성적인 목표 아래에 그는 '인사를 잘 한다'와 '심판을 존중하는 마음으로 대한다' 같은 행동목표를 썼다. 이 부분이 탁월한 점이다.

수치적 목표보다 행동 목표가 강조되고 있다. 행동목표가 분명해야 실천 가능하기 때문이다. 존경받는 부잣집 경주 최씨 가문의 정신이 계속될 수 있던 비결의 하나는 분명한 행동목표를 제시했기 때문이다. 아들에게 쓴 편지 형식을 빌려 쓴 벤자민 플랭클린의 자서전에 제시한 13덕목도 보면 분명한 행동목표를 바탕으로 하고 있다. 절제는 실천하거나 이루기 어려운 일이지만 취하도록 술을 마시지 않는 것은 측정 가능하고 통제 가능한 일이다. 이와 같이 목표와 직결된 구체적인 행동을 규정하는 것도 중요한 목표 작성의 기술이 된다.

경주 최씨 가문의 6훈

1. 과거를 보되, 진사 이상은 하지 마라
2. 재산은 만 석 이상 지니지 마라
3. 과객을 후하게 대접하라
4. 흉년기에 땅 사지 마라
5. 근검절약_ 며느리는 시집온 후 3년 동안 무명옷을 입어라
6. 사방 백 리 안에 굶어 죽는 이가 없게 하라

벤자민 프랭클린의 13덕목

1. 절제: 둔해지도록 먹지 마라. 취하도록 술을 마시지 마라.
2. 침묵: 남이나 자신에게 유익하지 않은 말은 하지 마라. 하찮은 대화는 피하라.
3. 정돈: 제 물건을 제자리에 두고, 자기 할 일을 제 때에 하라.
4. 결단: 해야 할 일은 하기로 결심하라. 결심한 것은 어김없이 이행하라.
5. 절약: 남이나 자신에게 유익한 일 외에는 돈을 쓰지 마라. 즉, 아무것도 낭비하지 마라.
6. 근면: 시간을 허비하지 마라. 항상 유익한 일에 종사하라. 불필요한 행위는 모두 끊어 버려라.
7. 진실: 남엔게 해로운 속임수를 쓰지 마라. 순수하고 공정하게 생각하고 말도 그렇게 하라.
8. 정의: 남에게 피해를 주거나 응당 돌아갈 이익을 주지 않거나 하지 마라.
9. 중용: 극단을 피하라. 상대방이 받으리라고 생각되는, 상처를 주는 분노를 삼가라.
10. 청결: 몸과 의복, 습관상의 불결함을 묵인하지 마라.
11. 평정: 하찮은 일, 일상적인 일이나 불가피한 일에 흔들리지 마라.
12. 순결: 건강이나 자손 때문이 아니라면 성관계를 드물게 하라. 감각이 둔해지거나 몸이 약해지거나, 자신과 남의 평화와 평판에 해가 되지 않도록 하라.
13. 겸손: 예수님과 소크라테스를 본받아라.

– 벤저민 프랭클린, '자서전' 중에서

오타니가 작성한 목표에는 SMART의 관점과 큰 목표를 세부 목표(Task goal)로 쪼개고 거기에 행동목표의 관점이 더해진 잘 짜인 목표의 사례다. '경쟁력 강화'나 '조직 안정'같은 모호한 목표가 아닌 스마트한 목표를 설정해야 한다. 또 목표가 클수록 이를 달성하기 위한 세부 목표로 쪼개어 제시하고 정성적인 부분은 행동목표로 분명하게 제시하는 것이 목표를 명확히 하는 것이다.

오타니의 목표가 지금의 오타니를 만들어 준 것은 아니겠지만 그가 작성한 목표는 분명 나침반 역할을 했을 것이다. 이처럼 목표를 제대로 작성하는 것은 실행에 결정적인 도움을 준다.

일이 되게 하려면 목표를 중심에 두고 일을 추진하여야 한다. 되게 하는 힘을 네 가지의 힘으로 나누어 살펴보고자 한다. 먼저 고려하는 힘이다. 이는 실행에서 어떤 일이 벌어질지 예측하고 이를 어떻게 통제할 것인지 사전에 계획하는 힘이다. 그리고 실행하는 힘이 중요하며 협력을 끌어내는 힘과 소통하는 힘이다. 이 네 가지 힘에 대해서는 다음의 장에서 하나씩 살펴보기로 한다.

02

고려하는 힘, 계획력

思務力

1962년 존 F 케네디 미국 대통령은 미 의회에서 전 세계가 깜짝 놀 랄 발언을 한다. "1970년이 되기 전에 사람을 달에 보낼 것입니다. 쉬운 일이어서 하는 것이 아닙니다. 어렵기 때문에 하려는 것입니 다." 지금까지 인류가 세운 계획 중에 가장 도전적이고 실행하기 힘 들었던 계획은 이렇게 시작되었다. 난이도 면에서도 또 투입한 돈 의 규모에서도 역대급이다. 그리고 1969년 7월 20일 오후 10시56 분 인간은 처음으로 달에 첫 발자국을 남겼다.

이 성공까지 인간을 달에 보내겠다는 계획은 실행의 단계에서 수 많은 어려움에 부딪혔다. 가장 큰 위기는 1967년에 있었다. 미국의 세 우주비행사(그리섬, 화이트, 채피) 지상훈련 도중 발생한 화재로 목 숨을 잃는 참사가 일어났다. 이 예상치 못한 비극은 당시 미국 사회에 엄청난 충격을 주었다. 언론에서도 항공우주국(NASA)이 야기한 인재라는 비판이 일었고, 아폴로 계획은 취소의 위기에 몰렸다. 특히 더 급한 일도 많은데 쓸데없는 것에 예산을 낭비하고 있다고 민주당을 압박하던 미국 공화당 입장에서 프로젝트를 중단 시킬 수도 있는 어마어마한 파괴력을 가진 사건이었다. 결국 미 의회는 아폴로1호 우주선 화재사건의 진상을 규명하기 위한 청문회가 열렸다.

이 청문회에 출석한 프랭크 보어만(Frank Borman)은 화재의 원인이 무엇이냐는 의원의 질문에 의미심장한 답변을 하였다. 정확한 의미 전달을 위해 영어 원문을 인용한다. 그의 답변은 'Failure of imagination. We just did not think of it.'이었다. '상상하지 못한 잘못이죠. 우린 아무도 이런 일이 벌어질 수 있다는 것을 상상조차 하지 못했습니다.'

실행에서는 이처럼 상상조차도 하지 못한 일들이 종종 벌어진다. 그러한 일들은 계획한 목적과 목표를 달성하는 데 위협이 된다. 우리는 앞에 벌어질 일들을 예측하여 통제하고 싶어 하지만 어쩌면 이 영역은 인간에게 허락되지 않은 범위의 일이다. 따라서 실행은 어렵다. 계획과 다르게 전개되는 것이 다반사다. 이 속에서 원하는 결과를 얻기 위해 고군분투하는 과정이다.

실행계획을 수립하는 데 가장 기반이 되는 것은 실행단계에서 일어날 수 있는 수많은 일들을 다각도로 예측해 보는 것이다. 프랭크 보어만의 표현대로 상상조차 안 했기 때문에 아무런 준비도 없었고 참사로 이어진 것이다. 예측은 항상 최악의 상황을 가정하여 다각도로 상상해 보아야 한다. 그 예측의 품질이 곧 어떻게 추진해 갈 것인지 실행계획을 구체화하는 밑거름이 되기 때문이다. 계획한 목표, 기한, 예산, 품질에 영향을 미칠 수 있는 불확실한 상황과 위해 요인 즉 실행 리스크에 대한 상상이다.

실행에서 만나게 되는 리스크는 크게 투입(input)과 과정(process) 그리고 결과(output)의 리스크로 나누어 생각해 볼 수 있다. 결과의 리스크란 원하는 결과를 얻지 못하는 질(質)의 미달 유형이다. 과정의 리스크란 과정에서 예상치 못한 장애를 만나 납기를 맞추지 못하거나 시간이 지연되는 리스크이다. 마지막으로 투입의 리스크란 계획에 비해 현저하게 투입하여야 할 자원이 증가와 관련된 것이다.

면밀한 고려가 없는 허술한 계획은 실행 단계에서 바로 문제로 나타난다. 최저임금법이 그랬고 52시간 근무제도 그랬다. 면밀한 고려는 다음 세 가지의 측면에서 바라보아야 한다.

───── **결과의 리스크, 질의 미달에 대한 면밀한 고려** ─────

실행의 목적은 원하는 결과를 얻는 것이다. 경영에서 결과는 과정보다 훨씬 중요하다. 아무리 실행의 과정에 결과를 만들지 못한 이유가 많아도 결과가 나쁘면 모두 변명에 불과하다.

2009년 중앙일보는 새로운 결정을 실행에 옮겼다. 신문의 크기를 베를리너판(Berliner Format)이라 부르는 (Berliner Format)가로 323mm, 세로 470mm크기로 바꾼 것이다. 이전의 크기는 가로 391*mm*, 세로 545*mm*로 대판(Broadsheet)이라 부른다. 중앙일보는 당시 '판을 바꿨다'는 카피로 대대적인 광고를 했다. 큰 신문의 읽는 불편함을 줄인 독자 친화적인 판형으로 변경하여 신문시장에서 새로운 돌풍을 일으키는 모멘텀이 되기를 바랐다. 신문에서 크기를 줄이는 것은 말 그대로 판을 뒤흔드는 일이다. 이 결정을 실행하려면 윤전기라는 신문을 인쇄하는 기계부터 바꾸어야 한다. 신문을 인쇄하는 윤전기는 세트당 수백억을 호가하는 고가 장치이다. 일간신문사들은 이러한 윤전기를 10세트 이상 보유하고 있다. 단순하게 크기를 줄이는 것이 아니라 제작 시스템, 인쇄 시스템 등 모든 것을 바꾸어야 가능한 일이다. 이러한 투입이 필요하다는 것을 잘 알면서 판을 바꾼 결정을 단행한 것은 그 결과가 투입 이상의 효과가 있을 것이라는 판단이 있었기 때문일 것이다. 그러나 실행 10년이 지

난 지금의 시점에서 판단해보면 당초 기대한 결과를 얻었는지는 의문이다. 이후 모든 신문 크기의 표준은 베를리너 판이 될 것이라고 하였지만 경쟁 일간지들은 아직도 대판을 유지하고 있다. 또 이 결정이 신문시장에서 중앙일보의 시장점유율을 높이는 계기가 되었다는 평가도 나오지 않았다.

결과의 리스크는 실행을 정말 잘 하고도 원하는 결과를 얻지 못하는 것이다. 중앙일보의 판형 변경의 실행 과정은 모든 면에서 완벽해 보였다. 한치의 차질이 없이 판을 바꾸었고 계획에 맞추어 광고와 판촉활동이 체계적으로 이루어졌다. 하지만 원하는 결과는 이루었는지는 의심스럽다. 아무리 추진을 잘해도 원하는 결과를 얻지 못한다면 완벽한 실행도 실패작으로 남게 된다.

──── 과정의 리스크, 시간의 지연에 대한 면밀한 고려 ────

시간의 지연이 얼마나 큰 리스크인지를 보여주는 대표적인 사례는 베를린 브란덴베르크 신공항(BER)의 건설 사례이다. 독일은 베를린의 기존 공항인 테겔, 쇠네펠트 공항이 국제공항으로서 규모가 작다는 지적을 받아들여 축구장 2000개의 규모인 신공항을 건설하기로 하였다. 1993년에 계획에 착수하여 96년 입지를 선정하였고 99년 이주를 시작하여 2006년 착공에 들어갔다. 개항 예정 시기는

2011년 10월이었다. 이후 개항시기를 1년가량 2012년 6월로 연기하였다. 그리고 공항 건설은 차질 없이 이루어졌고 2011년 1만 명의 승객과 1만 5천 개 규모의 화물을 처리하는 점검까지 마쳤다. 예정된 2012년 6월 개항은 문제없어 보였다.

신공항을 오픈하는 것은 엄청난 규모의 일이다. 인력이 재배치되어야 하고 각종 쇼핑몰이 입점해야 하고 연계된 대중교통 등을 갖춰야 하는 국가적인 행사이다. 개항을 알리기 위해 일에 맞춰 대대적인 개항 행사도 열어야 하고 이 공항이 개항으로 기존의 테겔 공항과 쇠네펠트 공항은 폐쇄할 예정이었다. 그런데 개항을 정확히 3주 앞두고 또 다시 개항을 연기하는 일이 벌어졌다. 이로 인한 혼란은 엄청났다. 몇 가지 사실을 열거해 보면 다음과 같다.

- **사실 1**: 1백만명의 승객에게 공항이 바뀌었음을 알려 주어야 했다.
- **사실 2**: 메르켈 총리를 비롯한 4만명의 개항행사 초청인사에 3주전에 취소되었음을 알려야 했다.
- **사실 3**: 면세점 등 공항내 사업자와의 계약을 변경하여야 했다. 또 지연으로 인한 손해에 대해 법적인 책임을 져야 한다.
- **사실 4**: 폐점 세일을 하던 기존공항의 가게들은 영업을 지속하도록 변경해야 한다.
- **사실 5**: 공항운영을 위해 배치된 각종 특수장비들을 재배치 하여야 한다.

개항을 지연한 대가는 컸다. 2012년 BER 개항 연기 소동은 전 세계의 웃음거리가 되어버렸다. 철저함의 대명사였던 독일인의 자존심에도 상처를 입었다. 당초 계획한 예산 3조는 개항의 지연으로 눈덩이처럼 불어났다. 지금까지 총 6번의 개항 연기라는 오명을 기록한 BER의 개항시기는 2020년 가을을 목표로 하고 있지만 아직도 미지수이다. 경보 시스템의 오작동이 주요 개항 지연 요인으로 알려진 BER의 개항 지연 사례는 시간의 지연이 얼마나 큰 리스크 인지를 생각하게 하는 대표적인 사례이다.

─ 투입의 리스크, 소요자원(양)의 증가에 대한 면밀한 고려 ─

베를린 신공항의 당초 예상 건축비는 2조 6천억 원 수준이었다. 그러나 2018년 AFP의 보도에 따르면 9조 5천억 규모로 예상하고 있다. 같은 규모의 공항 3개를 건설할 비용으로 하나의 공항을 진 셈이 되는 것이다.

파나마 운하의 건설 사례도 마찬가지다. 이 운하의 건설은 수에즈 운하 건설을 성공적으로 마친 프랑스의 젊은 엔지니어 레셉스가 책임을 맞는다. 모든 투입은 수웨즈 운하 건설의 경험을 바탕으로 계산되었다. 그러나 수에즈 지역과 파나마 지역은 지형과 기후 등 자연환경이 크게 달랐다. 수에즈 지역은 건조한 사막형 기후였지만,

파나마는 강우량이 3,000 밀리미터에 달하는 열대 우림 지역이었다. 결국 9년 동안 굴착했으나 운하의 완공은 1/10에도 못 미친 상태에서 파나마 운하 건설은 중단됐다. 이와 같이 허용범위를 훨씬 초과한 투입은 당초에 계획한 목적과 목표를 달성하더라도 그 가치를 희석시킨다. 상처뿐인 승리를 안겨주는 셈이다.

리스크의 평가

리스크를 면밀하게 고려하다 보면 서로 상충되는 리스크가 공존하고 있음을 알게 된다. 어떤 행사를 계획한다면 손님이 너무 많이 와서 발생하는 리스크도 있지만 반대로 너무 적게 오는 것 또한 리스크로 고려하게 된다. 이 경우 그 대응을 어떻게 계획하여야 하는가? 더 큰 장소를 빌려 전자의 리스크를 대응해야 하는가? 아니면 저 작은 장소를 빌려 후자의 리스크를 대비해야 하는가? 서로 모순이 되는 구조이기에 선택은 쉽지 않다.

대응을 계획한다는 것은 모든 리스크에 대한 대책을 수립하는 것이 아니다. 어떻게 대응하는 것이 가장 효과적인지를 따져보고 준비하는 과정이다. 실행의 단계에서 예상되는 모든 리스크를 상정하여 모든 상황에 대한 대응을 계획하는 것이 바람직한 것은 아니다. 예측을 한다는 것은 어떤 일이 발생할 가능성이 있다는 것을 말한다. 어떤 일이 일어날 가능성이 있다는 것은 또 일어나지 않을 수도 있다는 뜻이 된다. 따라서 모든 상황에 대해 대응을 하면 때로 비용이 증가하는 원인이 되기도 한다.

이러한 이유로 예상되는 리스크를 효과으로 대응하기 위해서는 리스크에 대한 분류가 필요하다. 기준의 하나는 발생 가능성이다. 또 다른 기준은 일어났을 때의 심각한 정도, 즉 영향력이다. 일어날 가능성을 X축에 두고 일어났을 때의 심각성을 Y축으로 삼아 하나의 매트릭스를 만든다. 이곳에 고려된 리스크가 어느 영역에 위치하는지를 하나씩 평가한다. 그러면 어떤 리스크를 어떻게 대응해야 하는지 그 방향이 잡히게 된다. 당연히 발생 가능성도 높고 발생 시 임팩트도 큰 영역에 대응이 집중되어야 한다.

일반적으로 접근하는 가이드는 다음과 같다.

A. 일어날 가능성도 높고 발생시 심각한 정도도 크다.

　→ 집중 관리한다.

B. 일어날 가능성은 높지만 발생 시 심각한 정도는 보통이다.

　→ 발생 가능성을 통제한다.

C. 발생시 심각한 정도는 크지만 발생 가능성은 보통이다.

　→ 발생시 영향력을 줄일 대책을 마련한다.

D. 일어날 가능성도 발생 시 심각도도 보통이다.

　→ 대책보다 상황을 주시한다.

E. 일어날 가능성도 발생 시 심각도도 낮다.

→ 무시한다.

리스크에 대한 대응

대책은 종류가 많아 보인다. 종합대책, 근절방안, 시정대책, 임시대책, 잠정대책, 적응대책, 재발방지대책, 예방대책, 발생시 대책, 사전대책, 사후대책 등 모두 자주 쓰는 용어이다. 대책을 부르는 이름이 다양하다고 대책 자체가 다양한 것은 아니다. 대책은 본질적으로 두 가지의 유형이라 할 수 있다. 즉 원인을 통제하는가 아니면 결과(또는 영향)를 통제하는 대책인가이다.

여기에 발생 시점이 과거인지 미래인지에 따라 구분하면 네 가지로 나누어 볼 수 있다. 이미 발생한 문제의 원인을 찾아 원인을 통제하는 대책을 시정대책(collective action)이라고 한다. 반면 향후 문제를 유발할 원인요소를 찾아 미리 문제가 발생하지 않도록 취하는 대책을 예방대책(preventive action) 이라 한다. 발생한 문제로 인한 영향을 최소화하는 대책은 적응대책(adaptive action), 향후 발생 시 취할 대책을 발생시대책(contingent action)이라 한다. 예방대책을 사전대책이라 칭하기도 하고 발생시대책을 사후대책 이라고도 한다.

리스크에 대한 대응을 준비한다는 것은 미리 예방할 것인가 아니면 발생 시 대응을 할 것인가에 대한 사전의 판단이다.

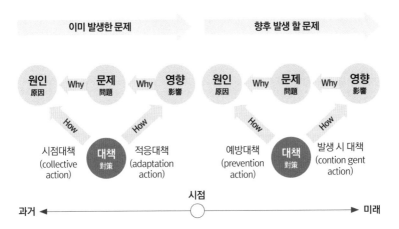

〈대책의 유형〉

───── 예방대책(preventive action) ─────

예방대책은 향후 발생할 문제를 다룬다. 미래에 발생할 가능성을
줄이는 대책이다. 진정한 고수는 터진 문제를 잘 해결하는 것이 아
니라 문제 자체를 발생하지 않게 한다. 후진국의 병원은 이미 아파
서 온 환자가 대부분이지만, 선진국의 병원은 아프기 전에 예방의
차원에서 병원을 오는 환자의 비율이 높아진다. 의료보험 공단의
조사 결과에 의하면 아파서 병원을 찾은 환자는 예방활동을 한 사

람보다 훨씬 더 많은 의료비 지출한 것으로 조사되었다고 한다.

조직도 마찬가지다. 앞서가는 조직은 닥친 문제의 해결보다 문제 자체의 예방에 더 초점을 맞춘다. 예방활동에는 돈이 수반되지만 결국 문제 발생을 줄여 전체 비용을 감소시켜준다. 효과적으로 예방대책을 세우려면 예상되는 문제를 유발하는 원인 요인에 대한 분석이 선행되어야 한다. 예방대책은 미래 문제의 발생 원인을 통제하여 발생 가능성을 줄이는 대책이다.

발생시대책(contingent action)

발생 시 대책은 향후 어떤 문제가 발생할 경우 어떻게 그 영향을 최소화할지를 고민하여 만든 대책이다. 좋은 발생 시 대책은 문제를 예방할 수는 없지만 문제로 인한 충격의 크기는 줄일 수 있다. 자동차에 장착된 에어백을 예로 들어보자. 에어백이 설치되면 자동차 사고가 일어날 확률이 줄어드는가? 전혀 영향이 없다. 에어백은 자동차 사고의 원인을 통제하지 못한다. 에어백은 단지 사고 발생시 운전자의 사망확률과 부상정도를 줄여준다. 문제로 인한 영향을 통제하는 것이다. 그런 면에서 발생 시 대책을 사후대책 예방대책을 사전 대책이라고 부르기도 한다.

발생 시 대책도 향후 불확실한 미래문제를 다룬다. 이러한 문제일

수록 작동시점(Trigger Point)이 중요해진다. 에어백은 언제 작동해야 하는가? 사고가 나고 충격을 받은 후에 에어백이 작동되었다 생각해 보자. 이 경우 에어백은 사고로 인한 영향을 통제하지 못한다. 또 반대로 사고도 나지 않았는데 약간 급브레이크를 밟은 상황에서 에어백이 작동되었다 가정해보자. 돈 들여 고쳐야 하니 오히려 나쁜 결과를 만든다. 너무 일찍도 아니고 너무 늦게도 아닌 작동의 골든 타임을 찾아 작동 시점을 정해야 된다. 트리거 포인트(trigger point, 권총의 방아쇠를 당기는 시점이란 뜻) 발생시 대책에서 중요한 개념이다. 효과적으로 발생시대책이 작동하려면 대책의 결행시점을 신중하게 검토하고 미리 설정해 두어야 한다.

실행관리에서 시간(Time), 질(Quality), 예산(Cost) 세 요인이 중요하다. 실행은 비용이 따른다. 계획된 비용을 들여 기간 안에 원하는 결과를 만들어 내는 것이 실행이다. 이 세 가지 요인은 모두 실행의 실패비용을 가지고 있음을 앞에서 살펴보았다. 이 셋 중 계획의 단계에서 가장 중요한 요인을 한 가지를 들라면 단연 시간이다. 시간은 사실 돈으로 잘 환산되지 않기에 간과한다. 하지만 시간의 실패는 비용의 증가로 바로 직결된다. 기한 내 생산을 못하면 바로 납기 지연금을 바로 부담하기도 하고 화물선으로 싸게 나를 것을 비행기로 비싸게 나르는 결과를 초래하기도 한다. 어떤 일이 지연되면 그만큼 인건비가 그 일에 투입되는 것이고, 다른 일을 하는 기회를 잃는 것이기에 기회비용도 따른다. 보통 이러한 것들은 비용으로 계산되지 않는다. 하지만 분명한 비용이다.

그런데 계획에서 가장 소홀하게 다루어지는 부분이 있다면 일을 마무리한 기한과 투입되는 시간에 대한 검토이다. 예산은 세목까지 대부분 디테일하게 검토한다. 하지만 일정계획은 그렇지 않다. 데드라인이 분명한 개발계획이 아닌 대부분의 계획은 데드라인이라는 개념이 분명하지 않다. 또 조금 지연이 되어도 전혀 문제 삼지 않게 된다. 이러한 이유로 시간을 중심에 두고 일정계획을 수립해야 한다.

시간계획의 가장 기본적인 도구는 간트 챠트(Gantt Chart)이다. 일정계획을 간트챠트에 입각해 그리면 시간을 중심으로 계획이 다듬어 지게 된다. 간트챠트의 작성을 습관화해보시라. 적어도 다음의 일곱가지는 체계적으로 익히게 된다.

Gantt Chart를 이용해 얻을 수 있는 것
1. 일을 구조화 하여 적당한 단위로 나누게 된다
2. 선행업무가 무엇인지 파악이 된다
3. 누구의 일이고 책임인지를 표시하게 된다
4. 어느 부분에 병목이 생길지 보이게 된다
5. 데드라인이 분명해진다
6. 중간 점검시기(mile stone)이 적절하게 정해진다
7. 실행시 진척사항을 관리하는 기준이 된다

복잡한 프로젝트를 효과적으로 계획하고 관리하도록 도와주는 소프트웨어의 핵심도구는 간트 차트다. 과거에는 유료 소프트웨어였지만 지금은 무료 앱이 다양하게 제공되고 있다. 사용법도 간단하다.

시간이라는 자원을 면밀하게 고려하라는 것은 시간을 단축하라는 뜻이 아니다. 적정시간을 면밀하게 따져 봐야 한다. 중요성에 비해, 허술하게 다루어 지고 있음을 의식해야 한다.

03

추진하는 힘, 실행력

思務力

잭 웰치 (前)GE회장은 기업의 경쟁우위에 대해 이렇게 표현했다. '조직의 경쟁우위는 배우고 배운 것을 빨리 행동에 옮기는 데서 온다. An organization's ability to learn, and translate that learning into action rapidly, is the ultimate competitive advantage.' 배우는 것보다 배운 것을 행동에 옮기는 것이 더 중요하다는 의미 있는 말이다.

일본의 경제성장에 가장 영향을 미친 사람 중의 한 사람은 아이러니하게도 미국인 통계학자인 W. 에드워즈 데밍(W. Edwards Deming: 1900~1993)이라 할 수 있다. 일본에서는 그를 품질을 발견한 사나이(Man who Discovered Quality)라고 부른다. 품질을 높이려면 원가는 증가할까 아니면 절감될까를 생각해보자. 품질을 높이려면 더 좋은 재료를 써야 하니 당연히 원가는 증가한다고 생각하는 것이 과거의 통념이었다. 그런데 에드워드 데밍은 반대의 주장을 펼쳤다. "품질향상은 결국 실질비용을 낮춘다."는 것이었다. 좋은 재료를 쓰면 원가는 늘게 되지만 맛집이 되어 회전율이 증가하면 원가가 절감된다는 논리다. 품질의 향상 → 원가의 절감 → 생산성 향상 → 가격의 인하 → 시장점유율 확대 → 업의 지속 → ROI증가의 선순환의 사이클을 그리게 되고 그 출발은 품질의 향상에 있다는 것이었다. 그의 이 생각은 만들면 팔리는 시대의 미국에서는 받아들이지 않았다. 잭 웰치 회장의 말대로 그의 생각을 배워 그대로 행동에 옮겨 경쟁우위를 얻은 나라는 데밍의 조국 미국이 아닌 일본이었다.

일본의 경영자들이 그를 얼마나 열심히 배우고 배운 대로 행동하였는지는 1950년 6월 그의 강의를 라디오와 TV를 통해 중계한 사실만으로 알 수 있다. 뿐만 아니라 그의 이름을 딴 데밍상과 데밍 메달도 만들었다. 이 메달에는 노벨상의 노벨처럼 데밍의 얼굴이 새겨져 있고 일본의 경제성장기에 노벨상 다음의 권위가 있었다고 한다.

에드워드 데밍이 핵심 강조점은 끊임없이 품질을 개선하는 것의 중요성이었다. 그리고 그 생각은 일본의 경영문화를 상징하는 카이젠(改善의 일본식 발음)의 토대가 되었다. 끊임없는 개선을 이루는 방법으로 강조한 것이 PDCA라는 일반화된 실행의 사이클이다. 이 사이클을 데밍의 바퀴(Shewhart Cycle이라고도 함)라고 칭하는 이유도 그가 이 사이클의 중요성을 강조했기 때문이다.

〈지속적인 개선의 도구 PDCA〉

지속적인 개선

Act | Plan

Check | Do

Act | Plan

Check | Do

지금 시점의
수준

과거 시점의
수준

수준의 향상

시간

------------------ PDCA라는 실행의 기본 ------------------

사실 계획(Plan)-실행(Do)-점검(Check)-반영(Action)(또는 계획, 실행,
평가, 개선)의 PDCA의 과정은 이미 우리가 일상에서 과거부터 사용
해오던 일을 하는 패턴이기도 하다. 집을 짓는 과정에 비유해 보자.
먼저 설계가 필요하다. 설계가 끝나면 착공에 들어간다. 시공의 과
정에서 드러난 허점을 보고 무엇을 개선해야 하는지 찾고 다음 번
집을 지을 때 개선해야 할 것을 반영하여 한 단계 발전하고 새로운
표준이 된다.

이러한 과정을 반복하여 방식이 개선되고 끊임없이 발전하게 되
는 것이다. 이 네 가지의 기능은 실행의 단계에서 매우 중요하다. 계

획은 실행을 쉽게 만들어 준다. 실행 없이는 일이 되지 않으며 점검 없이는 지금 잘 가고 있는지 알 수 없고 적절한 시기에 개입을 할 수도 없게 된다. 또 실행의 경험을 통해서 배운 것을 반영하지 않으면 같은 시행착오를 되풀이하게 된다. 종이 바람개비가 잘 돌아가려면 4개의 날개 모두 중요한 것처럼 계획도 실행도 점검도 반영도 모두 중요하다.

Plan, 계획 즉 설계도의 중요성

계획에서 가장 자주 인용되는 말은 벤자민 플랭클린(Benjamin Franklin)과 아이젠아워(Dwight D. Eisenhower)가 아닐까? 벤자민 프랭클린이 남긴 말은 "계획을 하지 않는 것은 실패를 계획하는 것(If you fail to plan, you are planning to fail)"이다. 아이젠아워는 "계획은 전혀 중요하지 않다. 계획을 세우는 것이 진짜 중요하다. (Planning Is Everything. The Plan Is Nothing.)"라고 했다. "계획대로 승리한 전투는 없지만, 계획 없이 승리한 전투도 없다(No battle was ever won according to plan, but no battle was ever won without one.)"도 그가 남긴 명언이다

아무리 좋은 계획도 계획대로 되지 않는다. 계획은 미래를 다루는 영역이다. 미래의 일은 예측할 수는 있지만 모든 것을 다 통제할 수 있는 영역이 아니다. 계획은 단지 실행의 디딤돌을 만드는 것이다. 그런데 때로는 이러한 계획이 실행의 걸림돌이 되기도 한다. 계획을 세우느라

실행이 늦어지기도 하고 전혀 도움이 되지 못하는 실행계획도 많다.

계획은 치밀해야 한다기보다는 튼실하여야 한다. 보다 탄탄하고 실질적이어야 한다는 뜻이다. 치밀한 계획이 선(善)이 아닌 경우는 많다. 오히려 '대강 철저히'해야 하는 것이 모범답에 가까울 때도 많다. 계획의 철저함 보다 튼실함(견고하되 실전에 통하는)을 중심에 두고 수립해야 한다.

계획은 어떻게 원하는 결과물을 달성할 것인지를 그 업무와 절차를 구체화한 설계도이다. 좋은 설계도는 시공을 쉽게 만들어 주는 것은 당연하다. 또 어떤 자원을 얼마나 지원해야 하는지도 가늠해 볼 수 있다. 계획이 부실하면 실행이 힘들어진다. 계획대로 실행하기 어려워지는 것이다. 그러나 현실적으로 계획한 그대로 실행되기는 쉽지 않다. 실행을 하면서 깨닫고 고쳐 나가는 것이 현명한 경우도 많다. 특히 처음 하는 일을 계획할 때 그렇다. 이런 경우 계획을 하는 데 많은 시간을 들이면 실행이 늦어지게 된다. 계획의 실패란 부실한 계획으로 실행의 어려움을 주기도 하지만, 지나친 계획도 역시 잘못된 계획이라 할 수 있다.

| Plan(계획) | Do(실행) | Check(점검) | Action(조치) |

- 목적과 목표를 달성하기 위하여 해야 할 업무와 절차를 구체화 하는 것
  Plan = decide waht you are going to do and how you are going to do it.
- 목적, 목표 설정, 방법, 세부업무와 일정
  필요한 자원(돈, 사람, 자원 등)의 구체화

Do, 실행 즉 시공

실행은 계획한 대로 실행하는 것이다. 계획 없이 실행할 수 있는 일은 있어도 실행 없이 이루어지지 것은 아무것도 없다. 탁월한 시공 능력은 부실한 설계도가 가진 허점을 메꾸어 주기도 한다. 실행에 강한 조직은 안되는 이유를 찾을 시간에 되는 방법을 고민하고 결국에 해낸다. 전략은 외주를 줄 수 있지만 실행을 대신해 달라고 외주를 주는 경우가 거의 없는 것을 보면 실행의 경쟁력은 기업경쟁력에서 기본에 해당된다. 실행의 실패 란 곧 결과의 실패다.

Plan(계획)	Do(실행)	Check(점검)	Action(조치)

- 결정된 사항에 따라 실시하는 단계(the plan are implemented)

  The world does not pay for what people "know"
  It pays them for what they do, or induce others to do.

Check, 점검 즉 검증

계획대로 가고 있는지 점검하고 나타난 장애를 극복해 가는 과정이다. 계획에서 간과한 것들이 실행의 단계에 드러나게 된다. 점검 없이는 이러한 것들이 제대로 파악되지 않는다. 보이는 신호는 청색일지라도 실제의 상황은 적색인 경우도 많다.

파악이 빨라야 제때에 대응할 수 있다. 때문에 실행의 단계에서는 제대로 가고 있는지, 어떤 상황에 있는지, 무슨 장애물에 직면해 있는지, 어떤 결정이 필요한지, 추가로 필요한 자원이 있는지 지속적으로 모니터링하고 대응하여야 한다. 점검의 실패란 파악의 실패이고 또 장악의 실패이다. 파악과 장악의 실패는 대응의 골든타임을 놓쳐 될 수 있는 일을 되지 못하게 만드는 결과를 초래한다.

• 계획과 의도대로 실행되는지 점검하는 단계(montioring the outcomes)

성공의 신호–잘 가고 있는가?
문제와 개선점의 발견–보완사항은?

Action, 반영 즉 시스템 개선

반영은 실행의 전체 과정에서 배운 것을 시스템으로 전환하는 과정이다. 이것을 하지 않으면 조직이 같은 실수와 시행착오를 계속한다. 실행을 통해 얻은 깨달음을 개인 차원에서 보유하게 되면 사람이 바뀌면 깨달음도 함께 휘발 되어버린다. 실행에서 배운 깨달음들을 지식화하여 공유, 전파, 확산하는 조직과 휘발되는 조직 간의 격차는 시간이 지날수록 벌어지는 것은 당연하다.

조치란 실행 과정의 깨달음을 업무에 반영 개선함으로써 더 좋은 수준의 표준을 갖추는 일이다. 반영의 실패란 곧 진보(進步)의 실패이다. 따라서 퇴보(退步)하거나 답보(踏步)하게 만든다.

Plan(계획)	Do(실행)	Check(점검)	Action(조치)

- 전체의 과정에서 검증되고 깨달은 것을 반영(intergrating the learning)
- 목표의 수정, 방법의 변경, 새로운 표준의 확정

오래된 방식 PDCA

실행의 기본 PDCA를 1950년대 일본 산업화에 큰 영향을 준 에드워드 데밍의 이야기로 시작했다. 결국 오래된 방식이라는 것이다. 사람들은 최신의 기법은 신선하게 느끼지만 오래된 것은 진부하게 받아들인다.

PDCA 프로세스는 끊임없는 반복을 통해 조금씩 향상하는 성장의 과정이다. 머리로 PDCA를 익히는 데는 한 시간이면 족하다. 하지만 이를 각자의 몸에 또는 조직의 운영에 배게 하여 마스터하는 것은 참 어렵다. 기업체 직원을 대상으로 강의를 하는 직업을 가진 나의 일상도 PDCA의 반복이다. 강의 전에는 어떻게 강의할지를 계획하고 준비한다. 그리고 준비된 대로 강의를 한다. 끝나고 나면 아쉬운 것들과 잘 된 것들이 무엇인지 돌아보고 메모를 해 둔다. 그리고 바꾸어야 하는 것들을 개선한다.

이러한 일이 때로는 하루 단위로 때로는 일주일 단위로 지속된다. 그렇게 같은 내용을 수십차례 반복하면 완벽할 것 같지만 고칠 것은 또 나타난다. 강사의 일만 그럴까? 어떤 직업이든 그 주기가 다를지라도 과정은 동일하다. 농부도 식당의 주인도 같은 과정을 반복하면서 개선하고 성장해간다. 타자가 스윙을 반복하고 야수가 수

비를 반복하듯이 직업으로 일을 하는 모두는 PDCA라는 기본 스윙을 계속하여 반복해야 한다.

제약이론, 약한 것에 집중

실행력을 높이는데 한 가지 더 유용한 개념은 제약이론이다. 물리학자 엘리 골리렛이 쓴 The Goal이라는 소설에 들어있다. 그가 이소설에서 제시한 이론을 TOC(제약이론, Theory of constraint)라 부른다. 시스템의 효율성은 제약조건(constraint)이 좌우하므로 이를 집중적으로 개선해야 시스템의 효율을 높일 수 있다는 것이다.

그는 이를 하이킹(행군, 行軍)에 비유하여 설명을 하였다. 여러 사람이 팀을 이루어 등산을 하게 되면 전체의 속도는 가장 늦게 걷는 사람이 좌우하게 된다. 따라서 전체의 행군 속도를 높이려면 가장 늦은 사람의 속도에 초점을 맞춰야 한다는 것이다. 힘이 덜 들게 선두에서 걷게 하거나 짐을 덜어주어야 전체의 완주 속도를 개선할 수 있다.

이는 스케이팅 경기 중 하나인 추월경기라는 종목과 유사하다. 이 종목은 3명으로 구성된 팀원 중에 마지막 주자의 기록으로 승패를 가린다. 1등이 아닌 마지막 주자의 기록이 결정적이므로 스피드 스케이팅과 전혀 다른 경기다. 달리는 1번 주자는 가장 느린 주자의 엉덩이를 밀어주거나 하여 속도를 높이게 한다.

제약이론의 절차를 제시하면 다음과 같다,

스텝 1. 제약요인을 파악한다(Identify the constraint).

스텝 2. 제약요인을 관리한다(Manage the constraint).

스텝 3. 성과를 측정한다(Evaluate Performance).

스텝 4. 스텝1로 돌아간다(Go back to step 1).

실행도 마찬가지다. 제일 먼저 제약요인을 찾아야 한다. 무엇이 전체의 실행을 더디게 하는지 그 요인을 파악하는 것이다. 그리고 집중적으로 그 제약요인을 관리한다. 이후에 얼마나 좋아졌는지 개선 정도를 측정한다. 이를 반복하는 과정에서 실행력은 강해진다.

효과적으로 실행하는 조직은 걸림돌이 되는 요인을 찾아 이를 보완하는데 집중한다.

비주얼 플래닝, 드러내기 기법

마지막으로 간략하게 소개하고 싶은 유용한 도구는 비주얼 플래닝이다. 몇 가지 변화된 일상 속의 모습을 보자

장면1 퇴근 중인 운전자 A씨는 '지금 어디야?'라는 아내의 문자에 '25분 후 도착'이라

고 응답한다. 지금 어디인지가 궁금한 것이 아니라 도착까지 시간이 얼마나 걸리는지
가 더 궁금한 것이라는 것을 A는 잘 알고 있다. 네비게이션이 말하는 '목적지까지 남은
시간 25분'은 남은 거리, 교통상황 등 다양한 요인을 고려하여 나온 계산 값이다. 과거
보다 훨씬 실제 값에 가까워지고 있다. 실시간으로 교통상황을 반영하기 때문이다.

장면2 대형 쇼핑센터의 넓은 지하 주차장에 들어온 B씨는 시스템이 이끄는 방향으
로 운전을 한다. 시스템은 꽉차 보이는 주차징 어딘가에 숨어 있는 주차 가능한 공
간을 초록색으로 알려주고 있다. 주차가능 공간을 찾아 몇 바퀴를 돌았던 과거를
생각하면 참 편리한 방식이다.

숨겨진 것과 보이는 것에 대한 사람들의 반응은 전혀 다르다. 침대
밑의 보이지 않는 곳에 먼지가 많을 것이라는 것을 우리는 대충 알고
는 있지만 애써 보려 하지는 않는다. 보이면 마음이 불편하기 때문이
아닐까? 같은 원리로 사람들은 불편한 것을 드러내고 싶지 않게 된다.
따라서 무언가를 드러내는 것은 실행을 촉진시키는 결과로 이어진다.
지금의 상태를 어떻게 하면 눈에 보이게 드러내게 하여 경영을
효율적으로 하자는 것이 비쥬얼 플래닝(visual planning 이하 VP)이다.
포스코에서 시작하였고 포스코는 자신들의 업무혁신도구인 비쥬얼
플래닝 백서를 만들어 홈페이지에 공개했다. 이후 LG 농심 웅진 등
의 기업이 이 방식을 배워 활용했다.
"VP는 '버리고', '채우는' 일하는 방식의 혁신입니다. 다시 말해 우

리의 잘못된 업무관행과 비효율적 업무처리 방식, 불필요한 지시 보고 회의 등 낭비요인을 버리고 가치 있는 업무로 채우자는 캠페인입니다. VP에서 가장 중요한 개념은 '가시화'입니다. 가시화란 조직구성원 개개인이 가치창출과 문제해결을 위해 자신의 문제와 문제점들을 남김없이 드러내는 것을 의미합니다. 닛산 자동차를 되살린 카를로스 곤(Carlos Ghosn)회장의 말처럼 모든 문제를 도마 위에 올려놓지 않고는 해결책을 찾을 수 없기에, 진정한 원인을 파악하기 위해 정보를 공유하자는 것이다"

업무혁신의 도구로 VP를 도입하고 확산한 포스코의 정준양 회장이 2009년 한국건설경영협회 명사 컬럼에서 인용한 글이다.

야구경기에서 모든 선수들은 지금의 상황을 정확하게 알고 경기에 집중한다. 전광판은 시시각각 변하는 상황을 반영하여 정확하게 지금의 상태를 표시한다. 자동차의 계기판도 마찬가지다. 운전자의 판단과 직결된 모든 정보는 계기판에 표시된다. 연료가 얼마 남았는지, 지금의 속도가 얼마인지는 언제나 확인할 수 있다. 나머지 정보들은 문제가 생길 때마다 긴급하게 표시한다. 때로는 타이어 압력에 문제가 있다고 말하고, 브레이크 오일을 점검하라고 표시한다.

실행을 체계적으로 관리하는 데 드러내기 보다 효과적인 방식은 없다. 지금 어디에 있고 잘 가고 있는지는 정확하게 또는 투명하게 드러내어 보여주는 것이 효과적이다.

04

끌어내는 힘, 외교력

思務力

리더를 대상으로 강의를 할 기회가 주어질 때 실패한 나의 리더십 이야기를 한다. 리더로서 나의 성적표는 부끄럽지만 낙제점이다. 무엇이 문제였나 정리해 보니 주로 아래의 다섯 가지로 요약된다.

1. 착각(錯覺): 유리한대로 믿다

2. 안주(安住): 나를 바꾸지 못하다

3. 고투(苦鬪): 혼자 다하려 애쓰다

4. 전도(轉倒): 나와 고객, 갑을(甲乙)이 바뀌다

5. 차선(次善): 앤드의 위치를 꿈꾸지 않다

이 다섯 가지의 반성점 중 가장 뼈아픈 한 가지를 고른다면 '고투

(苦鬪), 혼자 다하려 애쓰다'이다. 함께하는 축구경기를 하면서 혼자 이리 뛰고 저리 뛰고 얼마나 열심히 뛰었는지 알아주겠지 하는 속마음으로 일해온 것은 아닌지 하는 반성이다.

미생(未生)이라는 만화의 주인공 장그래의 입사 전 직업은 바둑기사다. 그가 처음 회사에 들어가 선배에게 깨달은 교훈은 '혼자하는 일이 아니다'라는 것이다. 바둑은 혼자 완수하는 일에 가깝다. 오히려 함께하면 반칙이다. 그런 일에 익숙한 장그래는 '혼자하는 일이 아니다'라는 깨달음을 가슴에 새기고 일을 배워가기 시작한다. 너무도 당연한 얘기다. 나 자신도 잘 알고 있었다. 그러나 돌이켜 생각해 보니 그렇게 일하려 하지 않았다.

혼자하는 일이 아니기에 일을 완수하는데 협력적 관계를 형성하는 것은 매우 중요하다. 함께 해야만 하는 사람이 되는 방향으로 적극적으로 힘을 모아 주어도 원하는 곳에 도달하지 못하는 경우가 허다하다. 그런데 현실을 보면 협력을 얻어야 하는 주체로부터 뒷다리를 잡히는 일이 종종 발생한다. 흔하지는 않지만 때로 드러내놓고 방해하는 일도 생긴다. 응원 속의 완수도 어려운 판에 훼방까지 더해지면 실행은 더욱 가시밭길이 된다. 협력의 반대편에 있는 저항의 힘만이 있는 것은 아니다. 무관심도 형식적인 협력도, 눈에 보이지 않는 저항도 있다.

무관심은 결코 중립적인 힘이 아니다. 사랑의 반대말이 무관심이라고 하듯 무관심에는 무서운 파괴력이 있다. '난 관심 없어' 또는

'잘 해봐!' '방해는 하지 않을꺼야!' 라는 냉담한 반응은 일의 실행을 추진하는 주체를 힘 빠지게 만든다. 따라서 무관심은 실행의 큰 장벽이 된다.

형식적인 협력도 문제다. 표면적인 입장은 분명 협력의 편이지만 자기 힘을 다하지 않는다. 형식적인 협력자는 최선을 다하지 않는다. 욕먹지 않을 수준, 혼나지 않을 만큼만 협력한다. 절대 알아서 협력하지 않는다. 요청받은 것만 비난받지 않을 수준까지 계산적으로 한다. 눈에 보이지 않는 저항도 마찬가지이다. 실제로는 해결의 반대편에 서서 해결을 방해하는 역할을 한다. 드러나지 않는 곳에서는 반대의 속내를 드러내지만 공식적으로 표명하지는 않는다. 파악하기도 어렵고 관리하기도 어렵다.

아무리 좋은 제도 또는 선한 취지의 결정일지라도 실행의 단계에서 모두가 적극적인 협조가 일어나는 것은 아니다. 오히려 실행은 논의의 단계에서 드러나지 않았던 이해관계자의 본심이 무엇이었는지 드러나게 하기도 하다. 일이 되는 방향으로 협력의 힘이 커질수록 일이 될 가능성은 높아진다. 또 반대의 힘이 클수록 되게 만드는 것은 어려워진다. 결국 일이 되게 하는 데 필요한 다양한 힘을 끌어내는 것이 중요해진다.

미국의 심리학자였던 쿠르트 레빈(Kurt Lewin, 1890~1947)의 힘의 장 분석(Force field analysis)은 주로 변화관리의 기법으로 활용된다. 하지만 이 개념을 협력을 이끄는 모델로 활용할 수 있다.

이 기법을 활용하는 첫 스텝은 이해관계자를 파악하고 입장에 따라 분류해 보는 것이다. 사안이 민감할수록 이해관계자는 다양해진다. 예를 들어보자. 전기요금 누진제 문제를 해결한다고 해보자. 이해관계자는 복잡하고 다양하다. 한국전력을 중심으로 산업통산부, 한수원등 발전회사, 태양광 사업자, 한국전력의 주주, 청와대 경제수석, 전기를 많이 쓰는 개인, 자영업자, 서민, 언론사, 기획재정부, 시민단체 등등… 이들은 이 문제에 어떤 입장일까를 분류해 보는 것이다. 입장은 크게 협력자, 저항자, 관심자, 미결정자로 나누어 파악하면 누가 어느 입장인지를 한눈에 정리할 수 있다.

그 다음은 드러난 힘의 크기를 가늠해 보는 것이다. 해결의 방향으로 이끄는 추진의 힘이 큰지 아니면 반대방향의 저항의 힘이 큰지를 가늠해 보아야 한다. 줄다리기 경기에서 승패를 좌우하는 것은 사람의 숫자가 아니다. 힘의 크기에 의해서 승패가 결정된다. 마찬가지로 추진의 입장의 힘의 크기와 반대의 힘의 크기를 가늠해 보아야 한다. 결국 실행의 속도는 해결의 힘의 크기가 아닌 두 개의 힘을 상쇄한 후의 힘의 크기가 좌우한다.

어떤 일이든 우리는 복잡한 이해관계와 이해관계자들 사이에서 일을 실행하게 된다. 또 과거보다 이해관계자의 목소리도 분명해지고 입김도 세지고 있다.

과거 성장의 시대에는 소수의 문제와 입장은 무시하고 밀어붙였다. 또 많은 사람들이 대(大)를 위한 소(小)의 희생은 눈감아주는 분위기였다. 그러나 성장의 시대를 넘어 성숙의 시대가 되고 보니 소수의 목소리도 무시하기 어려운 시대가 되어버렸다. 그 만큼 고려해야 하는 이해관계자가 늘었다. 과거처럼 무시하고 강행하다가 더 큰 장애를 초래하기도 한다. 협력적 관계의 형성은 일을 되게 만드는데 절대적으로 중요한 요인이다. 적대적 관계는 쉽게 될 일도 어렵게 돌아가게 만든다. 따라서 외교력은 실행력만큼 중요하다.

협력적 관계의 형성을 위한 제언1
모든 불합리를 몰아내라

협력적 관계를 위한 첫 번째 제언은 신뢰하는 관계를 형성하라는 것이어야 한다. 신뢰의 관계는 협력적 관계의 최상의 모습이다. 그럼에도 불구하고 '모든 불합리를 몰아내라'고 제안하는 이유는 신뢰의 관계를 형성하게 하는 가장 기본이기 때문이다. 협력적 관계의 형성에서 신뢰의 관계를 위한 노력보다 적대적 관계를 만들지 않으려는 노력이 더 현실적이다. 실행에서 협력의 힘보다 반대의 힘이 미치는 위력이 더 크다.

실행은 결국 사람들과 하는 일이다. 사람은 기계와 달리 감정의 지배를 받는다. 감정이 이성과 만났을 때 이기는 쪽은 감정인 경우가 더 많다. 때로 협력해야 한다는 것은 알지만 그 대상이 싫으면 협력하고 싶은 마음이 사라진다. 필자 개인의 경험만으로 내린 결론은 아니다.

교육의 현장에서 일하는 다양한 사람들과 함께 확인한 사실이다. 언제 일을 하고 싶지 않은지 또 언제 비협조의 모드가 되는지를 구체적인 상황에 대한 이야기를 나누어 보았다. 모든 조직에서 거의 비슷한 얘기들이 거론되게 된다. 이와 관련된 메모를 소개하면 다음과 같다.

사람들이 말하는 비협조로 이끄는 불합리의 요인들

인간관계, 싫은 사람과 일함, 소통 부재, 불통,조직에 적응이 안됨,정해진 일 외에는 꼼짝도 안하는 팀원, 혼만 내는 상사, 사람관계, 사람과의 관계, 관계가 틀어짐, 멤버들이 안 따라 줌, 같이 하고 싶지 않은 상사, 의견 충돌, 묵살, 불통, 과로, 배신 당함, 기분 나쁜 뒷담화를 들음, 왕따, 텃세, 고자세, 소외된 느낌, 뒷통수, 근거 없는 비난, 불신, 의견무시, 인격무시, 업무량 과다, 부서 해체, 끝없이 발생하는 돌발업무, 업무량 과다, 전문성 없는 직원들,숙련 부족, 초보인데 아무도 안 알려줌, 내가 감당하기 어려운 일, 주변의 너무 높은 기대치, 말 안 듣는 직원, 팀원의 책임회피, 일방적으로 서비스만 요구, 현장을 모르는 지침과 정책들, 계약직의 한계, 책임만 과중, 내가 할 수 있는 역할 제한, 극복하기 어려운 나쁜 여건, 여유가 없이 급한 일에 급급, 그만둔 직원 업무 통째로 떠안음, 서로 안되는 이유를 말하며 떠밀 때, 타부서와 의견충돌로 바로 갈 길을 돌아 갈때, 이해 할 수 없는 일, 납득이 안되는 지시, 맨땅에 헤딩하는 상황, 정보공유 제로, 아닌 놈이 잘 나감, 틀에 박힌 업무 반복, 자신감 결여, 납득하기 어려운 평가, 상사의 견제, 내키지 않는 일을 해야 함, 불명확한 지시, 누가 해도 달성할 수 없는 목표, 성과 가로채기, 공들인 프로젝트 중단, 불합리한 요구, 소모적인 일만 주어짐, 괘씸죄로 찍힘, 잡무에 치임…

어찌 보면 전혀 다른 이야기 같지만 이를 포괄하는 범주를 그냥

'불합리'라 이름하기로 했다. 아닌 놈이 잘 나가는 것도 불합리다. 초보인데 아무도 알려주지 않는 것도 따지고 보면 불합리다. 같은 부서인데 힘있다고 군림하는 것도 그렇고 납득이 되지 않는 지시를 하는 것도 마찬가지다. 따라서 협력적 관계를 만들려면 일과 관련된 모든 사람들의 머릿속에 들어 있는 불합리 요인을 찾아 몰아내는 일이다. 불합리 요인은 어느 조직이나 있다. 이를 알면서 고치지 않는 것은 사람들의 믿음을 잃게 된다.

반면 이러한 불합리를 몰아내기 위한 조직의 일관된 노력은 결국 전달된다. 합리적인 조직운영을 위한 끊임없는 노력이 쌓여 구성원과 신뢰를 얻게 된다. 따라서 협력적 관계를 형성하려면 조직의 모든 불합리를 제거하는 것이 보다 빠른 길이다.

협력적 관계의 형성을 위한 제언2
네트워크의 폭을 넓혀라

6단계 분리 이론(Six degrees of separation)은 스탠리 밀그램의 1967년 편지실험의 결과를 정리된 것이다. 아는 사람 6명을 거치면 원하는 사람에게 도달할 수 있다는 것이다. 그 거리는 점차 짧아지고 있다고 한다. 2011년 11월 페이스북의 데이타 팀이 7억 2천 백만 명의 690억 친구 관계를 분석한 결과 페이스북 사용자의 평균 거리는

4.74라고 발표했다. '6단계 분리' 이론이 소셜네트워크 상에서는 더 짧아졌음을 입증하는 여러 결과가 있다.

관계의 질보다 관계의 폭이 더 중요하다는 주장의 뒷받침으로 그라노베터(Mark S. Granovetter)의 약한 유대의 힘(The strength of weak ties)이라는 논문이 자주 인용된다. 가족이나 친한 친구들(strong ties) 보다는, 친하지는 않지만 잠깐 만나거나 알고 지내던 사람들(weak ties)을 통해서 더욱더 활발한 정보교류가 이루어진다는 내용이다.

그라노베터 교수는 전문직 종사자들의 취업 과정을 분석한 결과 19%가 스카우트, 20% 정도가 시험, 그 외 56%는 개인적인 인맥을 통해 직장에 들어왔다고 밝혔다. 그런데, 개인적인 인맥으로 직장을 구한 사람들 가운데 83%는 약한 유대 관계(Weak Ties)를 맺고 있는 사람이었다는 것이다.

과거의 일이 모든 것을 내부조달하던 시대였다면 지금은 분명 협업의 시대다. 모든 것을 직접 갖추는 것보다 필요할 때 조달하는 것이 더 유리한 구조가 되었다. 과거에 경영에서 사용되지 않던 협업(Collaboration)이라는 용어가 일반화되는 것만 보아도 쉽게 알 수 있다. 이러한 협업의 시대에 네트워킹의 중요성은 증대된다. 노하우(know how)만큼 노웨어(know where)가 중요한 시대가 되었다.

협력적 관계의 형성을 위한 제언3
평판을 관리하라

사례1 외국 대학을 졸업한 H씨는 국내 대학원에 진학하려 한다. 그가 지도교수를 결정하는데 가장 참고로 하는 것은 김박사넷(PhdKim)이 제공하는 교수에 대한 평판이다. 인품, 강의전달력, 논문지도력 등을 레이더 챠트 형식으로 보여주고 5미터 이내의 사람들이 쓴 한줄평이 압권이다.

사례2 인터넷 강의를 수강하려 하는 K학생은 수강자의 후기를 열심히 읽어보고 있다. 내용을 그대로 믿을 수 없다는 것을 알고 있다. 유명 입시 학원과 강사들이 홍보를 위해 '댓글 알바'를 썼다는 의혹과 소송에 대한 뉴스를 알고 있기 때문이다. 하지만 그 많은 후기를 다 조작할 수는 없기에 후기보다 더 정확한 잣대는 없다고 여긴다.

사례3 직장에서 나와 헤드헌팅을 두 번째 직업으로 삼은 L씨는 고객사에서 평판조회를 의뢰 받았다. 추천하는 후보와 함께 일한 동료나 후배, 상사의 명단을 작성해 전화나 이메일, 면담도 한다. 객관적이고 정확한 평가를 내리기 위해 보통 한 사람에 대한 평판을 조회하기 위해 적어도 5명에게 '멘트'를 딴다. '솔직한 답변'을 얻어내려면 20여명과 접촉해야 리포트를 작성할 수 있다.

현실 속에서 이루어지고 있는 세 장면을 보면 과거와 달라진 풍속이다. 정보화시대가 만들어낸 변화다. 이전에는 주변 사람의 추천이나 공급자가 제공하는 제한된 정보에 의존해야만 했다. 이제는 가본 사람, 먹어본 사람, 겪어본 회사의 솔직한 평가가 여행지, 음식점, 회사든 선택의 기준으로 자리 잡아가고 있다. 자소서에 본인이 쓴 장문의 글보다 그 사람에 대한 한줄평이 채용에는 더 중요하다. 홈페이지에 공개한 회사의 그럴 듯한 말보다 그 회사에 다니는 아는 선배의 짧은 말 하나가 입사에 더 영향을 미치는 것과 마찬가지다.

사람도 회사도 평판이 조회되는 시대다. 그만큼 평판의 파괴력도 위력도 커졌다. 나쁜 평판이 형성되면 실제 그 이상의 손해로 돌아온다. 반면에 좋은 평판이 형성되는 곳으로 많은 것이 쏠리게 된다. 일을 수행하는 데도 마찬가지다. 동료의 평판, 타부서의 평판, 고객의 평판, 협력사의 평판 모든 것에 영향을 받는다.

평판을 관리한다는 것은 세 가지로 나누어 접근해야 한다. 꼬리표를 없애기, 글쎄요 줄이기, 대표 연상어 만들기다. 꼬리표란 그 사람(또는 조직)을 따라다니는 부정적 이미지다. 이것이 있다면 선한 평판이 자리 잡기 힘들어진다. 따라서 자신을 따라다니는 꼬리표를 없애는 것은 평판관리에서 가장 앞서야 한다. 그 다음은 '글쎄요!'라는 피드백을 줄이는 것이다. '여기 어때?' '글쎄요…', '이 강사 어때?' '글쎄요…', '이 책 어때?' '글쎄요…', '이 회사 어때?' '글쎄요…', '이 제품 어때?' '글쎄요…' 글쎄요는 엄밀하게는 판단의 보류지만 의미는 다르다. 추천할 수 없다는 완곡한 표현이다. 이런 이유로 제3자가 나에 대해 물었을 때 '글쎄요'라는 보류의견을 줄여야 한다.

좋은 평판을 갖는다는 것은 자신이 가장 듣고 싶은 단어를 사람들이 연상하게 하는 것이다. 기술의 혼다, 관리의 삼성, 혁신의 애플처럼 사람들은 특정한 단어를 연상하여 무언가를 기억한다. 그 단어를 자신이 원하는 이미지와 일치시키는 것이다. 이를 위해서는 '나는 어떤 사람으로 기억되고 싶다.'는 문장 속의 어떤에 해당되는 단어를 분명하게 해야 한다. 그리고 그에 맞는 행동을 일관되게 하는 것이다. 평판은 행동의 축적으로 쌓이게 되기 때문이다. 이를 통해 자신만의 브랜드 이미지가 형성된다. 좋은 이미지가 한번 형성되면 이를 강화하는 효과로 이어진다. 신뢰의 아이콘이 된 사람은 불신의 빌미가 되는 행위 자체를 멀리할 수밖에 없기 때문이다.

05

소통하는 힘, 소통력

思格力

내가 만나 본 소통에 관한 어록 중 베스트는 다음의 세 가지다.

1. "아무도 배우려 하지 않지만 입사하여 꼭 배워야 하는 것이 있다. 그 것은 아주 기초적인 기술로서 생각을 정리하여 말이나 글로 표현하 는 것이다."

2. "의사소통에서는 단순히 내 뜻이 중요한 게 아니라 배달된 내 뜻이 중요하죠. 내 뜻은 A인데 B가 배달되었다면, 그것은 내 책임이죠. 레토릭은 부가 기능이 아니라 핵심이에요"

3. "진정한 소통이란 '너는 그렇게 생각해라. 나는 이렇게 생각하겠다. 그냥 공존하자'가 아니에요. 차이나 다양성을 내가 변화할 수 있는 '반가운 만남'으로 받아들이는 것이죠. 근대의 패러다임은 개인 · 기

업 · 국가 모두 자기 존재를 강화하는 것이었죠. 게다가 우리는 한국전쟁의 비극을 경험했어요. 60대 이상의 세대로선 '소통'이 아니라 '소탕'을 해온 거죠."

제일 먼저 인용한 것은 경영학자 피터 드러커의 말이다. 이 책의 앞장에서도 한번 인용했다. '아무도 배우려 하지 않는다'는 것은 누구나 할 수 있는 일이고 '누구나 배워야 한다'는 것은 누구도 그것을 제대로 하기 어렵다는 것이다. 그의 말 중 특히 생각을 정리하여 글로 표현하는 다시 말해 문서를 만드는 일은 많은 직장인들이 힘들어한다.

두 번째 인용의 글은 (故)노회찬 의원이 남긴 말이다. '배달된 뜻'이라는 한 번도 만나보지 못했던 표현에 감탄하게 된다. 좋은 소통가가 되려면 당연히 내가 무슨 말을 했는지가 아니라 상대편의 입장에서 알아듣게 전달하는 것이 중요하다.

세 번째 글은 (故)신영복 교수가 중앙일보와의 인터뷰에서 한 말이다. '소통의 반대말은 소탕이다'라는 혜안에 탄복하며 읽었다. 목적은 내 생각을 전달하는 것이 아니라 나의 생각을 돌아보고 바꿀 수 있게 만들어야 진정한 소통이라는 가르침이다. 앞의 두 사람이 효과적으로 표현하는 능력을 강조했다면 신영복 교수는 소통의 목적은 자신의 변화를 위한 다른 생각과의 만남이라고 보았다.

유방이 항우를 이긴 이유는 소통 스타일의 차이에 있다는 얘기가 있다. 항우는 자신이 정한 답에 동의를 구하는 '어떠냐?"라는 의미인 여하(如何)라는 질문을 주로 하였고, 유방은 두 글자의 앞뒤가 바뀐 하여(何如)라는 질문을 주로 사용하였다는 것이다. '어떻게 하는 것이 좋을까?'라는 의견을 묻는 질문을 하였다는 것이다. 동의를 구하는 질문과 내 생각을 바꾸기 위해 의견을 구하는 질문의 차이가 승자와 패자를 갈랐다는 스토리인 셈이다. 소탕을 하려 들지 않고 소통을 하려는 것은 일을 되게 만드는 기본이 되는 자세다.

회사에서 이루어지는 교육 중 소통(Communication)이라는 약방의 감초처럼 자주 또 오래 다루어진 과목이다. 흔하기에 쉬운 과목이라 생각하지만 실제로는 가장 어려운 과목이다. 이 주제에 관한 한 누구나 전문가이고 아무도 전문가라할 수 없기 때문이다. 또 효과적으로 소통하기 위한 방법론도 특별한 것이 없다.

조직에서 이러한 과목이 교육되는 것은 학습자의 요구보다는 경영자의 요구에서 시작되는 경우가 대부분이다. 지시하는 법, 보고하는 법, 문서작성법 등의 교육이 그렇다. 그런데 지시하는 법, 보고하는 법, 문서 쓰는 법은 사실 세상에 존재하지 않는 법이다. 늘 하는 일이 지시와 보고 그리고 문서작성인 사람들을 대상으로 존재하지 않는 법을 강의하여 실질적인 도움을 주는 것은 참으로 도전적인 일이다. 그럼에도 불구하고 이러한 주제의 교육이 계속적으로 이루어지는 것은 요구 수준보다 현재의 수준이 현저하게 낮기 때문이라고 할 수 있다. 잘 알고 있다고 생각하지만 실제 상황을 주고 해보게 하면 민낯이 금방 드러나게 된다.

일상생활 속의 소통과 일을 되게 하는 소통은 같지만 다른 점이 있다. 이 단원에서 얘기하는 소통하는 힘은 일을 되게 하는 데 필요한 업무적인 소통을 말한다. 질문과 경청, 대화와 토론, 설득과 프리젠테이션, 스피치라기보다는 일을 하는 데 필수적으로 따르는 소통 능력으로 좁혀서 보자.

지식근로자가 하는 일을 분석해 보면 가장 많은 시간을 소통과 관련된 일에 사용한다. 지시받는 일, 보고하는 일, 문서 작성하는 일, 회의하는 일, 이메일 쓰는 일, 이메일 읽는 일, 전화 연락하는 일, 상의하는 일, 결재받는 일 모두가 소통과 관련된 일이다. 2011년 현대자동차 그룹의 자체 조사 결과에 따르면 하루 평균 3.5시간을 문서를 만드는데 쓰고, 소통에 2.3시간을 회의에 1.6시간을 쓰고 있다고 한다. 합하면 8시간이 넘는다. 업무 효율의 열쇠를 효과적인 소통이 쥐고 있는 셈이다.

지식근로자의 진짜 일은 사통결행(思通決行)형 일이라고 하였다. 조직의 일은 마음먹은 대로 하는 일이 아니다. 생각을 정리하여 소통하고 승인을 받아 시행한다. 결재가 되었다고 소통이 끝나는 것은 아니다. 실행의 과정을 계속하여 소통한다. 필요한 사람들에게 협조를 구하고, 정보를 공유하고 필요한 보고를 주기적으로 하여야 한다. 결과가 무엇이고 무엇은 잘 되었고 향후 무엇을 개선해야 하는지 또 소통한다. 소통은 일을 하는 과정에 가장 빈번하게 이루어지는 업무이다. 일하는 시간의 많은 부분은 소통과 관련된 일이다.

비효율적인 업무가 무엇인지 토의를 해 보아도 늘 결론은 같다. 바로 지시와 보고, 문서작성, 회의의 비효율이 꼽힌다. 업무적 소통을 효과적으로 하는 것은 어려운 일이다. 단일민족에 하나의 언어를 쓰고 있음에도 불구하고 한국기업의 업무적 소통의 개선에 대한 목소리는 매우 높다.

일본에서는 보고와 연락과 상의라는 세 가지를 업무적소통의 핵심으로 생각한다. 이 세 가지의 앞 글자를 따서 호렌소(報連相, 시금치와 발음이 같다)라 부른다. 호렌소라고 외치고 아침 일과를 시작하는 회사도 있다. 보고는 상급자와의 소통이다. 연락은 이해관계자와의 소통이고 상담은 전문가들과의 소통이다. 이 세 가지 소통의 기본은 다음과 같다.

───────── 업무적소통의 핵심, 보고와 지시 ─────────

보고하는 사람의 입장에서 보고는 참 부담되고 어렵다. 필자도 중요한 보고를 앞두고 며칠 전부터 잠을 설친 기억이 수두룩하다. 보고가 어려운 이유를 몇 가지 들어보자.

첫째 알아서 하는 일과 보고 후 해야 하는 일을 경계가 분명하지 않다. 직원 입장에서 알아서 한 일이 때로 '왜 네 멋대로 그걸 해'라는 꾸지람이 되기도 한다. 또 상사의 의중을 반영하기 위해 일일이 보고를 하면 '내가 이런 사소한 것까지 말해줘야 해.'라는 질책을 받을지도 모른다.

둘째 언제 보고해야 하는지 보고의 시기를 판단하기가 쉽지 않다. 조치가 더 긴급하여 후(後)보고를 하면 '이걸 왜 이제야 보고해'라는 꾸지람을 받는다. 또 보고를 더 급하게 생각하여 선(先)보고를 하면 보고 때문에 골든 타임을 놓치는 경우도 생긴다.

셋째 사실 전달은 쉽지만 예측을 바탕으로 의견을 제시하는 것은 결코 쉽지 않다. 만일 당신이 사실을 바탕으로 전달만 하는 보고를 하면 '그래서? 날 보고 어쩌라고…' 라는 반문에 당황할 수 있다. 반대로 당신의 의견을 말하면 '그건 네 생각이고…'라고 말한다.

이 세 가지 이유로 보고는 어렵다.

상사의 입장에서 보고는 적기에 적절한 조치, 해결, 대응, 변경, 결정 등 관리를 할 수 있도록 해 주는 소통의 도구이다. 제때에 필요한 보고가 없다면 제대로 된 대응은 어려워진다. 따라서 권한과 동시에 책임을 떠안고 있는 리더의 입장에서 보고는 매우 중요하다는 것을 인식하고 대응하여야 한다.

좋은 보고가 되기 위해서는 사실을 숨김없이, 제때에, 답과 함께, 효과적으로 전달하는 네 가지가 중요하다. 불리한 사실을 감추거나, 사실을 왜곡 또는 허위보고는 상급자의 대응을 원천적으로 차단하는 결과로 이어진다. 또 적기에 보고 되지 않으면 호미로 막을 수 있는 일을 가래로 막아야 하는 일도 생긴다. 보고란 피 보고자가 궁금하게 생각하는 질문에 답을 전달하는 과정이기도 하다. '이런 상황이 발생하였다.'는 정보의 전달은 될 수 있어도 답은 아니다.

어떤 상황이 발생했다가 사실이면 상사의 질문은 '무엇을 대응해야 하는가?'일 것이다. 따라서 상황을 보고 할 때는 이 질문에 대한 답을 제시해야 한다. 상사의 질문이 '어떤 방법이 최선인가?'라면 '이렇게 하고자 합니다'가 답이어야 하고, 상사의 질문이 '잘 진행되고 있어?'라면 '이렇게 진행되고 있습니다.'라는 답을 제시해야 한다. 그 모두를 대면(對面)하여 할 필요는 없다. 구두, 문서, 이메일, 문자메시지 등 다양한 방법을 적절하게 활용해야 한다.

70년대에 만들어진 관리자 교육 교재에는 지시란 '지시자가 생각하는 일을 명확히 이해하고 의욕적으로 행동을 일으키게 만드는 것'이라고 정의하고 있다. 핵심이 두 가지인데 하나는 명확한 이해이고 다른 하나는 의욕적 행동이다. 이 두 가지를 만족시키는 것이 좋은 지시이다. 그런데 지시를 받는 직원들의 불만을 보면 '명확하게 지시했으면 좋겠어요.' '즉흥적인 지시가 줄었으면 좋겠어요.' '왜 해야 하는지 이해가 안 되는 지시가 많아요'라는 불만이 주류를 이룬다. 결국 명확하지도 않고 의욕적인 행동이 따르지 않는다는 것이다. 상사들의 입장에서는 '말귀를 못 알아 듣는다.' '시키지 않으면 알아서 하지 않는다'고 항변한다. 지시에서 강조하는 10가지이

지시에서 강조하는 10가지

☐ 자신이 주어가 되어 자신의 언어로

☐ 일관성 있게(번복 없이)

☐ 빠짐없이(생각하고 있는 것을 모두)

☐ 착각하지 않도록(명확하게, 배달된 뜻을 확인)

☐ 지시 받는 사람의 관심과 의욕을 북돋울 것

☐ 준비된 지시를 할 것(즉흥적인 지시 지양)

☐ 직원 스타일에 맞추어

☐ Why를 납득 시킬 것

☐ 합리적으로 업무를 배분(쏠리지 않게)

☐ 언제까지 어느 수준으로 수행해야 하는지를 소통할 것

다. 자신의 상사 혹은 자신에 대해 점검해 보시기 바란다.

나의 상사는 위 10가지 모두 완벽하다고 말하는 직원을 아직까지 만나보지 못했다. 지시하는 법을 제대로 학습하지 않는 이유는 지시자는 수명자보다 우월적 지위에 있기 때문이다. 이러한 구조에서 상사의 학습 과목인 지시는 부하의 과목으로 뒤바뀐다. 많은 회사의 직원들이 지시를 받은 후 상사의 의도를 해석하는 데 많은 시간을 쓰고 있다. 이러한 현실의 책임은 당연 지시자의 몫이다. 그런데 아무도 지시에 대해 배우려 하지 않는다. 하지만 피터 드러커의 말처럼 꼭 배워야 하는 주제이기도 하다.

지시의 방법은 특별하지 않다. 강제성의 정도에 따라 명령한다, 부탁한다, 유도한다, 암시한다, 자원(自願)하게 한다 까지 5개로 나

누어 볼 수 있다. 이 다섯은 작은 뉘앙스의 차이가 있다. 지시를 잘 하는 사람은 상황과 직원의 스타일에 따라 이 작은 차이를 능수능란하게 활용할 줄 아는 사람이다.

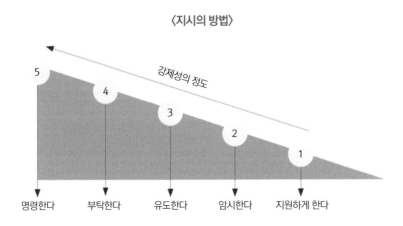

〈지시의 방법〉

강제성의 정도

5 명령한다 4 부탁한다 3 유도한다 2 암시한다 1 지원하게 한다

업무적 소통의 핵심, 연락

직장생활을 하면서 가장 아프게 느낀 꾸지람은 연락과 보고와 관련된 일이다. '언론기본과정'이라는 교육의 담당자로 일할 때다. 일주일간의 유럽연수가 포함된 교육이었다. 일정 중 독일의 벤츠사를 방문하여 생산라인을 돌아보는 일정이 포함되어 있었는데 시간을 착각하여 라인은 보지도 못하고 전시장만 돌아보고 오는 해프닝이 발생했다. 한국 기자들의 방문이라고 어렵게 만든 일정이었는데

말이다. 그들은 10시에 준비했고 우리는 2시에 갔다. 상황을 설명하고 사정했지만 약속에 철저한 독일인들은 그들의 원칙대로 거절했다.

진행자로 동행한 나의 책임이 가장 컸다. 누군가 챙기고 있겠지 하는 안일한 생각이 화를 키웠다. 전화로 한번 확인만 해도 피할 수 있었던 일이기에 변명의 여지가 없었다. 어떤 꾸지람을 들어도 받아들일 마음으로 상사에게 갔을 때 들은 아홉 글자는 아직도 생생하다.

'이런 실패 반복하진 마!'

연락은 이해관계자와의 소통이다. 이해관계자와의 소통은 이해관계자와 관련이 있는 정보를 공유하는 것이 핵심이다. 영화 촬영장에서 촬영 장소의 불가피한 사정으로 촬영 시간이 예정보다 두 시간 늦어졌다고 가정해 보자. 이 사실을 누구에게 연락해야 하는가? 당연히 관련이 있는 이해관계자 모두이다. 이런 경우 꼼꼼하게 챙겨서 변경사항을 아무리 잘 연락을 해도 당연히 전달받아야 하는 사람 중 몇몇은 연락이 되지 않았음이 나중에 드러나게 된다. 연락이 되지 않은 이유도 다양하다. 처음부터 누락된 사람, 문자를 보냈는데 읽지 않은 사람, 최근에 핸드폰을 바꾼 사람도 있을 것이다. 이러한 일들에 사람들의 짜증은 증폭된다. 큰 실수보다 작은 배려의 부족에 더 민감하기 때문이다. 이는 결국 협력의 힘을 느슨하게 만드는 원인이 된다. 연락의 핵심은 이해 관계자에게 요청사항과 협조 사항을 분명하게 전달하는 것이다.

업무적 소통의 핵심, 상담

상담이란 책임자, 권한을 가진 사람 그리고 분야 전문가들과의 소통이다. 건강의 문제는 의사와, 법률적 문제는 변호사와 상담해 보아야 바른 판단과 조치를 취할 수 있다. 거래업체의 대금지급은 경리팀과 상담해 본 후에 답을 해 줄 수 있고 필요한 사람의 충원은 인사팀과 상담을 해보아야 가능한지 알 수 있다. 문제가 복잡할수록 해결에 많은 협조와 협력을 끌어내야 한다. 따라서 그들과 미리 상담하고 그들의 입장과 의견을 반영하는 상담의 소통은 점차 중요해지고 있다.

소통의 고수는 좋은 질문자

이제 책의 끝이 가까워졌다. 마지막으로 무엇을 덧붙이면 생각하는 힘과 되게 하는 힘을 모두 키우는 비결이 될지 고민하다가 결론은 좋은 질문자가 되라는 것으로 정했다.

사람의 생각을 촉진하는 것은 좋은 질문에서 시작한다. 지나서 돌아보니 직장생활을 통해 만난 상사 중 뛰어난 분들은 늘 훌륭한 질문자들이었다. 그들은 호된 질책보다 날카로운 질문으로 직원을 훨씬 진땀 나게 만들었다. 또 어떤 질문에 대한 답을 제시하기보다는 답을 찾아야 하는 질문을 명확하게 던져 주었다.

그 질문이 가슴에 있을 때 비로소 생각이 시작되었고 그렇게 스스로 찾은 답들이 모여 내가 성장하고 있음을 느꼈다. 좋은 질문의 그렇게 늘 지혜의 문이 되었다.

정글북의 저자이고 노벨문학상을 받은 키플링이 자신의 시(詩)에서 표현한 내가 아는 모든 것은 6하(六何)라는 하인을 가까이한 덕이었다는 비유는 참으로 탁월하다.

I keep six honest serving-men:

(They taught me all I knew)

Their names are What and Where and When

And How and Why and Who.

스스로 좋은 질문을 던지고 그 질문을 가슴에 품어라. 그러면 당신의 생각하는 힘과 되게 하는 힘이 하루에도 조금씩 성장할 것이다. 그리하여 당신은 당신이 선택한 업을 이끄는 진정한 사무인(思務人)으로 성장할 것이다.

知人者智 自知者明

남을 아는 이는 지혜롭고, 자신을 아는 이는 현명하다.

勝人者有力, 自勝者強

남을 이기는 이는 힘이 있고, 자신을 아는 이는 강하다.

노자의 도덕경 33장

도장(道場)에서의 겨루기와 길거리의 싸움은 판이 다르다. 판이 다르면 이기는 기술도 다른 법이다. 도장에서 익힌 10단의 무술 고수와 길거리에서 수많은 싸움 속에서 이골이 난 싸움꾼이 말하는 이기는 법도 당연히 서로 다를 것이다.

이론가에게 부족한 것은 현장의 경험과 감각이고 싸움꾼에게 부족한 것은 폭넓은 지식과 이론적인 뒷받침이다. 이 둘을 앤드(and)로 겸비한다는 것은 쉽지 않다. 이론가들의 현란한 말들은 때로 현장의 실무자에게 '저게 통할까?'라는 의문을 품게 한다. 반면 싸움꾼의 무용담은 대체로 체계도 없고 포장도 세련되지 않다.

과거 교육담당자의 경험을 통해 체험적으로 배웠다. 기업에서 활동하는 강사는 크게 두 유형이다. 이론의 정통파와 아니면 경험파다. 그곳에서는 강사에 대한 평가가 거의 실시간으로 이루어진다. 첫 시간이 끝나면 이미 승부가 난다. 이론가를 택하면 '우리에겐 안 맞아.' 라고 말하거나 경험파를 택하면 '자기 잘 났다는 얘기야. 영양가 없어' 라는 피드백이 들려오면 결과는 대부분 실패다. 학습자의 평가에 늘 민감해야 하는 교육담당자의 경험을 통해 이론가에게 부족한 것과 싸움꾼의 한계는 충분하게 경험했다.

필자는 후자인 싸움꾼에 속한다. 경영학자도 아니고 또 교육공학 박사와도 거리가 멀다. 다양한 조직에서 다양한 형태의 일을 하여 왔고, 그 경험을 바탕으로 다양한 회사와 계층을 대상으로 강의를 해 왔다. 하지만 나 같이 싸움의 경험을 바탕으로 하는 강사들이 가진 취약점이 무엇인지를 알고 시작한 길이었다. 때문에 이 일을 시작하면서 나의 부족함을 보완하기 위해 기존의 이론을 이해하고 동시에 최신의 사례와 이론을 배우는 것에 더 시간을 썼다.

"타인의 답이 아닌 '자신의 답'을 얘기해 주셔서 좋았습니다."

두려움과 설렘 끝에 마친 프로 강사로 첫 강의가 끝났을 때 어느 학습자가 나를 찾아와 남겨준 말이었다. 이 피드백은 내게 큰 용기를 주었다. 이 일을 잘하는데 사람들에게 타인의 답의 요점을 잘 정리하여 전달하는 것도 중요하지만, 투박해도 자신이 내린 답이 더 중요함을 일깨워 줬다. 자신의 답에는 적어도 자기 확신이 배어 전달하게 마련이다. 나는 이 점을 나의 스타일로 삼기로 했다. 내게 강의 주제가 주어지면 한편으로는 대가들의 답이 무엇인지 정리하여 전달하면서 동시에 나 자신의 경험이 말하는 나의 답도 찾으려 애썼다.

자신의 답을 정리하는 것은 결국 지나온 자신의 경험을 반추(反芻)

하는 과정이다. 반추란 소가 먹은 음식을 게워내어 다시 씹어 삼키는 과정을 이르는 말이다. 이미 먹은 것을 다시 꺼내 씹는다는 것은 그다지 즐거운 과정이 아니다. 씹을 때마다 지난 시절 현장에서 경험한 이런저런 미숙함과 부족함이 또렷하게 드러났다. 이미 지난 일이지만 너무도 후회되고 부끄러운 장면들이 많다. 걸어온 직장생활을 돌아보면 나는 어설픈 전략가이고, 얼치기 기획자였고, 실패한 사업가였고, 무능한 리더였으며 효과적이지 못한 담당자였다. 또 생각도, 보고도, 소통도, 결정도, 협조하는 일도, 협력을 끌어내는 일도 미숙했다.

나는 패전을 모르는 전설의 싸움꾼과 거리가 멀다. 패전이 더 많은 싸움꾼에 해당된다. 그런데 그 패전의 기록을 다시 꺼내 곱씹어보니 나의 답을 쓰는데 유용한 자산이 된 셈이다. 경기에서 진 패자의 깨달음이 때로는 더 가치 있는 법이다.

그 주제가 무엇이든 내가 생각하는 답이란 지금 시점의 결론에 불과하다는 것을 잘 알고 있다. 아무리 깊은 고민을 거쳐 완성한 모범 답도 시점이 바뀌면 변한다는 것을 체험하며 살고 있다. 강의를 하는 일이 그렇다. 어떤 강의의 준비는 대부분 가장 최근에 했던 강의자료를 다시 끄집어 내어보는 일로 시작된다. 그때마다 부끄러움을 느낀다. 분명 그때는 최선의 답이라고 생각하여 만든 자료일 텐데 시간이 지나고 나서 들춰보면 언제나 그렇다. 따라서 나는 결론

이라는 말 앞에 '지금 시점의'라는 단서를 달아 '지금 시점의 결론'
이라고 표현을 쓴다. 지금 시점의 결론은 지나고 나서 보면 늘 부족
하다는 것을 잘 알고 있다.

책을 쓴다는 것은 불특정 다수에게 나의 밑천을 드러내는 일일
것이다. 이 책을 마무리하며 가장 두려운 것은 출간 후에 분명하게
드러날 부족함이다. 출간 직후 나는 이 책을 부끄러운 마음으로 읽
게 될 것을 잘 알고 있다.

그럼에도 불구하고 이 책을 쓴 이유는 수 십년을 묵힌 나의 답을
정리할 필요가 있다고 여겼기 때문이다. 나의 답이 뛰어나다고 생
각하기 때문이 아니다. '일 잘하는 법'은 진짜 치열하게 고민해야 하
는 주제임에도 불구하고 많은 사람들이 피하는 주제이다. 다른 사
람의 생각을 정리한 책은 많다. 하지만 자신의 답을 자기만의 언어로
정리한 책은 흔하지 않다. 때문에 나의 덜 익은 풋사과와 같은 이 내
용이지만 세상에 선보이는 것도 나쁘지 않다고 생각했다. 얼치기 전
문가가 쓴 어설픈 답이다. 하지만 이처럼 자신이 경험한 업에서 깨달
은 다양한 자신의 답들이 소신껏 펼쳐지는 세상이 되었으면 좋겠다.

당신의 소중한 시간을 내어 부족한 내용을 읽어 준 당신에게 감
사드린다.

2019. 07

당신은 사무력이 있습니까?

☑ 당신에게 꼭 필요한 힘, 부족한 힘, 저절로 커지지 않는 힘

생각하는 힘인 사력(思力)과 되게 하는 힘인 무력(務力) 이 둘을 더해 만든 사무력(思務力)이 당신은 물론 당신의 조직에 꼭 필요한 힘이라고 강조해 왔습니다.

그런데 이 두 힘은 당신을 응원하는 팬들의 기대치를 밑도는 힘입니다. 그들은 평균적인 수준에 만족하지 않습니다. 그 보다 훨씬 높은 수준을 당신에게 기대하고 있습니다. 경쟁이라는 평범해서는 이길 수 없는 게임을 하고 있기 때문입니다. 적어도 당신의 상사는 당신이 지금보다는 더 깊게 생각하고 더 치밀하게 실행하기를 기대합니다. 따라서 사무력(思務力)은 누구에게나 언제나 부족한 힘입니다.

반면 사람들은 자신의 사무력(思務力)은 튼실하다고 생각합니다. 이 두 힘의 크기는 쉽게 잴 수 없기 때문입니다. 드러나지 않는 것들은 착각하게 마련입니다. 따라서 조직에서 가장 필요한 힘이고 동시에 부족한 힘이지만 아무도 애써 키우려 하지 않습니다. 이 힘은 경험이 쌓이면 저절로 커질 것이라고 착각하지만 꾸준한 학습이 더해지지 않으면 늘 그 자리에 있는 힘입니다.

☑ 스마트 폰으로 당신의 사무력을 점검해 보세요.

학습의 출발은 부족함에 대한 인식입니다. 자신의 사무력을 진단해 보세요. 아래의 QR코드가 여러분을 진단 페이지로 안내할 것입니다. 소요시간은 10분 이내입니다. 설문에 참여하시면 분석한 결과를 이메일로 보내드립니다. 자신의 점수는 물론 응답자의 평균과 비교해 보실 수 있습니다. 평균에 위안을 삼지 말고 탁월한 수준을 목표로 삼으시기를 권합니다.

진단은 스마트 폰을 이용하여 간단하게 답변하면 됩니다. 사무력 진단 설문에 참여하는 가장 손쉬운 방법 세가지를 소개합니다.

방법1 : QR코드를 읽어 들어오기

QR코드 리더를 설치 할 필요는 없습니다. 카톡의 창에 있는 QR코드 아이콘을 누르세요. 그리고 책에 인쇄된 QR코드를 스캔하면 됩니다. 그러면 폰에 연결링크가 나타나고 이 링크를 열면 사무력진단 페이지로 연결됩니다.

step 1. 카톡을 엽니다.
step 2. 찾기를 누릅니다.
step 3. QR읽기를 누릅니다.
step 4. QR코드를 읽습니다.

사무력 진단 QR 코드

방법2 : 카톡의 오픈채팅을 통해 들어오기

카톡 검색창에 '사무력'이라고 검색 하여 연결 할 수도 있습니다. 사무력이라는 이름의 오픈채팅방이 개설되어 있습니다. 이 방의 공지사항을 누르면 연결되는 주소(URL)가 나타납니다. 이 주소를 클릭하면 됩니다

step 1. 카톡을 엽니다.
step 2. 찾기를 누릅니다.
step 3. 사무력을 검색합니다
step 4. 공지사항의 링크를 클릭

방법3 : 검색을 통해 들어오기

네이버에 '사무력' 또는 '사무력 진단'이라고 검색을 하세요. 저자가 운영하는 사무력 블로그(blog.naver.com/qwert7663)가 개설되어 있습니다. 이 블로그를 통해 링크된 주소를 통해 참여하실 수 있습니다

⊘ 당신의 사무력을 힘의 크기형태로 비교하여 드립니다.

1. 생각하는 힘 되게 하는 힘 그리고 성장하는 힘의 크기

이 책은 결국 일의 프로로 성장하는 데 필요한 세가지의 힘을 다루고 있습니다. 책의 제목에 있듯 하나는 생각하는 힘이고 다른 하나는 되게 하는 힘입니다. 제목에는 없지만 내용상 필자가 가장 강조하고 있는 힘은 성장하는 힘입니다. 이 셋 중에 가장 중요한 힘은 단연 성장하는 힘이라고 할 수 있습니다. 성장하는 힘은 밑이 아닌 지수의 역할을 하기 때문입니다. (page 38 참조). 사무력 진단은 응답하신 설문의 결과를 분석하여 이 세 가지 힘의 크기를 숫자로 환산하여 보내드립니다.

2. 생각하는 힘을 지탱하는 4가지 기둥과 되게하는 4가지 기둥 중 무엇이 취약한지를 보여줍니다.

가장 간단한 집인 초가삼간(草家三間)도 8개의 기둥이 필요합니다. 이 책에서 제시한 사무력을 구성하는 가장 기본적인 구성도 8개 입니다. 일을 잘 하기위해서는 여기에 더 더할 기둥은 많겠지만 뺄 것은 없습니다. 8개의 근간을 이루는 기둥이 모두 튼실해야만 합니다. 이 여덟 기둥 중 여러분에게 약한 기둥이 있다면 무엇입니까? 그것이 있다면 그 기둥부터 집중적으로 보강하세요. 집은 늘 약한 기둥으로 인해 무너지게 마련입니다. 진단을 통해 사무력을 구성하는 8가지 힘에 대한 결과를 확인할 수 있습니다.

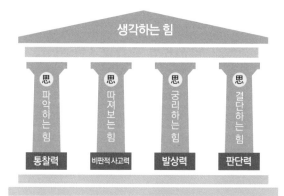

<생각하는 힘을 구성하는 4가지 기둥>

생각하는 힘

思 파악하는 힘 | 思 따져보는 힘 | 思 궁리하는 힘 | 思 결단하는 힘

통찰력 | 비판적 사고력 | 발상력 | 판단력

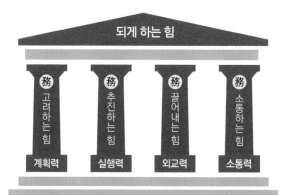

<되게 하는 힘을 구성하는 4가지 기둥>

되게 하는 힘

務 고려하는 힘 | 務 추진하는 힘 | 務 끌어내는 힘 | 務 소통하는 힘

계획력 | 실행력 | 외교력 | 소통력

일 잘하는 힘에 대한
진단결과입니다

생각하는 힘

되게 하는 힘

1. 결과 요약

j○○○님이 응답해 주신 결과로 계산한 일 잘하는 지수는 810/(만점:1,200)점입니다. 이 점수는 이 진단의 응답자의 평균점수에 -142점 낮은 결과입니다. 비교적 강한 힘은 '성장하는 힘' 이며 상대적으로 약한 힘은 '되게하는 힘' 입니다.

〈응답결과 비교〉

	Power	일 잘하는 지수의 세가지 요인		
		생각하는 힘	되게하는 힘	성장하는 힘
나(j○○○)	810.0	265.0	237.0	308.0
응답자 평균 (차이)	952.0 (142.0)	310.0 (45.0)	318.0 (81.0)	324.0 (16.0)

* 당신의 점수는 각 400점 만점으로 세가지 의 힘의 합으로 1200점 만점입니다.
* 생각하는 힘과 되게 하는 힘이 지금의 힘의 크기라면 성장하는 힘은 잠재력(향후 성장 가능성)의 크기을 나타냅니다

일 잘하는 세가지 힘의 크기를 비교하여 표시하면 다음과 같습니다.

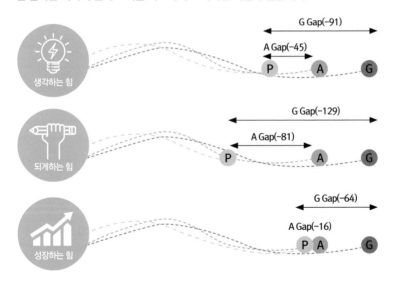

(G=목표 거리, P=나의 거리, A=평균 거리입니다. 만점:400)
* A Gap은 응답자 평균과의 차이, G Gap은 Top 10%과의 차이를 말합니다. Gap이 0인 경우 같은 G 또는 A가 P에 가려질 수 있습니다.

2. 생각하는 힘과 되게하는 힘의 크기.

j○○○님이 생각하는 힘에서 가장 두드러진 힘은 발상력이고 또 가장 보완해야 하는 힘은 비판력으로 나타났습니다. 또 되게 하는 힘에서 가장 두드러진 힘은 외교력이고 또 가장 보완해야 하는 힘은 실행력으로 나타났습니다.

당신의 점수		설문 값	계산 값	일치 여부
생각하는 힘	강한 힘	통찰력	발상력	불일치
	약한 힘	발상력	비판력	불일지
되게하는 힘	강한 힘	실행력	외교력	불일치
	약한 힘	소통력	실행력	불일치

* 설문값은 설문 섹션4에서 응답해 주신 값이며. 계산값은 섹션 1~3의 진단질문의 응답결과를 점수로 환산한 값입니다

〈세부 항목, 생각하는 힘 비교〉

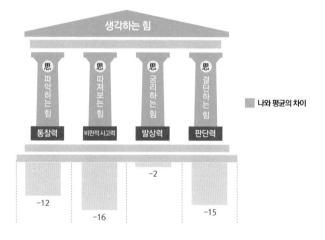

* 네 기둥의 평균 값은 서로 다릅니다. 위 그래프는 각 기둥의 평균치와의 차이의 정도를 나타냅니다
* 응답자 평균보다 자신의 점수가 높은 경우 평균선 위로 청색 막대가, 낮은 경우 평균선 아래로 분홍색 막대로 표시됩니다

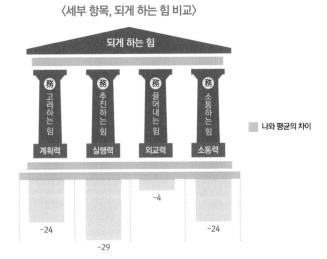

〈세부 항목, 되게 하는 힘 비교〉

3. 당부 및 기타사항

1) 분석의 결과는 한계가 있습니다. 너무 심각하게 받아 들이지 마십시요.

간단한 진단으로 사람의 생각하는 힘과 되게 하는 힘을 가늠한다는 것은 위험한 발상임을 잘 알고 있습니다 이 진단은 이 전제하에 만들어진 것입니다. 당연히 해석도 이 전제하에 이루어져야 합니다.

2) 분석은 이렇게 하였습니다. 다음과 같은 절차로 만들었습니다.

① 일 잘하는 사람들의 행동특성을 다양한 관점에서 수집해 왔습니다.
② 핵심 행동특성에 대하여 전문가 집단에게 델파이 방식으로 관련도를 파악하였습니다
③ 설문항목을 만들고 이를 AHP 기법을 활용하여 항목간 중요도를 반영하였습니다
④ 설문 항목의 중요도와 관련도를 반영하여 결과를 점수화하였습니다.

3) 활용은 이렇게 하십시오.

응답자와의 비교치 보다는 8가지의 기둥 중 가장 약한 한가지에 주목하십시오. 일을 하는데 필수적인 기둥이므로 잘하는 것은 더 잘하는 것보다 치명적인 약점을 강화하는 것이 중요합니다 결과를 자신의 IDP(Individual Development Plan) 세우는 기초자료로 활용하실 수 있습니다.

思務力